青年教师专业发展丛书

课堂教学诊断与主要教学问题例析

KETANG JIAOXUE
ZHENDUAN YU ZHUYAO
JIAOXUE WENTI LIXI

薛继红 / 著

北京师范大学出版集团
BEIJING NORMAL UNIVERSITY PUBLISHING GROUP
北京师范大学出版社

图书在版编目（CIP）数据

课堂教学诊断与主要教学问题例析/薛继红著．—北京：北京师范大学出版社，2016.2（2024.2重印）
ISBN 978-7-303-19977-8

Ⅰ．①课… Ⅱ．①薛… Ⅲ．①课堂教学－教学研究－中小学 Ⅳ．①G632.421

中国版本图书馆CIP数据核字（2016）第003349号

图 书 意 见 反 馈　gaozhifk@bnupg.com　010-58805079
营 销 中 心 电 话　010-58802786
北师大出版社教师教育分社微信公众号　京师教师教育

出版发行：	北京师范大学出版社　www.bnupg.com
	北京市西城区新街口外大街12-3号
	邮政编码：100088
印　　刷：	北京虎彩文化传播有限公司
经　　销：	全国新华书店
开　　本：	787 mm×1092 mm　1/16
印　　张：	14.75
字　　数：	270千字
版　　次：	2016年2月第1版
印　　次：	2024年2月第3次印刷
定　　价：	29.00元

策划编辑：刘松弢	责任编辑：赵雯婧　张　爽
美术编辑：焦　丽	装帧设计：焦　丽
责任校对：陈　民	责任印制：陈　涛

版权所有　侵权必究

反盗版、侵权举报电话：010—58800697
北京读者服务部电话：010—58808104
外埠邮购电话：010—58808083
本书如有印装质量问题，请与印制管理部联系调换。
印制管理部电话：010—58805079

前 言

课堂教学改革是实施素质教育、提高教学质量的主要阵地和基本途径，课堂教学质量是深化基础教育教学改革的关键。多年来，笔者一直关注课程理论及课堂教学理论，并潜心研究。

1994年，笔者作为核心成员参加了原中央教科所和山西省教科所共同承担的国际教育成就评价协会（IEA）针对当时中国大陆地区施行的义务教育阶段教材的评价研究，从中领悟了课程的三种存在方式，即国家课程（理想的课程）、教师的课程（实际存在的课程）、学生的课程（习得课程）及三者之间的关系，并掌握了如何利用模块、单元进行科学的教材评价。1996年，作为"两省一市"（山西、江西、天津）高中新课程实验区的代表，我参加了人民教育出版社组织的针对新教材使用前的专家评价活动。通过和与会课程专家、教学专家的讨论交流，进一步提升了对课程、教材、课堂教学的认识。之后，本人无论是从事普通教育评价，还是基础教育理论研究乃至中小学教师培训实践，都把深化课程理论及推进课堂教学改革作为研究的重点方向。

著名的教育改革家魏书生说过："同样是课堂，有的教师视为畏途，有的教师视为乐园。同样一篇文章，一位老师讲，学生学得兴趣盎然，忽而眉飞色舞，忽而屏息凝神，觉得上课是一种享受。换一位老师讲，学生学得索然寡味，忽而闭目养神，忽而惊觉欠伸，上课简直成了受罪。课堂效果不同，原因是多方面的，但主要原因在于老师的功底和教育思想的差异。"那么怎么才能尽快地改善课堂效果呢？笔者认为，在走持续专业发展和研究的基础上，尽可能地参与课堂教学实践，参与教学诊断，借鉴不同的课例，改进自己的教学。

基于此，笔者将自新课程改革以来参与山西省课堂教学、校本教研活动、全省中小学教师全员培训案例及"国培计划"培训项目的案例进行整理，作为基本素材，结合本人参与的北京师范大学、中国教育策划学术研究会、山西省教育科学研究院等单位的课改成果，参考大量的网络资料并进行提炼，形成此书，以便具有课堂教学的普遍性特点。

本书系统地对课堂教学存在的主要问题以及课堂教学诊断实例进行了分析。在编写中力求做到：针对性，就是诊断教师教学的实际，针对课堂教学存在的问题；实效性，就是根据大量实地调研，力求实用、可操作。书中设计了大量的课堂教学案例、反映真实教学问题的课例、课例分析及同课异构等内容，试图从实践与具体操作指导上给大家以建议和参考，力争引导教师开展正反对比、诊断分析、操作实践，以期在教育行为、教学能力和教学实践上推进教师的专业发展。

本书在编写过程中，参考了很多专家学者、一线教师的成果，也得到了很多朋友的帮助，在此一并向大家致谢。鉴于本人业务水准有限，加之自身的知识视野等原因，不足之处和错误在所难免，敬请大家原谅，诚请大家批评指正。

作者

2014年冬于太原

目　录

前言 / 1

第一章　课堂教学诊断与策略 / 1

一、教学诊断的基本原理 / 1
二、教学诊断的前期准备 / 2
三、课堂教学诊断的方式和策略 / 2
四、课堂观察的应用 / 17

第二章　课堂教学的评价取向与实现 / 42

一、好课评价标准 / 42
二、好课可循之规 / 58

第三章　教学理念与教学准备中存在主要问题例析 / 94

一、教师主导与学生主体作用偏失的问题 / 94
二、备课中存在的问题 / 108
三、教材使用中的问题 / 139
四、教学情境创设存在的问题 / 146

第四章　设疑中存在的主要问题例析 / 156

一、教师设疑中存在的问题 / 157
二、引导学生质疑存在的问题 / 161
三、让设问更有效 / 163

四、以疑促疑 / 169

第五章 课堂活动组织中的主要问题例析 / 181

一、小组合作中存在的问题 / 181
二、自主学习中存在的问题 / 188
三、课堂表演中存在的问题 / 197

第六章 即时评价存在的主要问题例析 / 205

一、错误评价和无效评价 / 205
二、廉价赞赏与简单确定性评价 / 207
三、优差学生对比 / 209
四、终结性评价 / 210
五、教学即时评价的基本要求 / 211
六、提高教师点评语言的水准和品位 / 217

第一章 课堂教学诊断与策略

课堂教学诊断，也称教学现场分析。"诊断"是借用医学说法。课堂教学诊断一般由教学研究人员、校长、教师或专家一人或多人有目的地观察教师教学，通过"诊断"，寻找教学的不足，提出改进的办法。课堂教学诊断，是教师研究课堂的一种方式或方法，但不是唯一的方式或方法，也不是教师开展教研活动的全部。课堂教学诊断主要完成三项任务：一是描述教与学的行为，诊断教学问题；二是帮助教师改进课堂中具体的教学问题；三是改变教师日常的课堂研究行为。教师既可以作为诊断者，参与其他教师的教学诊断，也可以邀请他人对自己的教学进行诊断；既可以教师自我诊断，也可以集体诊断。教师自我诊断是教师对自己的教学过程和教学结果做一正一反两方面的对比总结，可以是对教学过程的某一环节、某一教学事件或教学现象的某一方面诊断，寻找教学问题。集体诊断，既可以是对某个教师的教学进行诊断，又可以是对教研组集体的教学中共性问题的诊断。集体诊断是教学诊断中最主要的方式。

一、教学诊断的基本原理

在日常教学管理中，教学诊断对课堂教学进行深入剖析，使教师及时获得反馈的信息，可以有效地指导教师运用教学技能提高课堂教学效果，继而提高教师的教学技能和管理者的水平。总的来说，教学诊断体现了以下几个明显的原理。

1. 目标控制原理

教学目标对教学活动起着指导作用，这是教学评价的主要依据。在"教学诊断"中，我们必须始终注重：教师的教学技能、设计的教学步骤、讲述的教学内容一定要受到教学目标的控制。偏离了教学目标的教学必然是无效率的和无意义的。

2. 系统评价原理

教学系统的最基本要素包括教师、学生、教学内容和媒介手段。这些要素是相互联系的，不是孤立存在的；是变化的，不是静止的。因此，在诊断过程中，必须系统、综合考虑各个要素。

3. 策略优选原理

教学策略是为完成特定的教学目标而采用的教学活动的程序、方法、形式和媒体等因素的总体考虑。它具有指示性和灵活性，可以较好地发挥教学理论具体化和教学活动方式概括化的作用。对于教学来说，没有单一的策略能够适用于所有的情况，最好的策略是在一定条件下达到特定教学目标最优化的方法。为达到教学目的，实现教学效果，必须充分考虑多种不同的策略，优选出最具有实际可操作性的教学方案。

4. 反馈评价原理

反馈是教育传播过程中的一个重要因素，它可使教育传播过程成为双向的交流系统。在"教学诊断"中，反馈既包括教师和学生之间的交流，又包括诊断人员同教师间的交流。当课程结束时，教师可及时从诊断者处了解评价信息，并可通过观看自己的教学视频深入剖析教学过程，找出改进教学效果的方法和提高教学技能的对策。

二、教学诊断的前期准备

教学诊断依赖于教师扎实的学科知识、系统的教学理论、全新的教学理念、丰富的教学经验和科学先进的诊断依据（课堂教学评价指标体系、录音机、摄像机、采访机等先进诊断设备）。为了体现课堂教学诊断的有效性，必须做好以下几项准备工作。

（1）学习新的教育理论、学科课程标准，把握学科教学的要求，以全新的教育理念和要求审视教学实践。

（2）养成反思的习惯。通过对自己课前、课中、课后的纵向反思，对照他人的经验进行理论的横向反思后进行针对性的学习，从而不断改革教学实践行为，提升自我诊断和诊断他人课堂教学的能力。

（3）在诊断条件许可的情况下，准备好录音机、采访机和摄像机等诊断设备。

三、课堂教学诊断的方式和策略

1. 诊断方式

（1）从形式上看，可以有听课诊断法、微格教学诊断法和案例诊断法。听课诊断法，包括随堂听课、各种层面的研讨课、展示课。这种方式虽然对课堂教学的常规研究比较实用，但只有广度、而没有深度。微格教学，是指应用现代视听技术和设备，对教师的教学技能进行系统培养和训练的一种培训方法。案例诊断法，是以丰富的叙述形式，向人们展示包含教师和学生的典型行为、思想、感情的一段情景、一个故事的诊断方法。微格教学诊断法和案例诊断法，一般用于有深度的研究和专题性的研究，但不是所有的学校、所有的教师都有条件开展这样的诊断研究。所以，采用什么样的诊断方式，要从学校的实际和教师的实际出发，灵活加以选用。

(2) 从内容上说，一般有以下方式。

①目标式诊断和主题式诊断

目标式诊断，是观察、分析课堂教学的整个过程、一切教学方法和教学手段、组织形式和教学过程中的评价，以及训练内容的设计和板书设计等，是否都符合教学目标，最终教学目标达成度怎么样。主题式诊断是根据教研计划预先设定的研究主题，对课堂教学进行方向明确的专题性诊断。

②综合性诊断和分类诊断

综合性诊断是最基础、最常用的一种诊断方式。它要求诊断者依据评价指标，对课堂教学的目标、内容、结构、方法、手段、板书、教师素养、教学效果等诸方面做出全面的分析与诊断，其往往导致诊断者为了兼顾全面而不能做到课堂教学的深度分析。

分类诊断要求多名诊断者从不同视角、抓住不同内容对课堂教学的各个方面进行分类诊断与分析。这里的"分类"，如对学生个体参与者的分析诊断，包括座位分布、重复次数、发言质量等；又如对课堂教学过程中各种问题的分析统计：教师提了哪些问题，学生提了多少问题，哪些问题有针对性、有思维量，教师是如何引导学生科学处理这些问题的；再如，"学生群体活动的时间、活动强度""设计了多少教学环节，每个环节的时间安排是否合理""教师如何科学地驾驭课堂"等，可分别由一名诊断者重点统计与分析，再在研讨活动中分别交流。分类诊断有利于"各个击破"，有利于深入研究课堂教学过程中的各个方面，有利于总结经验、提升理论；也有利于发现问题，从而找到解决问题的对策。它与综合性诊断相比，更能抓住课堂教学的本质。

2. 诊断的策略

诊断的最终目的不在于评价一堂课的好坏，而在于总结经验、发现问题，在于激发教师开展课堂教学研究的兴趣，营造教学研究的氛围，使广大教师在研究过程中不断提高自身的专业素养。课堂教学的诊断，必须讲究艺术性与策略性。

（1）诊断要客观、公正、科学

诊断者首先要怀着感恩的心态感谢执教老师给我们提供了一个诊断实例，要尊重执教老师，不能不经全面了解就不负责任地乱发议论，指手画脚。听课前、听课后都要全面准确地了解：执教老师教学方案设计的意图，其渗透的教学理念是什么，以及课前做了哪些准备工作，课后还将采取哪些教学措施。这中间，执教老师课前或课后的说课是听课者全面了解上课全过程的一种有效方法。只有全面了解，才能使诊断者做出全面科学的诊断与评价，执教老师才能真正接受诊断者的意见与建议。

（2）诊断应具有激励性

对于诊断，应以激励性为主，尤其是对一些年轻教师和一些偏远地区的教师，课堂诊断与评价不能有过高的要求，更不能有过多的批评和否定。更多的应是一种期待，一种激励；要灵活地变通评价指标，尽量找出执教者身上的闪光点。对于课堂中确实存在的问题，应以商榷的口吻，或以提问的方式，启发引导他们自己发现问题，并与之共同分析问题发生的原因，一起寻找问题解决的办法。

（3）诊断要因人、因课、因场合而异

不同的教师、不同的课程、不同的场合，诊断依据的标准应有所不同。比如，一些随堂课，诊断所依据的标准可适当做出调整，要求可以降低一些；对一些优秀教师的课、省、市级的展示课、研讨课、示范课等，诊断所依据的标准与要求可以适当提高一些，对问题的诊断与分析也可以相对严格些。此外，除了随堂课，最好预先给执教者打个招呼，交个底，让执教者有思想上与教学上的准备，提出问题也要委婉含蓄，即使提意见与建议，也要牢记：让教育更温暖些，即便是正确的，也要为自己的意见与建议，加点糖，以便他人能更好地接受。如果单独与其交换意见，则可以多提些探讨性的问题，以便让对方从更高的层面上严格要求自己、认识自我，不断地超越自我。

【案例 1-1】

小学语文课堂教学诊断实践案例
——《争吵》课堂教学诊断分析

一、背景介绍

《争吵》是人教版六年制第八册语文第七单元的一篇阅读课。《争吵》选自意大利作家亚米契斯日记体小说《爱的教育》，描写的是带有伤感情调的学生生活，课文内容来自儿童的真实生活。这篇课文围绕"我"和克莱谛之间因本子被弄脏而发生争吵的过程，重点讲了"我"的心理变化，以及"我"对整个事件的感受，告诉人们朋友之间要相互谅解、彼此宽容。课文按事情发展的顺序叙述。先写"我"和克莱谛吵架的原因；再写"我"的内心活动——为吵架而感到不安、后悔，又没有勇气承认错误；然后写克莱谛的友善化解了双方的矛盾，两人重归于好；最后写父亲对"我"的严厉批评。课文细致地描写了"我"的心理活动——"我"的不安与后悔，"我"知错却没有认错勇气的矛盾心态，写出了"我"对克莱谛往事的回忆及印象。这些心理活动的描写，真实地体现了"我"的个性特征，一个明是非却爱面子的"我"生动地展现在读者面前，也为克莱谛后边的友善行为做了铺垫和暗示。联系课文内容，体会最后一段父亲说的话的含义是教学的重点、难点。

二、教学过程

◇教学内容

人教版六年制第八册语文第七单元《争吵》第二课时。

◇教学目标

◇知识目标

①理解课文内容，了解事情的起因、经过和结果。

②理解父亲话语的含义。

◇能力目标

①有感情地朗读课文。

②小组合作探究。

◇情感目标

教育学生懂得人与人之间要相互宽容，团结友爱。

◇教学重点

了解"我"和克莱谛之间为了一点小事发生争吵的过程。

◇教学难点

学习根据人物的情绪、感情朗读课文。

◇教学实录

一、切入话题，激情导入（2分钟）

师：孩子们，今天我们上课和往常一样吗？有什么不一样？紧张吗？

生（纷纷）：不一样，有听课的。

生（纷纷）：不紧张。

师：很好，老师就喜欢爱想、爱说的孩子，今天咱们学习一篇新课，它是——《争吵》（师板书课题《争吵》，生齐读课题，非常有感情）

师：读了后，想知道什么？课文写的是谁和谁吵？

姚大壮："我"和克莱谛。

师：为什么争吵？争吵的结果是什么？

郑杰：克莱谛把我的本子弄脏了。

生：……

◇诊断分析

1. 导入方法的运用

常言说："好的开端是成功的一半。"语文课堂教学要想取得好的效果，就应该重视导入艺术。好的导入不但能营造活泼的课堂学习气氛，而且能激发学生的求知欲，培养其浓厚的学习兴趣，使其愉快而主动地投入新课的学习中去。

执教教师在课题导入中提出："孩子们，今天我们上课和往常一样吗？有什么不一样？紧张吗？"这在一开始不仅没有把学生的注意力转移到主题上来，反而会产生负面影响，引导学生去观察周围的环境和气氛。而接下来的"老师就喜欢爱想、爱说的孩子，今天咱们学习一篇新课，它是——《争吵》"，这种切入主题的做法显得过于生硬，缺乏自然过渡，无力吸引学生。

有的教师是这样导入的，取得了较好的效果。他用下列这些问题依次引导：平时你和同学、朋友发生过争吵吗？你是怎么处理的呢？引导学生们对以往的生活进行回忆、整理。学生们思维非常活跃，并说出了许多不同的例子。有学生讲自己在一次活动中被同伴绊倒，身上沾满了泥，并因此争吵起来，最后是老师进行了处理；有学生举出自己因为作业而误会朋友，最后又重归于好的过程；还有的学生讲述自己与父母争吵的事……教师顺势导入《争吵》一课，让学生认真读课文，看一看安利柯和克莱谛为什么会争吵起来，他们是怎样处理的，好不好？这一问题情境引导，充分调用了学生的生活经历、知识积累和思维经验，有利于学生产生浓厚的学习兴趣，使其尽快地投入对新课的学习中。

2. 问题导入的有效性问题

教无定法，学无定法。课文的导入也没有一成不变的方法。就是同一篇文章，不同的教师在不同的对象面前也会采用不同的导入方法——或采用歌曲导入，或采用故事导入，或采用知识导入，或采用名言导入，或采用诗歌导入。此外，还有图画导入，实物导入，画面导入……执教教师在导入中采用问题，希望以此引导学生展开思考，这本是好事，但像"读了后，想知道什么"这样的问题，过于笼统、模糊，针对性较差。学生的回答也必定是五花八门，甚至不着边际，这样的问题大而无当，没有方向性。

3. 提问的频率问题

我们欢迎在语文课堂上多用提问来激发学生的求知欲望，来活跃学生的思维，但是提问必须掌握一定的技巧。首先，问题一定要有非常明确的指向性，并且和下面的问题是一环套一环的，一步紧似一步，逼近中心。看上去比较随意，其实学完了，才知道动足了脑筋。其次，每次的问题宜少不宜多，这样才能把学生的注意力集中在一点上。最后，教师应及时对每个问题的回答做出及时的评价和反馈，并顺势进入下一个问题的情境。执教教师在上述教学片段中，每次提出的问题一般是两个，而且对学生的回答没有相应的反馈，像流水线一样，看似顺畅，其实效果并不好。

4. 师生问答的交流方式问题

教师设问引发学生学习动机，是教学中常用的方法，关键在于"课文写的是谁和谁吵"。

"为什么争吵？争吵的结果是什么？"——教师的发问内容和方式使学生难以有思维展开的时间和空间：师生的交流似乎很频繁，似乎不断有问题产生，但学生只是被动简单地回答教师的问题。教师的提问是基于关注学生对教材知识掌握的精确程度的，而不是凭借教材促进学生的思维能力和创造性学习能力的发展的。这种教学往往使学生丰富生动的认知潜能被禁锢，造成学生失去对认知对象的探究兴趣和能力，越学越提不出有价值的问题，越学越没有问题，以至学生逐渐依赖、习惯于等待由教师提出问题的学习程序，最终出现如特级教师于漪所说的，学生"越教越傻"。

对于教学中的师生问答交流方式，斯腾伯格在《思维教学》中有这样的描述："一是以讲课为基础的，教师只是简单地把教材内容呈现给学生，师生之间几乎不存在互动；""二是以事实为基础的问答策略，教师向学生提出大量的问题，其目的是引出事实，对于学生的回答，教师的反馈无外乎'是''不是'

'好''对',这种互动虽然频繁,但很简短,通常不会对个别问题追根究底";"三是以思维为基础的问答策略,教师提出问题刺激学生的思维,没有唯一的答案。"

二、自由读文,理清思路。(12分钟)

师:自由读,听清要求——(1)文章是按什么顺序来写的?(2)本文写了一件什么事?

(生自由读)

汇报交流:

乔喜:本文是按照事情发展的顺序来写的。

师:课文讲了一件什么事?

杜海:"我"和克莱谛争吵的故事。

师:自由默读文章,看看有什么问题?能解决的自行解决,疑难部分请分工解决问题。两个人提问题,再分两个人,一个人看他们说得通不顺,一个人看他们写得正确与否。

◎诊断分析

现代活动教学与传统教学的区别,就在于前者要求把教学内容活动化,变成学生自主活动的过程。皮亚杰指出:"教学应该从事真正的活动,而不是接受外来的已经消化过的知识。"这种活动是主体与客体的相互作用,其表现形式主要是小组合作学习。在教学过程中开展小组合作的最大价值在于,它能够为培养学生从被动的重复者变为主动的学习者提供条件。合作学习可以从三个方面理解:一是学习小组或团队为完成共同的任务,有明确责任分工的互助性学习;二是学生经过独立思考后,在学习小组内进行思维碰撞,相互质疑、辩驳,从而取得共识的一种学习形式;三是以合作小组为基本组织形式,系统利用教学中动态因素之间的互动关系,使学生在交往互动中完成自己知识建构的一种学习形式。

因此,合作学习必须确定合理的合作学习任务,有效地激发学生的合作愿望,让他们积极主动地承担合作学习任务,明确分工,协同交往,共创共享合作成果。这样,学生才会轻松愉悦,无所顾忌,全身心地投入,在讨论中相互启发,迸发出无穷的智慧火花,把"合作学习"的精髓发挥得淋漓尽致。

上述片段中小组合作没有明确指向,而是笼统地说:"自由默读文章,看看有什么问题?能解决的自行解决,疑难部分请分工解决问题。两个人提问题，再分两个人，一个人看他们说得通不通顺，一个人看他写的正确与否。"小组合作如同形式与点缀。小组合作要选择恰当的合作时机。教师在教学中应根据教学内容和学生的实际情况恰当地选择时机进行，这样才能充分发挥其最大的作用。通常，在课堂教学中的以下几个环节选择合作学习比较恰当：

（1）在类比学习时，放手进行小组合作学习；
（2）在学习重点、突破难点时，安排小组合作学习；
（3）在对知识整理、复习、构建知识体系时，组织分小组自主整理；
（4）解答"开放型"问题时组织合作学习；
（5）需要实践操作时，可以让小组分工合作。

只有选择恰当的合作时机，小组学习才能变"外在强迫"为"内在需要"。

生自由默读文章，师巡回指导，给个别学生指导。
师：说出你们小组内没有解决的问题。
李丹：克莱谛的眼睛里表现出的为什么不是愤怒，而是悲哀？
师：为什么"瞟"了"我"一眼。"瞟"是什么意思？
杨博：他对我很伤心。这句不理解。
师：他很会阅读，找到了正确答案。请大家再读一遍。
师：愤怒说明什么？
李丹：说明克莱谛对"我"的所作所为觉得不可理解，觉得悲哀。
师：为什么悲哀？
杨博：为"我"在文中的行为感到悲哀？
师：吵架真正原因不是本子弄脏，而是因为他得了奖。

◇诊断分析

教师对学生提出的问题，一一解答，缺乏应有的汇总梳理。应筛选有针对性的问题，进一步引导学生思考。学生李丹的问题提得很好，"克莱谛的眼睛里表现出的为什么不是愤怒，而是悲哀"，对此问题，可以引导学生回答，而不应老师直接给出答案。

王洋：父亲为什么把尺子折成两段又扔了。
师：从"折""扔"两个动词你体会到了什么？
贺洋：父亲教育我们。

张培东：本文记叙了"我"和克莱谛争吵的故事，说明了人与人之间有了矛盾时，要互相宽容，团结友爱。

师：为什么争吵？

杨帅：克莱谛把"我"的本子弄脏了，"我"为了报复他，也把他的本子弄脏了。

郭宏博：因为他得了奖，我嫉妒他。

师（带着微笑）：他们真正吵架的原因是什么？是有意义还是无意义的？

宋小静：嫉妒他得了奖。

◇诊断分析

教师对学生的回答应给予积极的点拨与引导，一步步引向深入。例如，贺洋回答"父亲教育我们"，教师缺乏跟进、追问与评价。

师：后来"我"怎么样。

宋小静：此后"我"很后悔。（师板书：后悔）

师："后悔"之后我们又怎么样了？

贺洋：我们又和好了。（师板书：和好）

郭宏博：后来，"我"听了父亲的批评，懂得了一些道理。

杨博：回到家，"我"很后悔，父亲的话使"我"非常感动。

◇诊断分析

1. 课堂阅读问题

阅读是语文课的生命，语文课堂应该是书声琅琅。但读的形式多种多样，应该根据不同的情况，采取不同的阅读方法。范读、自读、"美读"，各有适合各自的教学语境。

在上述教学片段中，教师虽然安排了大量的阅读，但其实这些阅读都是学生的"自由读"，形式单一，没有充分发挥多种阅读形式的长处。"自由读"有利于发挥学生的个性化阅读，有利于学生"涵泳""体会"，但同样也有它的弊端，教师不容易发现学生阅读中存在的问题。因此，教师应该在其中穿插一些"示范朗读"，特别是一些形象性较强的词语，需要教师加以示范，帮助学生理解。

2. 关于阅读中如何提出问题

带着问题读课文，还是读课文的时候发现问题？这是两种阅读观带来的价值倾向。本节课老师在这一环节上采取带着问题来读课文的策略，并且这是两个总体性的问题，目的在于要求学生通过阅读来整体性地了解全文。

三、发现问题，合作探究。（15分钟）
师：俗话说：书读百遍，其义自见。我还想让同学们再读课文，这次读可以出声读，也可以默读。读书贵在有疑，在读的过程中，大家找一找哪些地方不懂，在不懂的地方做个记号，读完之后四人一小组进行交流。

◇诊断分析
小组合作缺乏指向，小组是教师指定的，而不是学生的需要。

师：文中有几次点到父亲的话，各在哪里？
生：（齐读）A．"应该知错认错。"B．"要是你错了，别人打你，你千万不要还手，只要防御就是了。"C．既然你错了，就应该第一个伸手过去请他原谅。
师：第一个伸手过去，请他原谅是什么意思？
杨博：主动认错。
师：更不应该向你高尚的朋友举起尺子是什么意思？
曾丽欣：更不应该举起尺子防御别人。
师：父亲的话教育我们什么？
闫博：同学之间要互相帮助。
生（齐答）：同学之间互相宽容，团结友爱。（板书互相宽容，团结友爱）

◇诊断分析
发现问题、合作探究在于培养学生的创新意识和创新能力，强调的是学生的自主学习能力，其处于主动地位。在这个过程中教师的职责主要在于引导。在上述教学片段中，所谓的合作探究，其实只是一个形式，学生并没有真正地"探究"起来。而"发现问题"也全由教师代办了。教师精心设计的一个个环节已经深深地束缚了学生的思维。学生跟着老师的思路转，自主、合作、探究的学习方式流于形式，并未在课上得到真正的体现。我们认为老师在处理这一问题上可能对学生了解得不够。学生能否探究，可以探究到何种程度，这些问题都是课堂教学中不能回避的问题。

四、联系实际，拓展训练。（12分钟）

师：其实，在我们中间也有像作者一样性格内向的同学，即使知道自己错了，也很不情愿当面向对方认错。这样，咱们另想一个办法，同学们手中都有一支笔，可不可以拿起手中的笔，倾诉自己的千言万语。当然，也欢迎同学勇敢说出来。

石磊：有一次和同桌画了"三八线"，我不小心超了线，因此，吵了起来。但是以后我们要和睦相处。（真好，是一个多么诚实的孩子）

贺洋：我明知道任志灵背上有一个伤疤，我故意碰了他一下，在这里我说一声"对不起"。（全班同学掌声）

◇诊断分析

联系学生实际，有效拓展。学生有所联想，并且与说、写训练结合，同时注意到学生差异。例如，"其实，在我们中间也有像作者一样性格内向的同学，即使知道自己错了，也很不情愿当面向对方认错。这样，咱们另想一个办法，同学们手中都有一支笔，可不可以拿起手中的笔，倾诉自己的千言万语。当然，也欢迎同学勇敢说出来"。

五、总结全文，受到启示。（4分钟）

师：读了这篇文章后，你们知道了什么？
生：（齐读）我们要互相宽容，团结友爱。
师：是的，让我们共建一个和平的家园。
教师总结，学生齐读。

◇板书设计

"我"和克莱谛 { 吵架 / 后悔 — 互相宽容 / 和好 — 团结友爱 / 教育 }

◇诊断分析

课文主旨是朋友之间要相互谅解、彼此宽容。如果能引发学生自由地表达延展，会比仅仅齐读好得多。教师的总结"让我们共建一个和平的家园"与互相宽容，团结友爱缺乏应有联系。"和平"的意思太宽泛。

3. 建议

执教教师尽可能渗透新课程理念，力求改变传统满堂灌的教学方式，尽量注意学生的变化，教学设计时考虑到部分内向的学生，尽可能多读，通过读的方式引导学生深入理解文本，通过设问引发学生思考，通过小组合作转变学生的学习方式，联系生活，联系读写说，活跃课堂气氛。但在实际教学中，具体做法与教学实际效果、学生主体作用的发挥发生了偏离。

为此，教师可以思考以下几点内容。

（1）语文教师看到的应当是作品之灵魂与自己对话

教学是让自己的灵魂注入课文中，使"一部分作品有了生命"，得以复活，复活的灵魂流入教师心灵而提升自己的精神生命，因而语文教师对语文的目光应是更深邃的、更全面的。肖川教授在讲《争吵》时可以给我们启示，具体归纳成三点。①生活中冲突是不可避免的，当冲突发生时我们应当怎么做？《争吵》告诉了我们什么？这一总结来自对孩子们答案的归纳与提升。学生都说："同学之间不应当斤斤计较"，"朋友之间不能因鸡毛蒜皮的小事而伤友谊"，"我们要宽容别人的缺点"。这些感悟听起来很动听，但这些都不是发自内心的，是缺少情感注入的语言，可以说不是对课文的真悟，而是生活中听来的语言的搬用。事实上，一到现实中，说这些话的孩子没有几个不是斤斤计较的，没有几个能宽容别人，如果仅停留在孩子们的这种认识上，则教学就是肤浅的。所以肖老师在学生回答的基础上进一步深入认为，"冲突是不可避免的，只是在冲突发生时，我们应当怎么对待，怎么化解日常不可避免的冲突？"这就是现实，就是活生生的人的生活（孩子生活），从《争吵》中获得什么感悟？这就从逃避问题深入到怎样正确面对和解决问题，因此学课文的意义就升华了。②我非常羡慕安利柯有一个这样的好爸爸，他有这样好的教育思想；"我非常羡慕"这句话含带着情感，也含带着感悟以影响学生，把学生带向文中的崇高人物——引导学生感悟人格的高尚，严己宽人。朗读安利柯爸爸的话，引导学生感受人性的真，没有人文意识的教师是挖掘不出这样的思想的。③孩子，当我们成为爸爸妈妈的时候，我们将怎样教育自己的子女呢？这就是语文老师的独特慧眼。慧眼的背后蕴含的是肖老师把孩子看成一个大人，看成是一个个生命。只有心中装着生命的意识才有这样的人性教育思想，教育是对现实的负责也是为将来而准备（斯宾塞的生活说观点）。教育自己的子女，这是任何人（独身主义者除外）都要面对的，这亦是生活，这一问，表面看来是对将来生活的预设，而实际教学的背后深藏着人文、人性教育，是极富现实意义的。

（2）语文教学离不了字句的深层理解

文中的词语可以加强文本理解。教师可以引导学生抓住重点字句进行思考，深化文本内容，以产生学生与文本的对话。如，"我觉得很不安，气也全消了。我很后悔，不该那样做"中的"不安""后悔"，"克莱谛不时用眼睛瞟我，从他的眼里表示出来的不是愤怒，而是悲哀"中的"瞟""愤怒""悲哀""终于挨到了放学"中的"终于""挨"，等等。要重点引导学生理解思考"一个人不但要能认识到自己的错误，而且还要敢于承认错误，求得别人的谅解，不能错上加错，不友好待人"。"父亲从我手里夺过尺子，折成两段，向墙角扔去。""不料父亲把脸一沉，说：'既然你错了，就应该第一个伸过手去请他原谅，更不应该向一个比你高尚的朋友举起戒尺！'"

（3）语文教学重在读

读是学习语文的窗口，读是感悟积累的前提。读应该具备以下三点要求。

①读的目的性要明确。每次读都要有读的要求，不能让学生漫无目的地读。如教师的范读，要让学生边听边想象课文所描写的画面。

②读的层次由浅入深。要遵照读通、读懂、读透的层次循序渐进。读通就是读准字音，整体感知课文，对课文内容有个大致的了解。读懂就是带着问题有目的地去读，并能边读边思，以思促读，熟知文章内容，知道作者所要表达的中心意思。读透是在读懂的基础上选择重点片断，加深对课文的理解，体会语言文字的优美之处。

③读的形式多样化。如赛读、分角色读、小组读、表演读等，调动学生多种感官积极参与，激发学生读的兴趣。

满足了读的要求，才能让学生真正地读进去，在读中感悟。从字面上理解，"感"是对语言的直接接触和感受，整体性和形象性是其基本特征；"悟"是在充分感知的基础上，在思维想象、情感等心智活动的参与下，对阅读材料的内涵及语言组织形式等方面进行深层把握和领悟，思想性和情感性是其基本特征。实现让学生读进去、在读中生发感情。

一是在读中整体感知。

读是感的前提，感知必须以读为基础。在课堂开始时就范读，让学生对课文的内容有个初步的感知，让学生通过读整体上感知，从而获得初步的感受。

二是在读中领悟。

感悟的悟性层面是在感的基础上进一步激其思、动其情、明其理、得其法。在学生感知文章内容的基础上，让学生精读、熟读课文。如在教学中通过重点词句的点拨体会，教师把抽象概括的词语变成鲜活的语言形象，让学生在读中受到感染。

三是在读中启迪灵性。

语文教学不仅要让学生在感性的基础上产生悟性，更要在悟性当中开发学生的灵性。因为语文教学的终极目标是对"人"的塑造和完善，语文教学必须使学生敞开自己的心灵，使学生成为有灵性、有个性的人。如在引导学生朗读时，要着重培养学生边读边思的习惯，这样学生在质疑、品评、交流中才会展示灵性的一面。要让学生坚持己见、敢想敢说、标新立异。

当然，教师还要注意在教学目标把握、小组合作安排、提问设计、评价的多样性与有效性等方面多动脑筋。

教学目标的把握在于深挖教材，准确把握教材的难点与重点。

【链接】

《争吵》教学片段

在教学《争吵》一课时，有学生提问："争吵不好，我和克莱谛为什么要吵架呢？"这可是本文首先要解决的问题。弄清了这个问题，有利于进一步理解课文，体会"人与人之间要相互宽容，团结友爱"的道理，从而达到学习课文的教育目的。因此，我提问："为什么要吵架，吵架的真正原因是什么？"有些同学认为：是克莱谛把"我"的笔记本弄脏了；有些同学认为：是"我"嫉妒克莱谛得了奖。双方各持己见，争论越来越激烈。看到这种情境，我因势利导，让学生学习电视上的做法，通过摆事实、讲根据来说明自己的观点，开展一次辩论赛。赞成第一种意见的为蓝方，赞成第二种意见的为红方。

蓝方：请问红方，课文中写道："我正抄着，坐在旁边的克莱谛忽然碰了我的胳膊肘，把墨水滴到笔记本上，本子弄脏了，字迹也看不清了。我火了，骂了他一句。"这里可以看出，不是克莱谛弄脏了笔记本引起了吵架，又是什么呢？

红方1：这是"我"的一个借口。请想想，为什么笔记本被弄脏了就骂人呢？"哼，得了奖，有什么了不起！"这句话就说明"我"嫉妒克莱谛得了奖。

红方2：是啊，虽说克莱谛碰了"我"的胳膊肘，把本子弄脏了，可他也不是故意的。

蓝方：不对，课文一开头就交代了，"今天我和克莱谛吵架，并不是他得了奖我嫉妒他"。这不是明摆着的吗？怎能说是"我"嫉妒克莱谛得了奖。

红方1：这是"我"想掩饰自己的嫉妒心理，"我"所说的和心里想的自相矛盾。

红方2："我"也承认克莱谛是个好人，他绝对不会是故意的。这也说明"我"要吵架的真正原因并不是笔记本被弄脏了。

蓝方：我还是觉得克莱谛错了，尽管他不是故意的，也应该主动道歉。

红方：如果不是嫉妒心理，就不会为一点小事斤斤计较。上次我的同桌不小心弄坏了我的钢笔，我们也没有吵架。要是我们都能宽容别人，也就不会吵架了。

蓝方：刚开始，我也觉得事情是由克莱谛引起。听了红方的辩词，我再细读了课文，现在才感到最根本的原因是"我"嫉妒克莱谛。我们同学之间应该团结友爱才对啊！

……

辩论的结果，大家形成共识。更让人欣喜的是：在这种辩论式的教学中，学生主动学习、自主探索的精神得到了充分体现，也达到了良好的教学效果。辩论式的教学是探究式学习的一种形式，其作用很明显。

1. 刺激竞争意识，调动有效参与。心理学研究证明，人们在争论中往往比单独思考更能发挥创造性。辩论中，为使自己的观点占上风，学生有的忙于看书、找句子，有的睁大眼睛听对方发言，不断向对方质疑，在相互质疑中，学生调动一切学习因素，激发自身的学习潜能，使自己的认识得到进一步完善和提高。

2. 造成愤悱状态，促进自主探索。怎样使自己的观点站得住脚，用什么理由、什么根据来辩驳对方，教师通过引导学生自主学习，主动探索，使学生处于积极思维、欲罢不能的状态，从而提高学习的积极性。

3. 创设展示空间，发展个性优势。创设一个开放的教学环境，营造一种民主和谐的课堂氛围，也就把心灵自由的空间留给了学生。辩论式的课堂，气氛热烈、宽松而自由，为学生提供了展示生命潜能的空间，有利于学生个性优势的发展。

综上所述，探究式学习努力鼓励学生自觉主动地参与学习，使其自身的语文能力在探究、发现、合作、交流等学习活动中得到全面提高与发展，使学生真正享受到学习语文是一种美丽的畅想，从而培养他们自主、自信的学习品质。

四、课堂观察的应用

课堂观察可以提供给教师有效的反馈，能有效促进课堂教学质量的提升，是教师获得实践知识的重要来源，也是教师用以搜集学生资料、分析教学方法、了解教与学行为的基本途径。课堂观察有助于教师洞察教室里发生的各种外显及内隐的变化，预先觉察事件发生的可能，以及何种经验正在学生身上形成等，这样，教师才能应对复杂、不确定情况的发生。在教学实践中，有相当多的教师在进入教学现场时，由于缺乏足够的课堂观察能力，影响了教学效果，最终导致教学失败，同时教学的积极性也被挫伤，影响了个人工作成就。课堂观察的范围很广，既可以是动态的教与学行为，也可以是静态的对与教学有关的文件资料的理解；课堂观察的方式，既可以是现场的直接观察，也可以是利用视频的间接观察。另外，观察者除了教师本人外，还包括学生、同伴与专家学者等。课堂观察的这点特性，决定了其对促进有效教学和教师专业发展具有重要的作用。

1. 课堂观察的基本要求

课堂观察是有目的的研究活动。观察者只有清楚观察的目的，才能收集到更确切有效的资料，才能确保观察的有效性。课堂观察前，首先要明确本次课堂观察的目的和任务目标；其次要选择合适的观察对象；最后确立恰当的观察视角和观察工具，做好观察的准备工作。课堂观察常用的主要工具有定量观察量表、定性观察分析提纲、摄像机等。观察量表的制订是一项系统而复杂的工作。观察量表制订的科学、质量，直接影响着观察效果。观察量表的制订需要根据课程特点、教师水平、学生基础、教学实际等方面综合设计，同时需要在实践中进一步探索、完善和优化。

课堂观察的基本要求有以下几点。

首先，要有明确的观察目的。观察目的要与需要解决的问题相联系。其次，要能透过复杂的教学现象捕捉值得关注的关键问题。课堂观察将研究问题具体化为观察点,将课堂中的连续性事件拆解为一个个时间单元,将课堂中的复杂性情境拆解为一个个空间单元,通过观察点对一个个单元进行定格、扫描、搜集、描述与记录相关的详细信息,再对观察结果进行反思、分析和推论,以此改善教师的教学,促进学生的学习。再次,要采取科学的观察方法。最后,要有清晰的观察分析和结论。关于采取科学的观察方法,基于课堂教学构成要素的知识以及实践中的智慧总结,可以引入课堂分析框架(也叫课堂观察框架,见表1-1):4个维度、20个视角、68个观察点。课堂分析框架表为教师理解课堂、诊断课堂提供一个全面系统的支架,同时也为教师选择观察点、选择或开发观察工具提供了参照体系。

表1-1中的"维度"是对课堂的一级解构指标。其理论依据是:学生和教师是课堂中的主体,课程是将这两个主体联系起来的纽带。师生在围绕课程展开教与学活动的过程中,会产生特定的文化。其实践依据是听评课中我们要追问的四个核心问题:学生学得如何?老师教得如何?课程(教材)把握与处理得如何?学生课堂感受如何?因此,课堂观察中我们要关注:学生的学习、教师的教学、课程的性质、课堂的文化。

表1-1中的"视角"和"观察点"是我们对课堂的二级和三级解构指标。按照"尊重规律、避轻就重、紧扣课改"的原则,"视角"呈现了每个"维度"当下最为重要的要素,按照"基于课堂、紧扣课标、抓住关键、可观察、可记录、可推论"的原则,选取了当前课堂教学中最为关键的问题作为"观察点"。并以举例的方式、问题的形式呈现"观察点",以期引领教师理解、思考和改进课堂教学。

表1-1 课堂分析框架

维度一:学生学习	
视角	观察点例要
准备	• 学生课前准备了什么?是怎样准备的? • 准备得怎么样?有多少学生做了准备? • 学优生、弱势群体的准备习惯怎么样?
倾听	• 有多少学生倾听老师的讲课?倾听了多少时间? • 有多少学生能倾听同学的发言? • 倾听时,学生有哪些辅助行为(记笔记/查阅/回应)?有多少人表现出辅助行为?

续表1

维度一：学生学习	
视角	观察点例要
互动	• 有哪些互动行为？学生的互动为目标达成提供了怎样的帮助？ • 参与提问、回答的人数、时间、对象、过程、质量如何？ • 参与小组讨论的人数、时间、对象、过程、质量如何？ • 参与课堂活动（个人/小组）的人数、时间、对象、过程、质量如何？ • 学生的互动习惯如何？出现了怎样的情感行为？
自主	• 学生可以自主学习的时间有多少？有多少人参与？弱势群体的参与情况怎样？ • 学生自主学习形式——探究/记笔记/阅读/思考有哪些？各有多少人？ • 学生的自主学习是否有序？学生有无自主探究活动？学优生、弱势群体情况怎样？ • 学生自主学习的质量如何？
达成	• 学生清楚这节课的学习目标吗？ • 预设的目标达成有什么证据（观点/作业/表情/板演/演示）？有多少人达成？ • 这堂课生成了什么目标？效果如何？

维度二：教师教学	
视角	观察点例要
环节	• 由哪些环节构成？是否围绕教学目标展开？ • 这些环节是否面向全体学生？是否关注了弱势群体？ • 不同环节/行为/内容的时间是如何分配的？
呈示	• 怎样讲解？讲解是否有效（清晰/结构/契合主题/简洁/语速/音量/节奏）？ • 板书是如何呈现的？是否为学生的学习提供了帮助？ • 媒体是怎样呈现的？是否适当？是否有效？ • 动作（如实验/动作/制作）是怎样呈现的？是否规范？是否有效？
对话	• 提问的对象、次数、类型、结构、认知难度、候答时间怎样？是否有效？ • 教师的理答方式和内容如何？有哪些辅助方式？是否有效？ • 有哪些话题？话题与学习目标的关系如何？
指导	• 怎样指导学生自主学习（阅读/作业）？是否有效？ • 怎样指导学生合作学习（讨论/活动/作业）？是否有效？ • 怎样指导学生探究学习（实验/课题研究/作业）？是否有效？

续表 2

维度二：教师教学	
视角	观察点例要
机智	• 教学设计有何调整？为什么？效果如何？ • 如何处理来自学生或情景的突发事件？效果怎么样？ • 呈现了哪些非言语行为（表情/移动/体态语）？效果怎么样？ • 有哪些具有特色的课堂行为（语言/教态/学识/技能/思想）？

维度三：课程性质	
视角	观察点例要
目标	• 预设的学习目标是什么？学习目标的表达是否规范和清晰？ • 目标是根据什么（课程标准/学生/教材）预设的？是否适合该班学生？ • 在课堂中是否生成新的学习目标？是否合理？
内容	• 教材是如何处理的，进行了怎样的增/删/合/立/换？是否合理？ • 课堂中生成了哪些内容？怎样处理？ • 是否凸显了学科的特点、思想、核心技能以及逻辑关系？ • 容量是否适合学生？如何满足不同学生的需求？
实施	• 预设哪些方法（讲授/讨论/活动/探究/互动）？与学习目标适合度怎样？ • 是否体现了本学科的特点？有没有关注学习方法的指导？ • 创设了什么样的情境？是否有效？
评价	• 检测学习目标所采用的主要评价方式是什么？是否有效？ • 是否关注在教学过程中获取相关的评价信息（回答/作业/表情）？ • 如何利用所获得的评价信息（解释/反馈/改进建议）？
资源	• 预设了哪些资源（师生/文本/实物与模型/实验/多媒体）？ • 预设资源的利用是否有助于学习目标的达成？ • 生成了哪些资源（错误/回答/作业/作品）？与学习目标达成的关系怎样？ • 向学生推荐了哪些课外资源？可达到的程度如何？效果是怎样的？

维度四：课堂文化	
视角	观察点例要
思考	• 学习目标是否关注高级认知技能（解释/解决/迁移/综合/评价）？ • 教学是否由问题驱动？问题链与学生认知水平、知识结构的关系如何？ • 怎样指导学生开展独立思考？怎样对待或处理学生思考中的错误？ • 学生思考的人数、时间、水平怎样？课堂气氛如何？

续表3

维度四：课堂文化	
视角	观察点例要
民主	• 课堂话语（数量/时间/对象/措辞/插话）是怎么样的？ • 学生参与课堂教学活动的人数、时间怎样？课堂气氛怎样？ • 师生行为（情境设置/叫答机会/座位安排）如何？学生间的关系如何？
创新	• 教学设计、情境创设与资源利用有何创新？ • 教学设计、课堂气氛是否有助于学生表达自己的思想？如何处理？ • 课堂生成了哪些目标/资源？教师是如何处理的？
关爱	• 学习目标是否面向全体学生？是否关注不同学生的需求？ • 特殊（学习困难、残障、疾病）学生的学习是否得到关注？座位安排是否得当？ • 课堂话语（数量/时间/对象/措辞/插话）、行为（叫答机会/座位安排）如何？
特质	• 该课体现了教师哪些优势（语言风格/行为特点/思维品质）？ • 整堂课设计是否有特色（环节安排/教材处理//导入/教学策略/学习指导/对话）？ • 学生对该教师教学特色的评价如何？

2. 课堂观察的基本形式

课堂观察有课堂活动全息观察、关键问题聚焦观察、依据价值评判标准的课堂观察、现场情境描述性观察和典型个体追踪观察五种形式。

（1）课堂活动全息观察

课堂活动全息观察是对所有影响该主题的课堂教学因素进行观察。这种形式比较适合对整堂课的全面分析，对教师观察技术的训练很有好处。但一堂课涉及的观察领域过多往往难以聚焦关键问题，对课堂教学的分析会流于肢解，影响整体感。

（2）关键问题聚焦观察

关键问题聚焦观察是对观察视角、视点的设计。首先，聚焦需要研究的问题，分析其相关因素，选择视角，设计视点；其次，所提供的视点（支架）的设计要突出重点，注意科学性。这种形式要求有较强的问题分析能力和合作能力。

（3）依据价值评判标准的课堂观察

依据价值评判标准的课堂观察，指带着课堂教学评价量表进行带有评判意义的观察。这种课堂观察要做到两点。一是依据所观察课程的主题制定有效性评判标准。制定标准的关键在于保证有效性评判标准的质量，制定出的标准要具有科学性、准确性和包容性。二是依据学科特点制定价值评判标准。关键在于评判标准的制定要符合学科特点,要科学、全面、合理,在观察评判课程时注意避免程序化,要根据教学目标、课型类别、教师个人风格的不同而灵活运用。

(4) 现场情境描述性观察

现场情境描述性观察是一种定性观察的方法,要求观察者围绕特定主题,设计观察视角和视点,对结果进行除数字外的各种形式的描述。这种形式具有灵活性、情境性、开放性的特点,适合对主题进行深入、全面、动态的分析,特别是对主题的生成、拓展过程的观察有一定作用。这种观察方法需要观察者有较强的理论功底和分析能力,要尽量避免观察者的主观意识对结果的影响。因此需要观察者根据观察目的和粗线条的观察提纲,在课堂现场对观察对象的某些行为做尽可能详尽的多方面的观察描述,并在课后根据观察回忆加以补充、完善,以便完整地反映教学的真实情况。

(5) 典型个体追踪观察

为了深入了解某些学生的学习情况,或通过了解有代表意义的学生个体的学习情况,验证或研究某一教育措施的实施,某一教育教学新方法对教学对象产生的效果,有意识地选择一个或几个目标学生进行课前、课中、课后跟踪观察的方法,我们称之为"典型个体追踪观察"。典型个体追踪观察关键在于选准观察对象,观察对象必须具有该研究主题的代表性,同时观察时要尽量避免主观因素的过度干扰,以保证观察结果的有效性。

3. 课堂观察的流程

(1) 确立研究问题

课堂是一个复杂的教学空间,其中有教师的教学活动,学生的学习活动,课程的呈现过程以及他们之间互动构建的课堂文化。在这里,简要解释一下课堂文化。课堂文化是课堂教学水平的一个集中反映,是通过教师的教育智慧,创建、激发富有生命的、有效的课堂,形成一种对生命的理解、关怀与尊重,开放、自由、和谐、智慧的,提升教师和学生对生命质量的认识和理解的文化。上述中,无论哪一方面出了问题,都会影响教学质量。研究课堂实际上就是研究问题。作为课堂研究的问题,首先,一定是真实的问题——真实而不虚假,是在某个教师执教的某个班级里目前发生的问题,这也是课堂研究的前提;其次,是值得研究的问题,是若干个小问题中的核心问题;最后是能够研究的问题,是执教者和观察者的能力和水平足以驾驭的问题。

(2) 选择观察焦点

研究问题确立后,就要对问题在教师或学生那里的行为表现做出假设性判断。无论是执教者还是观察者,都有着大量的一般性的课堂教学经验,对问题可能的行为表现也有模糊的预判。选择观察焦点就是把这种感觉进一步思考和澄清,假设问题与行为表现之间有一定的因果关系,并据此选择观察焦点。

(3) 记录课堂行为

围绕观察焦点,运用记录表格,记录课堂行为。要详细记下时间、地点、对象,以及做了些什么事情。事情的开始、过程、结果是什么。尽可能地实事求是,不要主观猜想。

(4) 做出分析推论

根据课堂记录,分析推论出问题所在,以证明假想的观察焦点和研究问题之间的逻辑关系。同时,使问题的细节得以暴露。需要注意的是,如果记录材料并不支持假想,也应该坦然承认。还要注意,分析推论不宜过度。

(5) 提出改进意见

"改进意见"就是改进行为的意见。对教师来说,就是教学行为,对学生来说,就是学习行为。

4. 课堂观察的技巧

教师在成长过程中,必然要拥有比较精致的技巧,在短时间内,既能敏锐而精确地解读教室内事件的发生,又有能力预防及处理各种教与学的问题。

(1) 课堂观察的时间技巧

教师课堂观察要讲究时间性。在课堂内实施的观察,可以随时随地进行,从而确实而快速地掌握学生的学习反应,及其在学习上的特殊需求,并对学生的反应及问题,都可以依据观察所获得的资料,予以即时地处理。对学生提出问题尚未发生之前先机的掌握,以及对学生学习反应的密切关注,可以协助学生进行顺利、有效的学习。

(2) 观察方法的技巧

课堂观察也需讲究方法,一般来讲课堂观察方法有划记法和描述法两种。

①划记法,是指在进入教学现场前,已经熟悉相关文献,并且确定观察的特定行为及经验,另外,也将行为的各类加以类目化,并给予各种行为不同的代号。教师只要按照划记表上对各类目行为的界定,进行代号的划记工作与计时即可。此种类的观察,必须对所观察的行为是否能如期出现,是否能顺利观察到,提前做出审慎的评估,再付诸实施。

②描述法,是指教师准备好观察笔记,并且预先设计好记录格式的观察方法。观察笔记的首页填写观察地点、对象、日期、时间,以及观察主体的位置。观察笔记内也应同时规划好描述与评论的空白栏,其中两种空间的比例大

约是3∶1。观察者在进行观察时,可以一边在描述栏翔实地记载某些行为或经验的发生,另一方面也可以利用评论栏,将观察时所产生的即时性想法记录下来。如果对观察所获得的资料有所怀疑或是不了解其意义,则可以利用课余时间,与相关的人员进行访谈,或者通过分析文件获得答案。

实施描述法,必须在确保教学活动及教学完整性的情况下进行。因此,教师采用描述法仅就较独特的现象与学生行为,稍作默记或是做简单的记录,或是在课程进行到一个段落时,稍作休息,再将值得记录的发现,写在观察笔记内。经验丰富的专家型教师,也可以将观察到的资料立即进行有效的处理。

(3) 处理观察资料的技巧

观察后的统计资料,要进行整理和分析,避免发生偏差,从中看出班级行为的某些倾向,或是与既有的理论相互印证,作为解释班级内师生行为的依据,或将课堂观察所获得的量化资料进行平均数、标准差或是方差检验。

在当天观察结束后,尽可能地将观察资料加以整理与建档,避免因时间过长而导致遗忘。在预计的观察过程完成后,将所有资料进行综合整理与归纳,并加以概念化,以便能从观察中发现值得进一步探讨的现象或问题,或是粗略归纳出教学实践上的某些原则,作为集体进一步讨论的资料。若是教师养成长期搜集资料并加以汇总的习惯,会有更系统化的发现,将之转化为文字,使思考具体化,对教师的专业反省将有更大的裨益。

5. 课堂观察中教师观察什么

课堂观察的客体是学生的学习行为,因此,整体的学习气氛、学生的面部表情、可靠的提问反馈、真实的教学效果,都是教师课堂观察的内容。

(1) 学生的学习行为

①参与状态。一看学生是否全员参与学习。二看有的学生是否还参与教的过程,把教与学的角色集于一身。没有学生积极参与的课堂教学,是无法开发学生潜能的。

②交往状态。一看课堂上是否有多边、丰富、多样的信息交流与反馈。二看课堂上是否有良好的人际交往与合作的氛围。

③思维状态。一看学生是否敢于提出问题、发表自己的见解。二看这些问题与见解是否具有挑战性与独创性。学生的主动创造是课堂教学中最令人激动的一道"风景",而创造这样的"景观"绝非一日之功。

④情绪状态。一看学生是否有适度的紧张感和愉悦感。二看学生能否有效地自我控制、调节学习情绪。有时课堂会掌声阵阵、笑声阵阵,而后又戛然而

止；学生能从激烈的争论迅速转入专注的倾听——这些都表明，学生处于良好的情绪状态。

⑤生成状态。一看学生是否都各尽所能，感到踏实和满足。二看学生是否对今后的学习更有信心，更有兴趣。

（2）课堂学习气氛

营造一个良好的学习氛围，是成功教学的前提之一。课堂的整体气氛不仅影响学生的学习效果，而且还左右教师的讲课情绪。因此，教师在导入、讲解或在提问之时，应注意观察学习氛围是否形成，学生反响是否热烈，学习兴趣是否浓厚；除此之外，还应注意负面观察：有多少人打瞌睡、开小差，对学习内容不感兴趣，对提出的问题无动于衷。只有掌握学生真实的反应，教师才能得出正确的判断。

（3）学生的面部表情

不同于学习气氛的整体观察，学生表情应做个体化观察。

①目光观察：是期待的、急切的、专心致志的，还是困惑的、茫然的、游离的？是心领神会的，还是各自为政、疑虑重重的？学生的目光往往是内心情绪真实的流露，有经验的教师绝不会等闲视之。

②面部表情观察：困惑——眉头紧锁，嘴唇闭拢，神情焦虑不安；理解——双眉舒展，面露微笑，频频点头；专心听讲——目光凝视，神情专注，嘴唇微张；心不在焉——目光游离，表情木然，眉头时开时合，有时口中还念念有词；不耐烦——双眉紧锁，焦躁不安，左顾右盼……

③形体动作观察：配合各种面部表情，学生形体也会出现一些变化。专心听讲时，身体微微前倾；困惑不解时，或以手托腮，或搔首摇头；在理解了一个难点后，身体后仰，全身放松，改变原来的体态；若不耐烦时，往往会不自觉地摇晃身体，或双臂抱胸，或摇腿颠脚。对于学生的种种体态语言，只要注意观察，不难理解。

（4）教学效果

在教学告一段落后，教师应关注学生的反应，观察教学效果。主要观察点有：

①对提问的反应。学生对提问的反应是否积极，回答是否到位，通常是获取教学反馈的重要渠道。

②对课堂练习和作业的反应。练习与作业不仅是学生巩固知识的重要环节，也是检验教学效果的必要手段。观察要点包括：学生对练习的态度、练习过程中出现的问题、练习的结果等。

③对教师讲解的反应。学生的课堂表现是教师观察教学效果的一面镜子，

应给予密切关注。

教师关注学生课堂表现，就是要关注学生的上课状态。这不仅仅是对学生学习习惯的关注，也是对学习效果的保证。从学生上课的眼神、说话的语气，以及动作的力度，都能观察到学生的情绪变化，这就要求教师具有一定的心理方面的知识和较强的洞察力。一方面，教师的课堂观察应有一定的目的性。可靠的观察来自周密的计划，有经验的教师常在教学的关键处设立观察点，有目的地捕捉学生的反馈信息，针对学生不同的反应按事先设计的方案做出调整。盲目、无计划的观察，只会造成视觉盲点，或对有价值的反馈信息视而不见，或将观察到的课堂现象束之高阁，或不知所措，失去了课堂观察的意义。另一方面，教师的课堂观察应准确有效。准确的课堂观察有助于教师做出符合实际的判断，这里所说的准确有三层含义：全面观察，不要以偏概全；及时发现，防止问题堆积；细致分析，不被假象迷惑。

【案例 1-2】

《小数的加法和减法》课程的现场观察与分析

这个案例是深圳小学数学教师蒋硕提供的。案例反映了课堂观察方法的具体应用，集中反映教师主导性作用对学生认知水平的影响。

一、背景

◇案例背景

1. 样本

学校类型	年级	学科	课型	班额 48 人		教师			
省级实验小学	四年级	数学	新授	男	女	性别	年龄	教龄	学历	职称
				24	24	女	32	10	本科	小学高级教师

2. 教学变量控制

这是上午的第一节课，执教班是某实验小学四年级三班。课时计划 40 分钟，实际用时 41 分 50 秒。执教者借班上课，课前与学生接触 1 分 30 秒，基本上反映了自然情境下的教学。

◎授课背景

（1）本课系人教版小学数学教材第八册的教学内容。按教材的编排，在此课之前，学生应进行小数的意义和小数性质的系统学习。但授课的班级所学的是上海版的教材，到五年级的第一学期才真正接触小数的系统知识。这也就增加了学生对小数加、减法计算原理（小数点对齐的目的是统一计数单位）的理解难度。

（2）为解决学生认知结构衔接的问题，小组成员决定请求原任课教师进行小数意义和小数性质的铺垫授课，以便为学生的学习搭好"脚手架"。于是，原任课教师利用两课时对小数的意义和性质进行了铺垫授课。

（3）经过和原任课教师的接触，小组成员了解到本班学生在三年级时已经接触到了小数的初步认识和简单的小数加减法，是利用元、角、分引入的。

3. 观察目的

（1）教师主导性主体作用对学生形成高认知水平的影响。

（2）教师过多或过少地发挥主导作用，对学生认知水平的影响。

4. 主要观察技术选择

（1）全息性课堂教学录像；　　（2）课堂教学片断实录；

（3）提问技巧水平检核表；　　（4）提问行为类别频次表；

（5）教师课堂巡视路线图；　　（6）学生学习效果检测分析。

二、教学过程程序和片段分析

1. 课堂教学程序表

教学环节时间	主要教学过程	板书、大屏幕
一、复习铺垫 认定目标 2分20秒	展示复习题，学生口答并订正 这节课我们继续研究小数的加减法	投影： 1. 利用小数的性质化简： 　0.30　4.080 　0.3120060　7.00 2. 口算： 　0.8－0.2　0.6＋0.3 　0.1＋0.7　1.2－1.2 板书：小数加减法

续表

教学环节时间	主要教学过程	板书、大屏幕
二、导学达标 形成新的认知结构 31分20秒	1. 探究小数加减法的计算方法 （1）小组合作计算两件商品的总价 （2）组内交流列式依据与计算方法 （3）全班交流列式依据、计算方法、小数点对齐的依据 （4）引导总结小数加法的意义与计算方法 2. 巩固练习 3. 小数减法 （1）出示题目、列式并揭示减法意义 （2）独立计算后小组交流 （3）（边出示实物图边口述题目）用10元钱买一瓶价格为9.1元的洗发水，应找回多少钱？ （4）全班讨论小数减法的计算方法 4. 巩固练习 5. 学生自己总结小数加减法的计算方法以及与整数加减法的异同，出示法则	投影（依次显示） 　1.97　　　 6.80 ＋1.23　　 ＋5.6 　3.2　　　 12.4 　2.18 ＋9.25 11.43 12.8　　　 4.45 ＋ 1.39　 ＋1.12 14.19　　 5.57 板演： 4.375＋3.405　 12.15＋8.4 投影： ?元　　　　　　　4.3元 　　　　7.85元 投影：10元　洗发水（实物）9.1元 板演： 7.81－4.35　　0.4－0.125 投影：小数加减法的计算法则 计算小数加、减法，先把各数的小数点对齐（也就是把相同数位上的数对齐）。再按照整数加、减法的法则进行计算，最后在得数里对齐横线上的小数点并点上小数点

续表

教学环节时间	主要教学过程	板书、大屏幕
三、达标测评 实际应用 7分30秒	1. 判断对错，并找出错误原因 2. 发展性练习：请在条件中任选两个有关联的数据提出一个问题，然后列式解答	投影： 　21.6　　　　3.82 ＋ 5.4　　　＋12.5 　27.0　　　　16.32 　 8　　　　　13.6 －3.147　　 － 4.78 　4.853　　　　8.82 投影：　爸爸　　　　小杰 体重　78.32千克　30.18千克 身高　1.8米　　　1.35米
四、课堂总结 40秒	这节课你有什么收获？	

2. 研究者利用课堂实录和全息技术撷取的几个镜头片段和简析

镜头一：贴近学生实际的教学内容

我们已经学过一些简单的小数加、减法。现在再来看两个例子。

【例1】　少先队员采集中草药。第一小队采集了3.735千克，第二小队采集了4.075千克。两个小队一共采集了多少千克？

$$3.735+4.075=7.81（千克）$$

```
    3.735              把千克数转换成克数
  ＋ 4.075                  3735
    7.810                ＋ 4075
                           7810
```

答：两个小队一共采集了7.81千克。

小数加法的意义与整数加法的意义相同，是把两个数合并成一个数的运算。

做一做

21.6＋5.4　　　　12.03＋0.875

想一想

小数加法与整数加法在计算上有什么相同的地方？

【例2】　少先队员采集中草药。两个小队一共采集了7.81千克。第一小队采集了3.735千克。第二小队采集了多少千克？（以下内容从略）

从以上编排可以看出：这样的教材陈旧、缺乏时代气息与创造潜能，脱离了该班学生的现实生活。任课教师确定的教学目标是：

①使学生领悟小数加减法的计算方法，会利用计算法则进行计算，解决实际问题；②培养学生的逻辑思维能力和计算能力；③渗透数学来源于实际又服务于实际的辩证唯物主义观点。并对原有教材进行了如下的处理。

1. 去掉了内容陈旧、叙述单一的应用题，换之以更加新颖活泼、贴近现代生活的情境和问题。如取代"例1"的是一道计算超市中两件商品（实物）总价的应用题，体现了"数学源于生活，又服务于生活"的思想；取代"例2"的是一道图文应用题，降低了原教材中纯文字应用题的难度，目的是想吸引学生将注意力放在对小数减法的意义和计算方法的探究上。

2. 充实。如原教材"例1"只是讨论了位数相同的小数相加的情况，教师在处理教材时，利用八个小组计算八组不同商品的价格（见教学程序表），对小数部分位数不同的相加情况、整数与小数相加的情况，和末尾有0的情况等，让学生独立地探索。这样做，一方面大大丰富了教学的现实内容，拓宽了教材的信息渠道；一方面又能给学生提供充分感知、理解、发现计算规律的机会。从而，给学生设置了更大的活动空间，培养学生独立探求数学知识的能力。

镜头二：我上得很开心

……

师：谁还愿意上来交流！（学生纷纷举手）

生：1.23＋38＝39.23

$$\begin{array}{r} 1.23 \\ +38.00 \\ \hline 39.23 \end{array}$$

师：他做的与前一题有什么不同？

生：在38后面添了两个0。

师：38后面的点哪来的？

生：那是小数点。

师：你怎么知道那是小数点？
生：要把小数点对齐，添上0就保证小数点对齐了，数位就对齐了。
师：还有不同意见吗？
……
师：还有哪组没有交流，请上来！
……

著名教育家裴斯泰洛尔认为，"算术课的主要目的不在于培养机械的计算能力，而在于儿童才智和力量的普遍发展"。从课堂教学实录来看，教师力求摆脱传统的教学模式，使学生从被动的机械计算学习转向学生主动参与式学习。学生积极参与，对学生本身也是一种激励。无论在教学的时间上，还是在教学的重点上，这一环节已经成为本节课教学成功且高效的焦点。根据课堂观察的有关数据，我们从习题类型、教学时间、小组交流这三个方面进行分析。

从习题类型来看，教师有意设计了不同类型的小数加法：有小数位数相同的，有小数位数不同的，有整数和小数相加的，有得数末尾有零的，有得数末尾没有零的。让学生亲自去体验各类小数加法，根据自己已有的知识去建构，形成新的计算方法。

学生独立计算共用15分40秒，总用时41分50秒，占总用时的37%。从这一数据来看执教老师具有强烈的让学生参与课堂教学的意识，留给学生足够的时间围绕问题大胆地进行独立思考，独立地寻找计算的方法，独立地总结计算方法，在探索的过程中体验成功的乐趣。

小组交流用时12分40秒，占总用时的30%，执教老师组织学生进行交流，让学生充分发表自己的观点，这对学生来说是一种重要的体验。尊重学生自己发现、解决问题的过程和结果，有利于学生创新思维的发展，促进学生的"智力参与"。

课后访谈中，学生都表示"这节课上得很开心"。留出教学的时间和空间，让学生多一些自由表达的时间，多一些独立思考的时间，多一些独立探索的空间，是当前课堂改革的重点，课堂改革的成效在本节课中得到了比较充分的体现。

镜头三：安然地算下去……

学生做两道加法的巩固练习：①3.75＋3.45；②12.15＋8.4。在对加法的意义和法则完全掌握后，教师出示图：

?元   4.3元

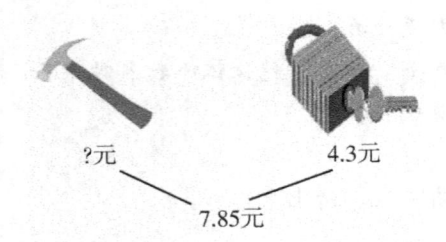

7.85元

师：谁能把图意给大家说一说？
生：锤子和锁子一共是 7.85 元，锁子是 4.3 元，求锤子多少元？
师：会做吗？试一试。做时先列横式，再列竖式。想一想，你是如何算的？
学生独立完成，教师巡视。很快学生做完。
师：（请一名学生）你来说一说是怎样做的！
学生把题展示给大家看：
7.85－4.3＝3.55（元）

```
   7.85
 － 4.3
 ──────
   3.55
```

师：为什么用减法？
生：已知两个加数的和与一个加数，求另一个加数，所以用减法。
师：这和咱们学过的哪种运算的意义相同？
生：这和我们学过的整数减法意义相同。

接着，教师在大屏幕上出示一瓶洗发水 9.1 元，教师拿出 10 元人民币也出示在大屏幕上。

师：我想用 10 元钱买这瓶洗发水，请你们帮我算一下应找回多少钱？
很快许多学生算完。
师：怎样列式？
生：10－9.1＝0.9（元）
师：你是怎样算的？
生：我不看小数点，用整数来计算的，然后再点小数点。

从这段课堂实录中，我们看出执教老师对教材做了修改。教师在教学中发挥了主动性和创造性。高屋建瓴地驾驭教材，创造性地使用教材，灵活地处理教材，把数学与学生的生活接通，使数学走近学生。特别是把教材与学生的生活实际联系起来，使数学教学寓于学生喜闻乐见的活动之中。心理学研究表明："学习的内容与学生熟悉的生活背景越贴近，学生自觉接纳知识的程度就越高。"

由此可见："施教之功，贵在引路，妙在开窍。"一旦我们将数学与学生的生活经验紧密联系起来，学生的学习不但理解深刻，而且学得积极，学得主动，学得快乐，学得安然（自然）。

镜头四：老师到底想要什么？

在练习阶段教师设计了这样一道题：

爸爸
体重：78.32千克
身高：1.8米

小杰
体重：30.18千克
身高：1.35米

师：请同学们任意选两个数据组成小数加、减法。（学生先独立解答）

师：谁来说说，你是怎么想的？

生：我是把爸爸的体重和杰克的体重加在一起，78.32＋30.18＝108.50（千克）

师：谁跟他做的不一样？

生：我可以求出爸爸和杰克体重的差。

师：我问的是谁跟他想的一样而做的不一样？

生：得数108.50末尾的"0"应该去掉，这样可以简便。

师：还有别的做法吗？

……

在这个活动中，教师依据皮亚杰"重复信息"的原则，让学生在不同的情境中运用已学知识来解决生活中的实际问题。学生非常感兴趣，解决问题的积极性也特别高。但遗憾的是，教师由于受时间的影响，在提问中出现了指向不明的现象。如老师问"谁跟他做的不一样？"老师问的是什么不一样，是问结果还是计算方法，学生并不明确。而当一名学生说"我可以求出爸爸和杰克体重的差"的时候，老师却让他莫名其妙地坐下，并追问一句："我问的是想的跟他一样但做的跟他不一样。"在这里可以明显看出，当学生回答的问题与老师提出的问题不一致时，老师有些着急，词不达意，破坏了良好的课堂气氛，同时也挫伤了学生学习的积极性。学生嘴上不说，心中也会想：老师到底想要什么？我难道这样回答不对吗？学生的回答本身并没有错，而关键是违背了老师的意愿，这不能不引起我们的反思。课堂提问是教师开展教学的重要手段，它贯穿于教学的各个环节，成为联系师生双边活动的纽带。好的提问能使学生获得知识，提高能力，激发学生探索解决问题的兴趣。因此，在提问时，教师一定要精心设计，让学生明确思考的方向。同时还要注意追问的技巧，不要急于赶时间，赶进度。对学生的回答，不能一出现与教师所期望的答案不一致的情况，就简单地让他坐下，更不能牵着学生的鼻子走，让学生去迎合老师，而应根据学生的回答，随机应变，因势利导，充分发挥教师的主导性作用。

三、执教者反思

在这节课中，教师力求体现"建构主义"的学习策略，在发挥教师的主导性作用的同时以学生的主动探究、操作，领会小数加、减法的计算法则，使学生主动构建数学知识。一节课的成与败、得与失，执教者心中是最清楚的。下面是执教者教学之后的反思。

1. 主观着力体现的方面

在了解学生的认知基础之上大胆突破教材，设置贴近学生生活的情境。本课是人教版第八册的内容，而实验班是上海市某实验小学四年级上学期的班级。按上海的教材编排，学生到五年级（第九册）才真正接触到小数加、减法计算。经过认真地询问带班的教师，得知这个班在三年级时已经接触到简单的小数加减法，而且是用元、角、分引入的。

课堂教学实践表明，学生对解决实际问题非常有兴趣。由于采用生活中购物的情境，贴近学生的生活经验，学生对小数加、减法的计算方法的掌握水到渠成，这也证明"小学生学习数学离不开现实生活经验"。

突破教材一直也是我所追求的，我觉得对教材的"愚忠"会严重影响学生的创新意识。对教材的突破和重组正是教师在教学中"主导性作用"充分体现的一个方面。

在这节课中，学生探究小数加、减法的过程是学生自主参与的，小数加减法计算方法的总结、小数点对齐的道理、课后的总结都是由学生通过活动领会的，并用自己的语言表述出来的。教师指令性的问题尽量减少，目的是发挥学生的自主性学习潜力。

2. 这节课最大的遗憾是理想和教学现实的差距过大

（1）对学生的原有知识估计过低

或许是原任课教师太负责任，抑或是学生的原有能力较好，原先预想的学生在探究小数加法的计算方法时会出现的认知冲突并没有出现，学生计算准确、法则较明确。学生好像在重复地学，课堂效率相对比较低（与自己所带的班比），课上缺少波澜和高潮。反思起来，关键是教师在备课时过低地估计了学生的认知水平。

（2）教师驾驭课堂的能力亟待提高

首先教师设计的认知冲突被学生已有的知识冲淡了，但教师并未依据学生的实际及时调整教学行为和教学策略，依然按照原教案进行，这反映了教师的教育不够机智，驾驭课堂的能力较低。如学生已说出小数点对齐的原因是"元和元对齐，角和角对齐，分和分对齐"，说明学生对小数加法的计算原理已经掌握到了一定的层次，教师恰恰放弃了这一有利的契机，没有深究小数点对齐的目的，把应该是探究的知识下降为记忆的知识。

其次，学生经过主动探究小数加减法的计算方法进行思维整理后，带有明显缺少科学性的表述时，教师并未进行及时的点拨、指导和纠正，致使整节课学生叙述多次重复"相同数位对齐，小数点对齐，从低位加起"，这说明学生并未彻底地将新知经过同化和顺应，内化为自己的认知结构。弗兰登塔尔认为："小学数学学习是一个有指导的再创造的过程。"而教师恰恰没有根据学生的应答对学生进行点拨、指导和纠正，因此，影响了学生的"再创造"。

（3）教师的语言表达降低了学生的认知水平

教师语速快、吐字不清给学生和教师的交流设置了障碍，出现四次所答非所问的现象。教师为了让学生听清，多次重复提问，把具有思考价值的问题下降到"打乒乓球"似的提问，由应该是理解、探究的问题降低到识记的层次，降低了学生的思维能力。

教师激励性的语言单调，只停留于"好，不错"或默认，缺少必要的激励方法。如在学生说出"小数点对齐是为了元和元对齐"时，教师并没有意识到这是学生在深刻思考的基础上表述的，没有进行由衷的赞赏；再有，当一位学生提醒大家注意计算结果要点准小数点，否则就"变成1400"时，教师没有意识到这位学生极富责任感而进行及时的鼓励，失去了一次绝好的调动学生积极性的机会。我想，缺少必要的赞赏和鼓励，也是使这节课感到比较"平"的一个重要原因吧。今后的教学中,教师一定要注重锻炼自己及时捕捉学生思维的闪光点,进行激励,努力挖掘数学课堂中的"人文精神"。

四、任课教师对课堂观察的自我诠释与研究

从课堂教学实际中,我们发现,教师主体性作用的发挥充分与否,对学生的认知水平有着保持或降低的作用。教师过多或过少地发挥主导作用,降低学生认知水平。这节课的总体感觉是:教学节奏平缓,学生始终未能进入"愤悱"的学习状态。课堂上虽有"和谐共振",但教师与学生似乎未能如愿奏响一曲跌宕起伏、和谐共振的交响乐。主要原因有以下几点。

因素1:铺垫过度

铺垫过早、过多、过细。依照本节课的教学内容,课前教师只需给学生进行小数的意义、性质、简单的一位数小数加减法口算的铺垫即可。但课后在对原班级任课教师的访谈中,谈到由于要面向更多的人上课,教师生怕自己的学生在公开课上出"意外",便将本节课的新授任务做了较多的铺垫(包括计算小数加减法的方法、小数与整数相加减的方法等),过早地给学生进行了解难引路,致使本节课的教学没有波澜,学生对教师精心设计的一道道计算题没有产生应有的热情,学生独立思考的机会大打折扣。本节课最初的设计意图是,想从"街头数学"出发,通过探究性活动,来掌握计算方法,因此,教学属"探究、理解性水平",但实际的教学变成了"理解、记忆性水平"。

因素2:片面追求教案的完整和课堂的流畅

当学生的认知水平与教师的设想出现差异时,教师未能及时调整进度,变换策略。如在教学"小数加法时",教师将学生分成八个组,要求每组学生共同计算出两件商品的总价(各组商品价格不一),然后各组出示答案并在全班交流(这八道题依次呈现的次序见教学程序表),显然,教师未按这几道题的难易程度及内在逻辑关系做出次序上的调整,致使学生的讨论显得零散。如果教师在巡视中得知"认知冲突"未能实现,就应在引导学生大胆进行探究的前提下,将这八道题采用步步深入、环环相扣的纵式结构展示,或许会在课堂上掀起一点小小的浪花,激起学生的认知冲突,从而实现教与学的最佳结合。又如,对小数减法部分的教学,比小数加法部分虽有详略张弛(从时间分析表中可看出),但为了片面追求教案的完整和课堂的流畅,显得有些仓促,使探究的水平有所降低。

因素3：教师的激情不够到位，致使学习的水平降低

从整体上分析，可以看出，本节课，教师努力想通过师生语言的交流，来营造一种民主、平等、探究的课堂氛围，但在实际的教学中，教师的语言略显平淡、单一。教师对很多学生的良好表现未在语言上表现出由衷地赞赏、积极地回应；教师对个别学生回答含糊的问题，没有明确给出肯定或否定的结论，对某些学生回答的不够准确的问题也没有及时纠正。例如，课堂中小组汇报时出现了这样一个场景：

生1：12.81+1.19=14

$$\begin{array}{r}12.81\\+1.19\\\hline 14.00\end{array}$$

相同数位对齐，小数点对齐。

师：你怎么想到小数点对齐的？

生1：如果不把小数点对齐，就不能元与元对齐，角与角对齐，分与分对齐了。

师：(发现有学生仍高举着手)你有什么意见？

生2：(郑重地)我想提醒大家做这种题目时，如果不点小数点，14就变成1400了。

在此，生2的回答意在郑重地提醒大家注意小数加减的结果不要忘记点上小数点。这时，教师应做出一种积极的、认真的响应。但实际的情况是教师只关注了此题的最后结果，对由此引发的一些有价值的教育因素却忽视了。如对学生思维批判性、深刻性的明确和推广方面，并未及时捕捉。学生的这种"潜在"的认真负责的精神，从教师面前一闪而逝。如果教师抓住了这一点进行弘扬，那么对这个学生甚至对全班学生的道德品质和个人素养将产生重大的影响。这不正是我们长期追求的数学课堂"人文精神"的体现吗？

因素4：对学生低层次反应忽视

"提问小梯度，反馈低层次"比较明显。例如，在集体讨论八个小数加法题目的算法以引出小数加法一般性的计算方法时，师生问答多次出现重复性问答场景，诸如，"师：说说你是怎样算的？生：小数点对齐，从低位加起"，这种情况还很多。(见提问层次检核表和提问频次表)

附表1 提问技巧水平检核表（片断）

序号	问题	问答方式	A：教师提问					B：学生答问				
			1管理	2认记	3推理	4创造	5批判	1无答	2机械	3认记	4推理	5创造
1	化简后小数末尾的"0"怎么样？（化简小数）	齐答		√						√		
2	把小数末尾的"0"去掉有什么好处？（更简便）	追问			√						√	
3	算出课桌上两件物品的总价，想一想自己用什么方法？（停顿60秒）	提示		√						√		
4	哪个小组先上来汇报？	先举手再指名	√							√		
5	谁来评价一下他讲得怎么样？	先举手再指名			√						√	
6	相同数位为什么要对齐？（元对元、角对角……）	追问			√							√
7	38后面添上小圆点是表示什么？	先举手再指名			√							√

续表1

序号	问题	问答方式	A：教师提问					B：学生答问				
			1管理	2认记	3推理	4创造	5批判	1无答	2机械	3认记	4推理	5创造
8	他做的和哪个小组的不同？（结果后面有0……）	先举手再指名		√						√		
9	还有没有跟别人不同的？（停顿3秒）	追问		√				√				
10	有没有补充意见？计算对吗？	齐答		√					√			
11	计算方法都有哪些共同点？列式有哪些共同点？（停顿4秒）			√						√		
12	列式呢？（重复3遍，生：数位对齐，小数点对齐）	指名答		√						√		
13	为什么用加法？（生：把两个数合并成一个数……）	指名答		√						√		
14	和我们学的哪种运算意义一样？（整数加法……）	齐答			√						√	

40 | 课堂教学诊断与主要教学问题例析

续表2

序号	问题	问答方式	A：教师提问					B：学生答问				
			1管理	2认记	3推理	4创造	5批判	1无答	2机械	3认记	4推理	5创造
15	什么加法？（整数……）	追问		√				√				
16	你觉得怎样计算小数加法？（停顿5秒）	思考			√			√				
17	你认为怎样计算小数加法？（数位对齐，小数点对齐……）	指名答			√						√	
18	你们会计算小数加法吗？（数位对齐，小数点对齐）	齐答		√					√			
19	0在这里能去掉吗？（指得数末尾的0）（生：能）	齐答		√							√	
20	为什么用减法？（因为已知两个数的和与一个加数……）	指名答			√						√	
21	这和整数减法的意义怎么样？（生：相同）	齐答		√						√		
22	你觉得怎样计算小数减法？（和整数减法差不多……）	指名答			√						√	

续表3

序号	问题	问答方式	A：教师提问					B：学生答问				
			1管理	2认记	3推理	4创造	5批判	1无答	2机械	3认记	4推理	5创造
23	比较一下小数加法和小数减法有什么相同点？（停顿3秒，生：相同数位对齐……）	指名答			√						√	
24	谁用自己的话说一说，小数加、减法到底是怎样计算的？（停顿3秒）	指名答			√						√	
25	法则中哪几个词最重要？（小数点对齐……）	指名答			√						√	
26	和整数加减法法则有什么共同点？（生：相同数位对齐……）	指名答			√						√	
27	这节课你有什么收获？（生：学习了……）	指名答										

第二章 课堂教学的评价取向与实现

一、好课评价标准

上好课，是每名教师的追求。能够上出既能让学生记忆犹新，又能让听课教师难以忘怀的好课，是每名教师追求的理想境界。什么样的课是好课，好课的标准是什么？这是每名教师都在追问的问题。如何把自己的课上得精彩，让学生在课堂愉悦的环境中有效地学习与应用。每名教师都想找到这个答案。

1. 好课的理解

关于好课，许多名师、专家都有自己不同的见解。下面是关于好课理解的部分观点：

叶澜教授在"新基础教育"实验研究中，针对"什么样的课是一堂好课"，提出"五个实"：有意义的课，即扎实的课；有效率的课，即充实的课；有生成性的课，即丰实的课；常态下的课，即平实的课；有待完善的课，即真实的课。

郑金洲教授将"好课"的标准概括为"十个化"，即课堂教学的生活化、学生学习的主动化、师生互动的有效化、学科教学的整合化、教学过程的动态化、教学资源的优化、教学内容的结构化、教学策略的综合化、教学对象的个别化、教学评价的多元化。

崔允漷认为好课是：教得有效、学得愉快、考得满意。"教得有效"是指一堂课有一堂课的标准，一个学期有一个学期的标准，要精教精学，别浪费学生的时间；"学得愉快"是指学习的过程应该是愉快的；"考得满意"是指注重结果，如果要学五个字，结果没学会，认知目标没达到，怎么行？

贾志敏认为好课是：以人为本，以训练为主，以鼓励为主。

靳家彦认为好课是：目标明确，重点突出，流程科学，注重内化，体现沟通，启迪创造，媒体得当，讲究实效，评价多元。

孙双金认为好课是：小脸通红，小眼发光，小手常举，小口常开。

薛法根认为好课是：教学目标简明，教学内容简约，教学环节简化，教学方法简便，教学媒体简单，教学用语简要。

支玉恒认为好课是：从学科性质上看，需要训练积累；从课堂形态上看，自主、生动、活泼地学习是主要标志；从学生发展上看，要反映由不懂到懂、不会到会的发展过程；从学习氛围上看，民主和谐愉悦；从教学个性上看，选择适合教师个性的教学方法。

余宪认为好课是：有灵动而互动的教学设计，有低密度多空间的教学过程，有走进学生心灵的教师活动，有较长时间且有实际意义的学生活动，有生动而富有情趣的教学语言，有随机应变的教学机制，有积极向上的学习心理，有浓厚的自觉的学习兴趣。

……

上述观点提示我们：在"什么样的课是一堂好课"这一问题上，用不同的眼光、从不同的角度去评价，答案就会有所不同。但不管对好课如何理解，在课程改革日趋深入的今天，一堂好课必须体现素质教育的理念，这是一堂好课的基本要求，从某种意义上讲也是最高要求。主体性、有效性、生成性、互动性是当前一堂"好课"所应具有的属性。

（1）主体性

"主体"，哲学上原指"有认识和实践能力的人"。新课程下的教学，主体是学生，即学生是学习的主人。教师教学中，要以生为本，发挥学生主观能动性，强调学生的自主学习。要摒弃以往课堂教学中，学生按教师制定的框子被动学习的状况。如果学生在课堂里没有学习欲望，完全被老师牵着被动地学习，思维不活跃，怎么会学得好呢？学生的主体性是以一定的参与度作保证的，"好课"一定需要学生积极参与、主动学习，否则，没有学生参与，或参与缺乏广度和深度，那这堂课也很难算是好课。

（2）有效性

"有效"是说学生上课后要学有所获。一堂好课，既要有丰富的知识含量，又要有真挚的情感体验。学生不仅掌握了知识，更要将这些新知识纳入自己原有的知识体系中，融会贯通。"有效性"强调关注每一个学生的学习达成状态，使每个学生在原有基础上得到尽可能大、尽可能全的发展。在致力于面向全体学生的同时,既让优等生"吃得饱",又让学困生"吃得了",让各个层面的学生真正学有所得。

(3) 生成性

传统的课堂教学总是预先确定教学目标、教学内容、教学方法、教学流程,然后有条不紊、按部就班地进行教学。上课时,有的教师完全不顾课堂的现场情况,一味地执行自己的教案,这样的课实际上是一幕教案剧。生成与预设是和谐的统一。有效的预设,是为了更好地生成;精彩的生成来自精心的预设。"好课"不仅需要教师有充分的预设,而且要根据实际情况调整预设的教学目标、过程及进度,与学生共同生成课堂内容和新的教育教学资源。精心预设是课程实施的起点。没有预设教案的准备,我们的追求必然是空中楼阁。有预设必有"生成",有生成的课才是有创新的课,才是充满活力的课,才能算是"好课"。

(4) 互动性

新课程强调:教学是教师与学生交往、互动的过程。在这里师生分享彼此的思考、经验和知识,交流彼此的情感、体验与观念。新课程下的"好课"一定是互动的。好的课堂应当是教师创设平等、宽松、民主、和谐的学习环境,创设恰当的问题情境,对学生进行有效的引导。在这样的环境里,课堂是学生放飞心灵的天空,是师生生命互动的乐园,师生都能在教学中体现各自的生命价值。

2. 好课一定是学生喜欢的

前面已经提及,孙双金老师说:好课一定是学生的小脸通红,小眼发光,小手常举,小口常开。但在实际的课堂教学中,以下场景却常入我们的眼帘:学生无精打采,无所事事,甚至昏昏欲睡。有时,教师已经觉得这节课很是精心设计了,也可谓环环相扣了,可为什么学生会不领情、"不懂我的心"呢?新课程下,学生喜欢的课堂该是怎样的呢?

是不是座位马蹄形了,小组合作进课堂了,学生就喜欢了呢?不是!座位马蹄形只是一种学习的形式,本质还是要让学生喜欢课堂学习。目前不少课堂上,虽然有着小组合作的形式,但是教师还是占据着统治地位。教师说一不二,一味强调应该这样、应该那样……很多老师眼中的好学生仍然是那些"循规蹈矩"、显得特别"懂事"成绩又好的学生,把"不太规矩"、比较调皮、成绩不好的学生称为"后进生"。学生联系卡上教师写得最多的还是"学习勤奋,遵守纪律"之类的话。

教学的本质是交流，是师生之间的沟通，是见解的激活和思维的碰撞。课堂应该是充满智慧的挑战。课堂的良好秩序是教师教好和学生学好的保证，但是学生思维兴奋时的脱口而出，学生急于要表达自己的见解，就不是良好的课堂秩序了吗？调查显示：学生喜欢民主、平等型的课堂，期待得到老师的赞扬和鼓励。

(1) 学生喜欢的课堂应有丰富的生活背景、探索挑战的情境、和谐民主的氛围

学生喜欢的课堂应能够为学生的学习提供一个丰富的智力生活的背景，创造一个充满探索精神的自由表现的学习情境，一个相互支持、互相欣赏、彼此接纳的和谐氛围。在这个环境中，学生可以率真地袒露自己的心扉，表现出最本真的一面。这样的氛围应当更加有利于学生的心理健康发展。

> 一般而言，在课堂上，下面这些情形出现时学生学得最好：
> ◇ 当学生有兴趣时；
> ◇ 当学生的身心处于最佳状态时；
> ◇ 当教学内容能够用丰富多彩的形式来呈现时；
> ◇ 当学生遭遇到智能的挑战时；
> ◇ 当学生发现知识与技能的个人意义时；
> ◇ 当学生能自由参与动手探索与创新时；
> ◇ 当学生被鼓舞和被信任能做重要的事情时；
> ◇ 当学生有更高的自我期待时；
> ◇ 当学生能够学以致用时；
> ◇ 当学生能够体验到经过努力获得成功时；
> ◇ 当学生对教师充满信任和热爱时。
> ……

(2) 学生真正参与教学过程

师生之间要为实现教学目标进行充分的沟通、交流和商讨，以达成一个共识，即我们为什么要学习这个内容，学习这个内容对学生本身成长有哪些意义？课堂上要让学生有思考的内容，有充分的思考时间，有足够的思考空间。

学生参与建构知识的过程，不是简单地在教师指导下推演，而是不断地质

疑、不断地修正，在多元化的理解下共同探究一个公式或者一个原理的由来。教师要给学生提供丰富多彩的教学形式。学生反思总结学习后还有什么困惑和问题需要进一步的探索。教师要为学生的学习留下思考的空间和时间，凡是学生能说的就让他们去说，凡是学生能思考的就不要代替，放开手脚，解放大脑，相信学生，奇迹将会不断被孩子们创造。

学生在课堂上有展示自我、发现自我、发展自我的机会。课堂上，孩子们只有通过展示才有发现，只有通过发现才有发展。孩子们的潜能也正是在不断展示、不断发现和不断发展的过程中突现并丰富和发展起来的。

【链接】

学生眼中的好课堂

多一些平等

◇ 教师要加入同学中，与学生共同学习、一起讨论；

◇ 教师应正确对待学生的学习成绩，不分好与坏，不分优与差，能热情地与同学一起交流；

◇ 容易沟通，课堂中没有师生界限，师生关系特别融洽；

◇ 上课尽量让更多的同学参与到学习中来，不忽略每一个同学，照顾个别同学的不同学习需求；

◇ 教师不总是叫固定的人回答问题，而是把机会均匀地分配给全班学生；

◇ 不以成绩把学生分成三六九等，从而亲近一些学生让他们成为课堂上的宠儿，而冷落不喜欢的学生。

多一些鼓励

◇ 对课堂上回答问题错误的学生，应多鼓励，而不是嘲笑；

◇ 学生回答错误，教师不当堂批评；

◇ 教师不要摆架子，一副传统的古板表情似乎千年不变，课堂上教师要面带微笑、流露善意。

教学方式

◇ 在同学们想问题的时候，教师不大声说话；

◇ 教学中，不随便打断学生的思维；

◇ 要给学生思考的时间，不要一提出问题就让学生回答；

◇ 不能一提出问题就直接说出答案，而不让学生自己思考问题；

◇ 教师讲课不死板，灵活运用多种方法，不让学生感觉简直在催眠，不然的话，那才叫度日如年；

◇ 教师能够把要讲的知识很有意思地讲出来，经常变换讲课方式；

◇ 希望课堂能活跃些：安静、积极、活跃；别让课堂死气沉沉，没有一点活跃感，有时让学生感到心在颤；

◇ 避免45分钟的课堂没有一点气氛，教室一片寂静，因为这样的课特别压抑；

◇ 讲课有活跃的感觉，教师不要不停地讲，让学生没有发表自己见解的机会；

◇ 教师最好不提很少有人回答的问题，或者干脆没人能回答的问题；

◇ 教师不要只管讲，而不管学生听不听；

◇ 教师不要管得太严，能放手的不放手。

教师的基本功

◇ 教师应该管好纪律，不要乱七八糟，不要有人捣乱而不管；

◇ 教师应用朴素的语言向学生介绍所学的内容；

◇ 教师说话应有条理，不要总讲废话；

◇ 上课不要串讲，本来是讲这个的，结果一下子又变成了讲另一个，过了一会儿又变了回来，这样会让同学们犯糊涂；

◇ 教师不要太严厉，让学生感觉不自在，因为过于严肃，学生不敢回答问题；

◇ 希望教师幽默、风趣，爱开玩笑，且面带笑容，让学生有一见如故的感觉；

◇ 每当讲到复杂或枯燥的内容时，教师便结合开玩笑来使学生重新振奋起来；

◇ 希望教师是一个活泼开朗的人，是一个懂得很多知识的人，应能说会道，没事的时候多讲些历史知识，形成自己独特的风格。

教学内容

◇ 希望教师不要只教书本知识，应增加一些课外知识，以开阔学生的视野；

◇ 课堂上内容丰富多彩，贯穿了课外知识，使学生很容易掌握，很容易让学生记忆更加深刻，再加上适时的小组讨论，使课堂更加活跃；

◇ 能以实例说出主要内容；
◇ 在课堂上，增加一些与科目有关的小笑话；
◇ 教师能将身边的事物与学生所学的内容结合起来；
◇ 避免例题不现实，虚假的例题；
◇ 应该与其他课联系在一起学；
◇ 教学不要没有目标，每一节课都要有明确的教学目标；
◇ 教师留的作业，不要超过学生的能力，无法完成；
◇ 一个星期抽出最后一节课，把一周以来的知识做一个总结；
◇ 作业不要太多，让学生无法完成。

基本要求

◇ 上课时，教师不应有接电话、抽烟等行为；
◇ 教师不要刚喝完酒，带着一身酒气上课，那样会让学生没有安全感；
◇ 教师不要在桌子上趴着，只让同学读课文；
◇ 一上课就让学生自己学习，以自学应付；
◇ 上课时，教师不讲脏话；
◇ 课堂上，教师不要花枝招展、颠三倒四；
◇ 上课心情不好，不要拿学生出气，不要心情不好就不给学生改作业，没有责任心；
◇ 教师来到教室时不要显得不高兴，弄得学生很害怕，希望教师无论遇到什么问题都应当高高兴兴来上课；
◇ 不要学生一提意见教师就不高兴，学生本来不会做，提一下意见教师就不高兴，教师就不细讲；
◇ 课堂上，不要学生多问几个问题教师就不耐烦；
◇ 教师讲课时不要45分钟内没有一丝微笑，看见班里有说话的就批评半天；
◇ 上课不要迟到，甚至不来，下课不要拖堂，这样会影响下一节课的学习；
……
◇ 学生喜欢的课堂要求有很多，关键是教师如何在课堂上"抓"住学生，教学让学生喜欢，让学生有实实在在的收益。

3. 好课的通识标准

每一个有责任心的老师都愿意教好学生，上好每一堂课。为此，教师们付出了大量的努力，做了大量的工作。好课大体可以遵循以下着眼点。

（1）好课应让学生受益一生

教学不等于智能，教学具有全息性。课堂教学应从学生的全面发展、模块的整体教学出发，落实好课程目标的三个维度。教学不仅仅教给学生某种知识，更重要的是，使学生通过知识与技能的学习，认识过程和方法，影响学生对世界的情感态度、思考及表达方式，并最终积淀成为人的精神世界中最深层、最基本的东西——价值观和人生观。

（2）好课应让学生主动参与

前面已提及，好课一定是学生喜欢的。学生喜欢的课堂一定是学生主动积极参与的。教学中，教师不但要把学生的积极性充分调动起来，而且还要把学生在学习中的主体作用充分体现出来。课堂教学应该实现陶行知先生所倡导的——充分解放学生的大脑、双手、嘴巴、眼睛。只有让学生的多种感官全方位地参与学习，才能调动学生的学习积极性，使课堂焕发出生命的活力。课堂教学应让每一个学生都有参与的机会，使每一个学生在参与的过程中都能体验到学习的快乐、获得心智的发展。为此，有些教师将课桌设置成"圆桌式""扇面式""马蹄型"，以便扩大信息的多向传递和情感的相互交流。

（3）好课应教学目的明确、教学内容正确、教学方法适当、课堂组织高效

好课应教学目的明确。课堂教学是师生的共同活动，其中教师起着主导作用。教师发挥主导作用的先决条件，在于坚持清晰明确的教学目的，时刻注意教什么、怎样教，最后要达到什么目的。掌握清晰明确的教学目的，关键在于钻研课程标准和教材，切实体现三个维度的要求。一堂课所应完成的教学任务是多方面的。但在实际教学中，不是一项一项地单独地去完成，而是综合地运用知识与技能、过程与方法，实现情感态度与价值观的统一。

好课的教学内容应正确科学。教学目的主要是通过使学生正确理解和掌握教学内容来实现的。目的明确之后，最重要的是要正确地掌握教学内容和正确地传授教学内容。新课程强调"用教材教"。为此教师应做好教学内容的选择，教学内容应体现生活化、综合化的要求，体现学生的全面发展，为学生精心选取终身必备的知识技能。

好课应灵活适当地运用教学方法。要使教学内容为学生所接受，并能促进学生智能的发展，形成正确的情感态度价值观，必须在课堂上机智灵活地选择和运用适应新课程教学的教学方法。比如，当学生对这堂课认识不足、学习态

度不积极时，就要善于创设情境，激发学生学习的要求，调动他们的学习积极性；当教师在讲到全课关键性问题时，可采用自主、合作、探究的方法，力求使每个学生都能积极地思考主要问题，取得良好的教学效果。需要注意的是，教学方法的运用还要根据当时课堂教学进展的情况适时调整，机智灵活地改变教学，使方法能适应当时教学的需要。并且要把几种教学方法结合好，使其在不同条件下都能起到各种教学方法特有的作用。

好课应有高效的课堂组织。教学中，教师要通过对各种条件的有效利用，提高教学效率。高效的课堂组织，主要体现在两个方面：首先是课堂中的师生关系、生生关系要处理好，组织要严密，使各方面的作用得以充分发挥。例如，师生互动的组织，课件的使用小组，讨论的组织，学生参与程度等都需要有效组织。总之，要避免课堂教学活动只是教师的活动或只是少数几个学生的活动，要关注每一个学生，调动全班学生参与课堂的活跃度，使他们在教学活动中受益。同时，要善于将教学活动的各个环节组织得当，能够一环扣一环地进行，不浪费每一分钟。这是组织教学活动提高教学效率的一个重要方面。

【案例 2-1】

《但愿人长久》教学设计
（苏教版四年级上册第二课）

◇ 设计理念与特色

《但愿人长久》是一篇文包词，介绍了宋代大学士苏轼创作《水调歌头·明月几时有》这首词的由来。文章以苏轼在中秋之夜的情感变化为线索，字里行间渗透着浓浓的亲情。教师要引领学生亲近美文、感悟语言、弘扬诗韵，培养他们学习汉语的兴趣，让他们对母语产生深深的迷恋之情。让美的书声充盈课堂，让美的文字如滴滴雨露浸润学生的心灵，并密切联系生活，让学生在读书中自主地去感悟、去体验，真正走进文章所描绘的人物心灵深处，与其一起经历从"心绪不宁"到"宽慰"的心路历程。

◇ 教学要求

1. 会写本课生字词，理解由生词组成的词语。
2. 能正确、流利、有感情地朗读课文。

3. 体会作者对弟弟苏辙的思念之情，理解"但愿人长久，千里共婵娟"的含义，并会运用。

◇教学重点
理解"但愿人长久，千里共婵娟"的含义，领略词的意境。

◇教学难点
在读中体会人物的情感变化。

◇教学时间
两课时

◇教学准备
月圆图、《水调歌头·明月几时有》乐曲

第一课时

一、观图激情

1. 师：出示月圆图。同学们，看到这一轮皎洁的明月你会想到什么？可以是一个成语、一个故事、一首诗词……

【评析】 月亮在中国人眼里就是一首诗。古今有多少诗人以它为话题，写出了多少脍炙人口的名篇佳句！由圆月导入，一下子就进入一个美好的意境。

◇学生交流

2. 师：看来月亮自古以来就寄托了人们的美好情感，特别是在一年一度的中秋佳节亲人团聚的时刻，共享这一轮明月，那情景是多么美好！看到这轮明月我也想到一个名人——苏轼。你们了解他吗？

3. 交流苏轼的资料。

4. 今天我们就学习一篇关于他写月亮的文章——《但愿人长久》，板书课题。

5. 读题，看到课题你知道了什么或者你想知道什么？

预设：我知道这是一个美好的心愿。

我想知道题目的意思。

"小疑则小进，大疑则大进"，相信同学们通过读书不止小有进步，一定会大有进步！能实现老师的美好心愿吗？

【评析】 由生活的元素创设一个充满浓郁文化韵味的学习情境，激起学生走进文本的欲望，对课题的质疑使学生自主探究学习的目标更明确。

二、初读问情

（一）出示自学要求

1. 标出生字新词，会读会写。

2. 准确流利地读课文

学生自学，教师巡回指导。

（二）检查自学情况

1. 读准词语。

2. 在小组长组织下听写、订正，对于写错的字交流记忆的好办法。

3. 指出分自然段读书，订正字音。

4. 通过读书你知道了什么？

预设：苏轼被派往离家很远的密州做官，中秋之夜因思念弟弟心绪不宁，并且写了一首词。

指导学生板书：苏轼　思念　苏辙

5. 再默读课文，用横线标出描写苏轼情感变化的词语。

（1）学生交流汇报，梳理出文章的情感脉络。

（2）指导学生板书：心绪不宁—埋怨—宽慰，并理解词语。

（3）指导学生按照板书提示给课文分段。

【评析】 语文课堂教学要有"魂"，本课的"魂"就在于苏轼因"思念"弟弟而产生一波三折的情感波动。找准文本的触点，会使整个教学过程浑然一体，产生"提领而顿，百毛皆顺"的效果。

第二课时

一、品读悟情

小组自主合作、抓住重点词句，探究苏轼情感由"心绪不宁"到"埋怨"，再到"宽慰"的变化原因。

读课文、标词句、写批注、谈体会。

【评析】 教学，就是教师教给学生学习的方法。

二、换位体情

老师扮作记者采访苏轼（学生扮演），巧妙地引领学生与文本对话，生生、师生互动交流，汇报学习成果。

【评析】 这一环节很巧妙，很好地体现了"对话教学"的理念。

（一）体悟"心绪不宁"的思念

1. 师：苏大诗人，今日是中秋之夜，您看皓月当空，您为何心绪不宁呢？

【评析】 这是"一问"。

2. 引导学生根据自学课文 2、3 自然段的内容，以"因为……所以……""之所以……是以为……"的句式，用第一人称的语气交流汇报自学成果。

预设：中秋的夜晚，看到人们都在欢欢喜喜地品尝着瓜果，观赏着明月，我因为思念弟弟，所以心绪不宁。

我之所以心绪不宁，是因为中秋节看到人家在月下团聚，而我却和亲人分隔两地，所以思念起了弟弟呀！

3. 师：从大家不同的成果汇报中我们又听到了同一个词——思念。可是，通过课前的介绍我知道您的亲人很多，在这月圆之夜您为何单单想起了弟弟呀？

【评析】 这是"二问"。

预设：因为我们手足情深。

4. 师："手足情深"是什么意思？

课文哪些词句写出你们兄弟之间感情很深呢？

引导学生抓住"形影不离""屈指算来"等词句，用联系上下文、做动作的办法体会苏轼与弟弟的手足情深。

5. 运用练读、指名读、男女生对读等多种形式朗读，用声音再现并对比中秋之夜人们的愉快心情和苏轼思念弟弟的伤感情绪。

（二）体悟"埋怨"的思念

1. 师悄然引渡：苏大诗人"独在异乡为异客"，中秋之夜您在遥远的密州思念弟弟，正是"每逢佳节倍思亲"呀！可是您这又是在什么地方埋怨谁呢？（出示文中插图）

【评析】 这是"三问"。

预设：月下，躺在床上埋怨月亮。

2. 快速默读第 4 自然段，你又从哪些词句体会到对弟弟的思念？

预设：由"月亮渐渐西沉，透过窗子把银光洒到床前"，联想到李白的《静夜思》，可能是"举头望明月，低头思弟弟"；

由"躺在床上，怎么也睡不着"，体会到因思念弟弟而辗转难眠；

由一边是月下让人羡慕的欢欢喜喜，亲人团圆；一边是"举杯邀明月，对影成三人"的孤独，形成鲜明的对比，因而发出月亮"无情"的抱怨，体会到月圆人不圆的遗憾……

3. 师：都是月亮惹的祸。月圆之夜见不到自己日思夜念的弟弟，刹那间离愁别绪涌上了心头……看来赏月的环境不同，心情就会不同，感觉也自然不同。通过朗读表现出自己对弟弟因思念而产生的抱怨吧。

练读、男女生对读，强调"偏偏"一词。

（三）体悟"宽慰"的思念

1. 师：还是这轮明月，正埋怨着它呢，却又带给自己一次心灵的宽慰。"宽慰"什么意思？您是如何"宽慰"自己的？齐读第五自然段。

【评析】 这是"四问"。

2. 师：您很会为自己做心理安慰。无情的是这轮月，有情的也是这轮月。您是大诗人、大文学家呀！您如何来表达对弟弟的思念呢？

【评析】 这是"五问"。

预设：作诗

指名读第 6 自然段。

3. 这两句诗是什么意思呢？默读 5、6 自然段，你有什么发现？

预设：5 自然段包藏着引用的诗句的意思。

理解"婵娟"指什么？

男女生反复对读，表现诗文原句和第五自然段的意思。

【评析】 如何感悟语言文字背后蕴含的情感？不妨蹲下来静心倾听学生走入苏轼灵魂深处的心灵对话，分享、欣赏学生自己收获的成果汇报。

三、拓展延情

1. 同学们一定很想了解苏轼脍炙人口的《水调歌头·明月几时有》全文，出示：

（丙辰中秋，欢饮达旦大醉，作此篇，兼怀子由）

明月几时有？把酒问青天。不知天上宫阙，今夕是何年？我欲乘风归去，又恐琼楼玉宇，高处不胜寒。起舞弄清影，何似在人间？

转朱阁，低绮户，照无眠。不应有恨，何事长向别时圆？人有悲欢离合，月有阴晴圆缺，此事古难全。但愿人长久，千里共婵娟。

2. 学生结合注释自己阅读，老师动情范读，学生评价并配乐朗读。

【评析】 全课以问为线索，步步深入，引领学生渐入充满诗意的佳境。以问促读，以读促说，以说促思，形式活泼、有趣，又都是语文教学的应有之义。

3. 自古多情伤别离。无数文人墨客都用月亮表达了这种情绪。苏轼也写了自己的离愁别绪，但最终得以解脱，不愧为大诗人、大文学家。"但愿人长久，千里共婵娟。"已是千古绝唱，苏轼用它表达了一种亲情。同学们觉得这句话还可以表达什么样的感情？

预设：友情、爱情……

4. 结课

中秋节即将到来，让我们为远在异乡的游子吟诵这样的诗句，为他们掬一把思乡的泪水。——引读"但愿人长久，千里共婵娟"。

再为分隔两地的友人吟诵这样的诗句，让他们把思念的悠悠神情抛洒。——引读"但愿人长久，千里共婵娟"。

人世间最真挚、最美好的情感是永远保留在人们心中的一份爱，这份爱是不会因为时间的长短、距离的遥远而消失的。——引读"但愿人长久，千里共婵娟"。

【评析】 依据学生生成的语言结课，一唱三叹，升华情感，深化主题。

四、积累寻情

搜集有关思念家乡、思念亲人的名句。

【评析】 以点带面，积累运用，为学生奠定传统文化的底子。

五、板书留情

但愿人长久
苏轼　　思念　　苏辙
心绪不宁——埋怨——宽慰

【评析】 给学生每一次做学习主人的机会，日积月累，提升其学习活动的参与度。

【总评】 教师在教学过程中充分为学生搭建自主活动的平台，如学生听写、学生板书等小细节的安排，特别是教学中的"五问"，更是匠心独运，引领学生在语文学习的天空轻舞飞扬。这样的教学设计精致、灵动，充满了诗情画意。刘老师的语文功底可见一斑。（本课评价老师是著名特级教师于永正）

4. 好课的评价需要学生的参与

课堂教学评价要改变传统课堂只有教师评价学生的单向评价模式，应把学生引导到评价中来，把评价的权利交还给学生，让学生在评价中交流，在交流中学习，在学习中发展。

（1）引导学生参与课堂评价

引导学生参与课堂教学评价，首先要激发学生参与学习评价的兴趣。兴趣是最好的老师，兴趣能有效地诱发学生学习的动机。教师应该尽量采用实物演示、小品表演、课堂游戏等方法吸引学生的注意，以直观形象的手段，创设情境，激发学生评价的兴趣，调动他们参与评价的积极性。在学生初步尝试评价时，教师应及时鼓励、表扬，由此建立起他们评价的信心，进而乐于参与评价。

引导学生参与课堂教学评价，要给予学生充分的时间和空间。要让学生参与评价，教师在课堂上要给他们提供评价的时间。传统的课堂教学大部分时间花在了师生问答的环节里，学生基本是被动地接受。新课程下的教学，教师每节课至少给予学生一定的时间，让学生充分思考、讨论、评价。教师要学会"倾听"。引导学生参与评价，课堂上就会出现不同的声音，引发争论，甚至还会出现一些教师意想不到的"奇谈怪论"。教师要充分理解和尊重学生的发言，放下教师的架子，少"讲"多"听"。教师只有学会倾听学生的评价意见，善于发现学生问答中富有价值和意义的充满童趣的世界，体验学生的情绪，学生才会在课堂上敢说、敢议、敢评。

引导学生参与课堂教学评价，要教给学生评价的方法。首先，建立课堂评价的常规。建立一套完整的课堂评价常规，有利于帮助学生顺利掌握参与评价的步骤。课堂评价常规包括"听""想""评""听"。"听"是指听清楚对方的发言，这是做好评价的前提。"想"是根据发言者发言的内容进行思考，组织好评价的语言。"评"是以一定的评价标准进行评价。"听"是虚心倾听别人的反馈意见。课堂上建立了评价常规，学生评价的内容就更具体充实，更具有针对性。

另外，掌握评价的基本形式和方法。评价有着多种多样的形式，如果从课堂教学的组织形式上划分，有自我评价、同桌评价、小组评价、对组评价、全班评价、师生评价六种评价形式。如果从课堂教学的方法上划分，评价可以分为多角度评价、比较评价、建议性评价、补充评价、赞赏性评价、争议性评价和创造性评价七种评价方式。除了教会学生掌握以上课堂评价的基本形式和方法外，还通过自己的实践，大胆地将教学内容与学科特色结合起来，创造出多种新的评价方式。如语文学科的识字评价、朗读评价、作文评价等。

让学生掌握评价的语式。在课堂上引导学生参与评价，是为了激发学生自主学习的兴趣，启发学生主动探索、尝试学习，培养他们的创新能力，从而优化课堂教学。如果只让学生使用"好""对""错了"等简单的词汇进行评价，不利于促进学生的思考，更不利于引导评价的深入。所以要求学生学会使用"看法原因"的评价语式。这样的评价语式不仅能让学生讲清楚他的看法，还可以通过陈述原因清晰地展现出思维过程。

（2）引导学生参与评价的效果

引导学生参与课堂评价具有良好的效果，具体体现在以下几个方面。

促进了课堂教学的优化。引导学生参与评价，能极大地调动学生学习的积极性，让他们动脑、动口、动手去学习。学生在课堂上所想、所说、所议、所评，成为课堂教学的焦点，激起了学生强烈的好奇心，激发了学生对智慧的挑战，也成为学生学习兴趣的强大动力。课堂上评价意见的交流活跃，不仅改变了原来课堂上的沉闷气氛，激活了整个课堂教学，还有效地促进了学生自主学习、主动探索的积极性，大大提高了课堂教学的效率，学生语言表达能力也有了明显提高，逻辑思维也得到发展。

促进了学生人格的发展。教师在引导学生参与评价的过程中，通过组织学生与学生之间、小组与小组之间、老师与学生之间的多方面的评价，激活了课堂气氛，提高了学生的学习交往能力，激励了学生奋发向上、互相合作与竞争的精神，培养了合作互助的品质，从而促进人格的健康发展。尤其促进了学生正确地认识自我、评价自我，培养了学生独立自主的个性化品质，促使师生之间、生生之间学会合作与交往，促进学生在新型的人际关系与学习交往中和谐发展。

全面提高学生素质。全面提高学生素质主要表现在以下两个方面。一是提高学生的口语交际能力。学生参与评价，既训练了口语表达能力，又有利于纠正口语，还提高了口语交际能力。教师通过创设情境，引导学生去评价别人，进行"多说"的训练,并从"多说"变为"会说",从"说"中注意语言的清晰、连贯完整,从而提高口语交际能力。二是培养了学生的创新精神。参与评价的本身,是一种发现式的学习过程,是评判他人的过程。学生评价别人的过程,也是表达自己的思想、发表自己见解的过程,这是一种创造性学习的过程。学生在这个评价过程中发现问题,围绕问题从不同的角度提出不同的解决方法,发表自己不同的独特见解,最后创造性地解决问题,这个过程就是激发学生创新意识、培养他们创造精神和创造能力的过程。

二、好课可循之规

一堂好课,浸润着教师艰辛的思索与磨炼;一堂好课,每次都因教师教学理念的更新而改变;一堂好课,凝聚了教师多少的智慧与汗水。教什么,怎样教;学什么,怎样学,几乎总没有脱离开这两个方面、四个小点的调整。追求一堂具有内涵的好课,追求一堂具有实效的好课,一定要遵循一些可循之规、信守一些必知理念。

1. 找准学生的真实起点——以学定教

"以学定教"是指教师以学生的身心发展素质为基础,以发展思维、提高学习能力为主线,根据学生学习的知识基础、情感兴趣、视野经验、发展阶段等进行教学设计,遵循学生学习的具体过程、特点规律、心理状态,引导学生自主地学、积极地学、有效地学。"以学定教"要求教师着眼于学生的发展,要根据学生的实际来确定自己的教学,树立以学生为本的教学理念。"以学定教"的提出就将"怎样教"的视线转移到对"教什么"的思考。

"以学定教"是新课程"学生是学习与发展的主人"的具体体现;是关注学生的个体差异和不同学习需求,关注学生的好奇心、求知欲,充分激发学生的自主意识的体现;是充分尊重学生的主体地位,关注学生的学习需求,让学生在课堂上拥有一定的选择自由度的体现;是让学生自由选择学习内容、学习方法等,成为主动探索者;是以学生的学情形成学案,以学生的学情作为教的根本依据。

(1) 以学定教要找准学生学习的真实起点

找准学生的真实起点,就要重视对学生的了解、分析和研究,这也是教学要取得成功必不可少的前提。学习起点是指学生对学科内容的学习所具备的有关知识与技能的基础,是影响学生学习新知的最重要因素。教师要遵循学生的思维特点设计教学过程,就必须把握教学的真实起点。教师的教学必须充分考虑不同学生已有的知识情况，才能正确把握对学生学习动机的培养与激发。为此，教师需要对以下内容有清楚的了解：学生是否已经具备了进行新的学习所必须掌握的知识和技能？学生是否已经掌握或部分掌握了教学目标中要求学会的知识和技能？没有掌握的是哪些部分？有多少人掌握了？掌握的程度怎样？哪些知识学生自己能够学会？哪些需要教师的点拨和指引？哪些知识是针对个别学生的强调？

（2）以学定教的内容

教与学是一个辩证统一体。"以学定教"中的"学"指的是与学生的发展有关的内容，诸如学习动机、学习兴趣、学习内容、学习方式、学习时间和学习效果等；"教"指的是与教师的教学活动有关的内容，诸如教学目标、教学内容、教学方式、教学时间和教学效果等。这两条主线上的各要素都紧紧扣住教学内容。简单地说，就是学生需要学什么，我们就教给什么。

"以学定教"可以从以下五个方面来把握。

一是以学定目标，即以学生的实际水平和需求来确定教学目标。

二是以学定思路，即以学生的学习思路来确定教师的教学设计。

三是以学定方式，即以适合学生学习的学法来确定教师的教法。

四是以学定过程，即以学生的真实的课堂状态来生成教学过程。

五是以学定手段，即以学生的具体学情来选择教学手段。

"以学定教"，教师首先应确立学生需要的有效教学内容，保证教学内容有意义。没有教学内容的效果、意义，整个教学活动就是低效甚至是无效的。一堂课，教师必须对教学内容加以调控，从学生学情出发，去选择教学内容、统整教学内容、创生教学内容。不是任何材料、文本都可以作为教学内容的，不是教师想教什么就教什么，也不是教师能教什么就教什么，而一切要以学生需要、以学生的已有基础为前提。

为此，在教学过程中，教师要以学生已有的学习经验为基础，根据教材所提供的学习材料和学生的实际需要，对教学内容进行编排组合，进行选择、统整，从而使之适合学生需要，促进学生的发展。

（3）分层施教，让"教"适应不同学生需要

以学定教，就要关注学生之间的个体差异，倡导分层施教，让"教"适应不同学生的"学"。

分层教学，是根据学生的学习水平和能力的不同，开展不同层面的教学活动，并针对学生不同发展层次的需要给予相应的指导，以达到全体学生全面发

展的教学目标。课堂教学中依据全体学生的学情，从学生的实际出发，对不同层次的学生，规定不同层次的要求，进行不同层次的教学，给予不同层次的辅导，使全体学生都学有所获。

①学生分层

教师要摸底调查，对学生原有知识基础、学习能力、学习心理、学习态度等因素进行综合分析，了解差异，分类建组。可大致把学生分为Ａ、Ｂ、Ｃ三个层次：Ａ层为接受能力强，学习习惯好，学习潜力大的学生；Ｂ层为接受能力一般，但学习比较自觉、有上进心的学生；Ｃ层为接受能力欠佳，自觉学习的积极性不高，基础知识薄弱的学生。

②教学目标分层

根据新课程要求，结合学生的知识基础与接受能力，设计切合学生实际的多层次教学目标。针对Ａ层学生，在掌握好基础知识的基础上，要进一步拓宽视野，发展思维，提高能力，创造性地完成教材的学习任务；Ｂ层学生，应以基础知识、基本规律的理解为主，能够较好地掌握教材的基础知识和基本技能，能够独立思考，具有一定的分析问题和解决问题的能力；Ｃ层学生，应侧重以基础知识和基本规律的识记为主，能掌握教材最基础的知识，基本完成课堂教学的学习任务。

③分层练习

分层练习是分层施教的重要环节之一。不同层次学生运用知识的能力不同，因此，练习题要精心设计，体现一定的层次性。

④分层设计提问

提问设计要对不同层次的学生提出不同的要求。其中基础性的问题面向Ｃ层学生，中档题面向Ｂ层学生，难度大的问题面向Ａ层学生。不同层次的学生各司其题，各有所得。同时，对学生回答问题的评价也分层对待，使基础差的学生也能大胆答问，增强他们主动答题的信心，使他们学得轻松。

2. 把握教学秩序的先与后——先学后教

课堂教学，该教什么，怎样教；是先教，还是先学，这已经成为影响课堂教学的四个重要维度。可在现实中，人们往往更多地关注和探讨一堂课该"教什么，怎样教"的问题，似乎没怎么去想教的顺序问题。先学后教与先教后学是两种不同类型的课堂教学秩序。先教后学，多是以"关注教师怎样教好"为出发点，课堂将演变成教师艺术与才华施展的空间；先学后教则充分体现让学生乐于学习、勇于探究、敢于质疑、善于合作的学习情境，将课堂变成学生自主生成的乐园。

先学后教中,"先学",是指在课堂上,在教师未开讲、未引导、未明确相关内容之前,学生主动地进行相关问题的自我实践、自我探究、自我学习,力争通过个人的力量独立地发现、分析、解决问题,获取知识,提升能力,发展情感。"后教",是在课堂上,学生在自我"先学"的基础上,就自己或同学自学过程中发现的相关问题进行的相互实践、相互探究、相互学习,力争通过集体的力量共同发现、分析、解决问题,形成知识、能力、情感系统,提升理性认识,从而进一步促进身心发展。

先学后教体现了学生的主体地位和教师主导作用的和谐统一,体现了"教"与"学"的辩证统一,体现了动和静、张和弛的有序统一,成为课堂教学改革的大势所趋。

(1) 先学后教在于怎么教

先学固然重要,后教也是有讲究的:教什么?怎么教?"学生会的不教,学生不会的尽量让学生自行解决,教师少讲精讲,只作点拨性的引导"。"教"是寻找规律,真正让学生知其所以然,引导学生预防运用时可能出现的问题。教的方式,可以是"生教生",也可以是"师生互教"。可以让已掌握的学生先讲,如果学生讲对了,教师肯定,不必重复;讲得不完整,达不到深度的,教师补充;讲错了的,学生、教师更正。

先学后教,要避免学后乱教。学后乱教步入课堂教学的另一误区。学后乱教并不是缺乏后教之教,而是反映在教的形式过泛、教的内容偏多、教的主导过强,并且所教缺乏针对性、时效性,直接影响了先学后教的效果、效应的达成。

学后乱教,虽然充分发挥了"学"的积极能动性,却曲解了"教"的主导性,所教之"教"成了没有目标、没有方向、没有目的的教学,自然,学生素质提升就成了没有着力点的空中楼阁,最终成为一笑而过的课堂教学闹剧。总的说来,学后乱教实质就是先学后教极端化的表现。

(2) 先学后教的落实

①制定教学目标,让先学后教得到落实

教学目标,是教学活动的出发点和归宿。教学目标是否准确定位,关系着先学后教能否真正实现。用教学目标统率先学后教,先学后教才有鲜明的旗帜和坚定的方向,才不会在内容上偏离人本教育,在形式上脱离现代教育,在方法上分离和谐教学,从而真正体现出现代教育理念。

在学生先学之前,教师要准确清楚地向学生明示课堂教学目标,使学生带着明确的任务参与到教学过程中去。在先学过程中，教师要不断调动学生的学习积极性，同时对学习困难的学生给予指点和帮助，以全面落实课堂教学目标。在"后教"过程中，教师明确教的内容、方式、要求，以期有效、科学、准确地落实教学目标。只有这样，教学目标才可能得到根本落实，最后引起学生真正的变化。

②引入规章制度，让先学后教成为课堂流程

先教后学要想在课堂教学中成为主旋律、新潮流，必须有规章制度作保障。规章制度引领课堂教学改革，做到有"法"可依，让制度说话，创造一个公平、有效的教学改革环境。事实上，先学后教需要规章制度来细化其课堂教学流程。规章制度的制定，将先学后教的教育理念不折不扣地执行下去，就能达到"润物无声"的境界，教学的实效自然就会呈现出来。这是先学后教课堂教学模式发展的必然要求，也是新时期素质教育的一个重要特点。

③开发课堂空间，让先学后教成为一种教学模式

先学后教注重学生学习能力的提高，给学生提供一个质疑、发展、探究、合作、提高的平台。在学习历程中，学生的情感、态度、价值观将得到有效的发展，其学习能力也会随着身心发展的轨迹自然发展。先学，是给学生足够的空间来从事学习，通过生生合作，真正、彻底地探究解决问题；后教，是发展学生的终极平台，教师三言两语的指点、引导，使学生在最短的时间内掌握疑难问题的解决方法。先学后教的有机统一，就是学生个性发展和群体素养发展的同一过程，是学生素质提升和群体和谐发展的同步历程。对工作效率、学习效率的追求，是先学后教模式领先于其他教学模式的根本追求，也是对教学秩序最大的尊重和最完美的发挥。

【案例 2-2】

金色的脚印

上课已经 30 分钟了，八个学习小组就像八个小课堂，组员们在小组长的带领下，争先恐后地汇报交流预习的成果：读课文、认生字、分段、归纳主要内容以及对重点难点问题的思考……看着孩子们投入学习状态，我不禁有些得意，为今天自己因为懒惰而想出的"教法"而窃窃自喜。上课之前，我在想，虽然自主学习以来学生都能按我列出的预习要求自行学习，但每天我还要按部

就班地逐项检查，一来二去总觉得乏味了。既然学生已经学了五年语文了，倒不如也给学生一个"灿烂的机会"，试着过一过当老师的瘾。所以我便让小组长分担了我的工作，检查组员的预习情况，看起来还不错。

还有十分钟就要下课了，我觉得还有必要强调一下文中的知识点，便让学生停了下来。这时朱鹏远提问："课文为什么要以'金色的脚印'作为题目，难道狐狸在雪地上留下的脚印真的是金色的吗？"他的话音未落，其他组便有好几个同学举起手来回答。其实这正是我要检查的重点，但这时从学生的口中提出来，又由学生来解答一切都显得那么水到渠成，多么自然和谐的相互质疑的学习场面啊！我的心头不由划过一丝欣慰。

快下课了吧？我下意识地抬头看了一眼墙上的时钟，"还有什么特别的收获吗？"七组的郭浩和张若潇几乎同时举起了手："老师，我认为课文最后一个自然段结尾的句号应该为省略号！""为什么？"我期待着。郭浩急着说："这是一篇关于爱的文章，爱是没有止境的，不管在人类还是动物之间，所以我认为结尾改为省略号更合适。""对！"张若潇继续补充："加上省略号表示爱的延续！"我看到几乎所有的孩子都向他们投去赞同的目光。——多么独特的阅读收获！可见孩子们真正沉下心与文本亲密接触了，我为他们这种会学习的状态而欣慰，这正是我所追求的教学境界呀！但这样的教学情节是可遇而不可求的，它是学生自然的生成而不是老师硬教给学生的结果。

《金色的脚印》是一篇略读课文，教师备课时一般认为没什么可讲的。也就是说对一篇课文备课时教师首先想到的是"该讲什么"的问题，思维总是局限于文本本身，立足于考些什么，而不是考虑应该"教给学生怎样学"，学生也只单单受益于一篇课文的字词句段。而今天课堂上呈现的学习状态恰恰可以说明，教师的教学应该调整好学生的学习状态。放手让学生自学，对于学生而言不但有思考与感悟的过程，而且还会有真实独特的体验与收获；对于老师而言，颠覆传统的"老师讲学生听，老师问学生答"的教学思想，我们会惊喜地发现学生闪光的地方，原来老师会的学生通过自学都能弄懂，甚至有老师预设不到的体验，正是"青出于蓝而胜于蓝"。

先学后教的课堂，就是让教师少教、精教或不教，让学生会学、愿学、思学。其实，课堂教学中教师的不教或少教，实际也是一种教，是一种艺术性的教。陶行知先生对此有过十分精辟的见解："我以为好的先生不是教书，不是教学生，乃是教学生学。"

3. 让学生学会学习——授人以渔

"授之以渔","授"就是讲授、授予,主角是教师;"之"指的是学生,一群活生生的、个性殊异的孩子;"以",意为用;"渔",原意指"捕鱼的方法",在这里的意思是获取知识或答案的方法、技巧。从字面上的理解,就看得出它更需要在课堂中去落实。"鱼"即知识技能的结论,即现成的、被别人思考、"加工"完毕的思想、道理、定义、公式、知识等;而"渔"指的是捕鱼(获取知识技能)的方法和技巧,即学生通过自己的能力,把学到的本领学以致用,运用到实践中去,从而自己在知识的海洋中用"瓢"舀出知识的"海水"。

(1) 教师要让学生自己捕鱼

让学生自主捕鱼,不是"牧羊式"的不着边际,也不是"圈地式"的束手束脚,是教学理念的自然回归,回归到一种原生态的教学行为,给予学生一片新天地,给予学生一些工具,放手让他们尽情地、肆意地在广阔的知识海洋中捕鱼。

卢梭在《爱弥儿》中写道:"要培养孩子具有获得知识的能力,这样才能使孩子的思维开阔,头脑聪敏,能够随机应变。"让学生自主捕鱼,就是在培养学生获得知识的能力,这对我们的课堂教学有着深远的意义。

放眼现在的课堂教学现状,一些教师在这方面存在着较大的问题。如何才能让学生自己在课堂上有效地捕鱼呢?这引起了我们的深思。

①拒绝教师的"越俎代庖"、本末颠倒

课堂教学,讲究引导艺术。教师的"讲"一旦过"度"了,就会影响学生的"学"。关键之处,教师要让学生自己去思考、推敲,以养成良好的思维习惯。即使学生思考出来的答案与我们的期待有一定的距离,但是长此下去,学生的思考、视野会逐渐地开阔起来。因此,在课堂教学中,教师一定要让学生自己去捕鱼。

现实课堂中,教师却做着"越俎代庖"的事情,本该学生自主学习的地方,教师一手包办,自己讲了算;本该引导学生思考的地方,教师"当仁不让";本该让学生质疑的地方,教师一手遮天,居高临下,导致学生的独立思考能力被漠视,创新能力被扼杀,学生成了课堂的"弃儿",其能力、习惯得不到发展和培养,主体积极性无法得到发挥,个人的智慧无法得到释放和迸发。"越俎代庖",牺牲的是学生,教师未能认识到这种本末颠倒的错位,造成了很多无法翻供的"冤案"。学生怎能得到自主"捕鱼"机会呢?要让学生自主捕鱼,就需要坚决拒绝教师的"越俎代庖",本末颠倒。

②还学生"主体"地位,让其成为课堂中的主角

让学生自主捕鱼,益处多多。学生成为课堂上的"主角",意味着学生承担着一定的"思维责任",在思考的过程中,融入学生个人的知识水平、阅历、能力、个性特长等因素,因而,其思考结果也会明显地印有"自我"的个人色彩,这样的思考就比单纯地接受知识高出一个层次。

课堂中如果让学生自己捕鱼,自主学习,学生的主体积极性一定会得到酣畅淋漓的发挥,学生便有一种"主人翁"的感觉,并会以这种姿态投入课堂学习的各项活动中去。因其主体性的充分开掘,蕴藏在学生内心深处的"内潜力"便被激发出来。一旦学生的"内潜力"被激发,学生参与课堂教学活动会由"要我学"蜕变为"我要学"的境地,参与课堂活动就成为一种内心需要、一种自觉的活动。

【案例 2-3】

《在山的那边》教学片段

师:同学们把轻读重读的词找出来,并把原因写在旁边,完成之后同学们可以互相交流。(教师来到学生旁边,适时指导)

十分钟后,教师让学生展示自己的思考结果。

生1:我说第二节中"在山的那边,依然是山,山那边的山啊,铁青着脸,给我的幻想打了一个零分!"这里的"依然"我觉得要重读,它强调了山的数量多。"铁青"也应该重读,写出了山的颜色非常残酷,还带了拟人色彩……

生2:我想说"于是,怀着一种隐秘的向往,有一天我终于爬上了那个山顶"这句,我觉得这里的"隐秘"应该轻读,"终于"要重读。

生3:我说第二部分的第一段,这里的"是海"要重读,后面的感叹号表明了作者的强烈感情。下面一句"用信念凝成"也要重读,它强调了只要有信念,百折不挠地奋斗,终究会看到自己的目标。

……

在这个过程中,教师适当地对学生的理解进行评点。

放手,是一种智慧,也是一种勇气。这个教学案例中,教师"放手"了,

把课堂还给学生，使其真正成为课堂的主人，这是学生自主捕鱼的先决条件。学生只有充分发挥其主体性，才能捕到"好鱼""大鱼"。

（2）授予学生"适宜"的"渔"

"渔"，一种技巧、方法，那么，我们应该授"什么渔"才能提升学生的能力水平呢？

①独立思考的方法。独立思考就是让学生自己去解决所遇到的问题。遇到难题时，教师可告诉学生，别立即问老师或同学，而要静下心来，认真地推敲、琢磨，可以通过查找资料的方式寻求问题的解决，不必急于求成。如果"绞尽脑汁"也想不出来，再请教也不迟。

②自主学习的方法。教师要大胆放手，让学生真正自主学习，让学生在课堂中畅所欲言，给学生充分的思考空间……总之，给学生最大的选择权和自由度。

③创新能力的方法。让学生在思考问题时从多个角度出发，别具一格，多想出几个解决的方法和途径。鼓励他们运用发散性思维，不怕错误，不怕失败，让他们明白"事物的正确答案不止一个"。

④质疑能力。鼓励学生敢于怀疑。怀疑什么呢？怀疑书本、怀疑教师、怀疑参考答案和"标准答案"。如何怀疑呢？多问几个"为什么"。对任何问题，头脑里都要保持这样的"？"（质疑），这是为什么呢？养成习惯后，质疑能力会大大增强。

⑤学以致用的方法。学与用如何有效统一起来？如果只学不会用，那么学再多知识也没有意义。可以告诉学生，解决这个问题，可以运用以前哪些知识点，先从问题本身搜索出其"相关点"（问题本身与以前学过知识的相同或相似词语、意义、内涵等），接着再从头脑中"取"出所需知识。

4. 构建新旧知识的联系——温故知新

温故知新出自《论语·为政》："温故而知新，可以为师矣。"意思是说温习旧的知识，进而懂得新的知识，这样的人可以做老师了。"故知"是"新知"的基础，"新知"是"故知"的发展。"温故"与"知新"是相互联系、相互促进的，时常温习旧知识，对掌握新知识有积极的促进作用。

温故知新是每个人都应具有的基本能力。教师合理地运用温故知新传授知识，往往能收到事半功倍之效。其实质是在已有知识的基础上，获取新知识，从温习旧知识中得到启发，悟出新的道理，加深对新知识的理解。

（1）"教"重在从旧知到新知

苏联著名教育家苏霍姆林斯基在《给教师的建议》中说："在我看来，

教给学生能借助已有的知识去获得新的知识，这是最高的教学技巧之所在。"学生学习的过程往往是从已知到未知的探索过程。新知识的掌握，往往是在已有知识经验的基础上实现的。教师教学，就要巧妙地利用新知识点与旧知识点之间的内在联系，在学生"温故"之时激发起他们对"新知"的兴趣。

教学过程中，在讲授新课之前，教师应该从新、旧知识点间的联系中，抓住新、旧知识点的异同，找出知识的结合点，对旧知识加以概括总结，提出要学习的问题，这样既巩固了旧知识，又明确了新课的学习目的、学习任务和学习重点，还激发了学生的求知欲；既为学习新知识打好基础，又增强了新旧知识的联系。

在课堂教学中，导入新课是必不可少的重要环节。从旧知识导入新知识，引导学生去发现问题，是最常用的导入方法。用这种方法一般是从复习旧知识开始，通过提问和复述，回忆前一节课或一个单元、章节所学的内容，通过复习旧知识的方式导入新课。课堂上一个好的导语具有引人入胜的妙用，恰当的导语能够巧妙地架起由旧知到新知的桥梁，自然贴切地把学生导入教师所创设的教学氛围中，从学生已经懂了的知识入手，由旧知生新知，从而收到良好的教学效果。

一节新课如何让学生学得轻松愉快，有种"似曾相识""原来如此"的感觉呢？这需要教师熟悉学生的知识基础、认识能力、情感需求、认识心理，充分调动学生的学习兴趣，激发学生的学习欲望。教师在讲授新知识时要紧密地结合学生的实际情况，选准恰当的角度，选取合适的例子，从旧知识或学生已有的生活经验出发，巧妙地创设教学情境。导入教学情境的时候带有一种情感，让学生在一种真实的生活情境中不知不觉地学会新知。

【案例 2-4】

冀教版语文二年级上册《村景》教学片段

师：你读懂了什么？
生1：我明白，儿歌中写的是秋天的景象。我是从"蔓生豆，藤结瓜"看出来的。因为秋天是收获的季节，是丰收的季节。
生2：我有不同的意见，我觉得儿歌中写的是夏天。因为文中写"绿叶衬红花"，绿叶就说明是夏天，秋天的叶子是黄色的。
师：那你们认为呢？
生3：我也认为是夏天，因为夏天的叶子才是绿色的，现在是秋天，你们看窗外的树叶，不是发黄了吗？（一部分学生点头）
生4：不对，应该是秋天，文中写"赏菊又观竹。"菊花就是在秋天开放的，所以是秋天的景色。

生各抒己见，意见不同，主要因"绿叶衬红花"中的"绿叶"引起了不同的意见。

师：你们说的都有道理，那么到底文中写的是什么季节的景象呢？请同学们都过来，仔细看看窗外。

学生来到窗前看窗外的百花园，此时串红开得正红，学生纷纷议论百花园的美丽。

师：好，请同学们先回到自己的座位。（学生坐好）你们想说些什么吗？
生5：从这里往下看发现咱们学校的百花园真漂亮。
生6：我还从来没有发现一串红开得这么漂亮。
师：（见学生只对百花园的美产生兴趣，适时加以引导）还有吗？
生2：（恍然大悟）我明白了，现在是秋天，红花开得很红，花的叶子也是绿色的，这就是"红花衬绿叶"。
生3：我也明白了，儿歌中写的是秋天的景象。
生7：我想咱们学校的小花园就这么美，而小山村到处都是"绿叶衬红花"，一定更美。

这节课教师引领学生观看窗外美丽的百花园，拉近了学生与文本之间的距离，赋予文本以生命力，唤起了学生主动学习的情感。第斯多惠说过："知识是不应灌输给学生的，而应引导学生去发现它们，独立地掌握它们。"这节课的教学中，当学生在思想上出现不同的见解时，教师没有立刻去告诉他们正确的答案，而是引导他们自己去观察、去思考，最后自己发现。学生在观察中丰富自己的旧知，进而获取新知。这样在完成教学的同时，也培养了学生的思维能力和独立阅读能力，真正做到把学习的主动权还给学生、教师成为学生学习和发展的促进者。

（2）温故知新要讲方法

及时复习不但可防止遗忘、加深理解、熟练技能，而且还可诊断、弥补学习上的知识缺陷，完善自己的知识结构，发展记忆能力和思维能力。复习就是要根据遗忘的规律,正确、合理地安排复习时间,使已学知识在遗忘前加以巩固。

要巩固所学知识,必须讲求复习的方法。复习并不是简单地重复、机械地记忆,并不是对刚刚学过的课文反复地进行朗读,对刚刚讲完的生字反复地进行抄写。其实,复习是一个融会贯通、梳理整合、归纳总结的过程。在这个反复循环的过程中,要在牢固掌握所学知识的基础上,展开联想,进行引申,加以提炼,归纳升华,使得所学知识系统化、规律化、结构化。因此,及时复习的过程就是一种创造性的学习过程。

在教学过程中,教师要遵循温故知新的认知规律,研究遗忘规律,科学合理地安排复习,反复讲解,反复训练,不断地进行巩固,促使学生不断地掌握新知识。在温故知新的反复循环中,教师应该采取有效措施,帮助学生不断地走向进步。

(3) 温故知新重在点拨

当学生陷入思维"困惑"时,教师要善于了解学生的疑难,掌握时机,及时点拨。课堂教学中,教师的作用体现在组织、点拨、启发和引导上。就点拨而言,它既是一种教学方法,更是一种教学艺术。遵循教学的客观规律,依据学生的认知心理特点,适时、巧妙、灵活地点拨,能够激发学生的热情,引导学生主动参与、积极思考。点拨要建立在学生主体作用发挥的基础上。学生是学习的主体,是内因,点拨是一种外在手段,是外因。"外因必须通过内因起作用。"

【案例 2-5】

《田忌赛马》教学片段

师:读课文,想一想,孙膑为什么劝田忌再赛一次马?

生:因为孙膑这时已经有了取胜的办法,所以劝他再赛一次。

师:你是从哪儿读懂的?

(评:教师的点拨把学生引到课文中。)

生:我从"孙膑胸有成竹地说:'你就照我的主意去办吧.'"这句话读懂的。

师:能讲一讲"胸有成竹"的意思吗?

生："胸有成竹"是说画竹子之前心中已经有了竹子的形象，比喻做事之前已经有了把握。孙膑能胸有成竹地说，说明他已经拿定主意，有了办法。

师：孙膑是根据什么想出办法的呢？请同学们再读课文。

（评：教师的点拨又一次把学生引到课文中，让学生通过读书自己解决问题）

生：书中写了"从刚才的情形看，齐威王的马比你的快不了多少呀……"这说明孙膑发现了一个问题，齐威王的马只比田忌的快一点儿。

师：是啊，孙膑不仅认真观察了比赛，还善于分析，所以能想出好办法。同学们能把这里的省略号可能省略的内容补充完整吗？

（评：这属于一个开放性的问题，引发了学生的讨论，触发了他们的想象思维和创新意识。）

生：田忌，别垂头丧气的，我出个主意保证你能赢。

生：田忌，别看齐威王现在高兴，待会儿准让他目瞪口呆。

生：不要灰心，失败乃成功之母嘛。你为什么不动脑子想一想？

（评：可谓一石激起千层浪，此时已有生竞相答出）

生：老兄，你分析一下刚才比赛的情况，他的马比你的快不了多少，难道你想不出一个好办法？

生：田忌，我有办法让你取胜。你用下等马对齐威王的上等马，先输一场，可要沉住气呀。接着用上等马对他的中等马，然后……你想一想怎么办吧。

（评：这是很有创新意识的表述）

生：田忌，我有办法让你二比一取胜。

生：田忌，在魏国是你想办法救了我，使我摆脱了庞涓的陷害。大恩大德我没齿难忘。放心，我不会让你失望的。

师：噢，你知道得真多。这个故事你是怎么知道的？

生：预习时我查资料，从《孙庞斗智》这本书中知道的。

师：围绕课文内容查找有关资料，这是很好的预习方法，值得表扬和提倡。

……

（评：适时地肯定和鼓励学生围绕课文内容查找有关资料的做法，能更进一步激发起学生们阅读课外书的兴趣和热情，有利于拓宽语文学习的空

间，可谓授之以渔。教给学生学习的方法，把获取知识的途径很自然地延伸到课外）

在这个片段中，教师的点拨方法之一是让学生直接面对课文，直接从书中亲自去感悟知识。这样既使学生有了思维杠杆的支点，又培养了学生良好的阅读习惯。点拨要注重拓展学生思维的空间，培养学生良好的思维习惯。由于学生受知识能力等因素所限，思维易浮于表面，教师的点拨由点延伸，铺展深入，让学生在问题情境中观察、比较、分析、综合、抽象、归纳，以训练学生思维的灵活性、深刻性。如案例 2-5 中对省略号的教学，在这无字之处如何让学生见"深浅"呢？教师巧妙地点拨：把省略号可能省略的内容补充完整。从学生的回答中，我们看到此时学生的思维是活跃的，甚至是带有创造性的。

（4）寻找学生的最近发展区，让"温故"更有目的性

苏联心理学家维果茨基在"最近发展区"理论中提出：在确定发展与教学的可能关系时，要使教育对学生的发展起主导和促进作用，就必须确立学生发展的两种水平。一是其已经达到的发展水平，表现为学生能够独立解决问题的智力水平；二是他可能达到的发展水平，但要借助成人的帮助，在集体活动中，通过模仿、练习才能达到解决问题的水平。维果茨基将学生在指导下借助成人的帮助所能达到解决问题的水平与在独立活动中所达到的解决问题的水平之间的差异称为"最近发展区"。

教学过程只有遵循温故知新的认识规律，循序渐进、步步为营、脚踏实地地进行讲解，学生才会学得轻松愉快，才会充满希望，才能有滋有味。在课堂教学中，教师常常需要给学生创设"跳一跳，摘得到"的学习情境，使学生体验到学习成功的喜悦，保持良好的学习状态，增强学习的自信心，促进学生健康成长。而这个起跳点最好是建立在学生的最近发展区之上，也就是说，我们的温故之基必须指向这个发展区。

为了开发利用好学生的最近发展区，我们在设置任务的时候要做到，对教材了如指掌，有丰富的经验，熟悉学生的认知发展规律，能准确地判断学生存在的困惑。在设置课堂任务时，跨度不能太大，也不能原地踏步，要让学生在当前的知识水平下有一个小的飞跃，让学生跳一跳就能摘得到，自然流畅地到达下一个"最近发展区"。

【案例 2-6】

跳一跳摘桃子的启示

有一天，一位家长在桃树下遇到一位智者。

一脸阴云的家长仿佛遇到了光芒万丈的太阳，连忙拱手施礼请教："尊敬的智者，我的儿子不思上进，怎么办呢？"

"怎么个不思上进法？"

"我给他制定的考入班级前 15 名的目标，他老是不能实现。"

"他现在在班级中的位置是多少？"

"55 名。"

"啊？你让他一步跨 40 名，这也太难了！我有办法。"智者笑笑，然后指着枝头的一个鲜红的桃子说，"不过，现在我饿了。想吃桃子，你跳起来为我摘那个桃子下来，然后我告诉你办法，好吗？"

家长举起手，双脚向上猛地弹跳起来。一次，两次，三次……但是，始终摘不到那个鲜红的桃子。

"高了，太高了。即使拿出吃奶的力气，也摘不到。"家长看了看下面那个微红的桃子，估计跳起来就能摘下。于是他和智者商量："你能不能让我摘下面那个微红的桃子？"

"好了，好了，"智者哈哈大笑，"这下子我饱了！"

家长心里一惊："那办法呢？"

"你自己不是找到办法了吗？"

"让家长跳起来摘桃子"这个故事，寓意深刻，很有意思。它告诉我们想问题、做事情，一定要从实际出发，不可强求，否则，是绝对办不到的。这个故事以丰富的内涵和哲理，有力地荡涤着传统教学观，给现代教学思想以深刻的启迪。

读完此文，很自然想到的是我们目前的课堂教学。当我们给学生制定某一个目标，很多时候是没有考虑学生的实际情况与想法而让其在一定时间内达到规定的高度。可是，桃子不是自己从树上掉下来的，也不是教师喂给学生的，更不是强灌硬压给学生的，而应是学生积极主动亲自摘取的。学生只有亲自摘取才更彻底地属于他。摘也不是伸手即得，需要做些努力，费点劲儿，跳一跳才摘得下。"跳起来摘"还包含着摘取桃子的可能性问题。如果桃子挂得太高，跳也摘不到，学生也就不摘了。只有处于学生"最近发展区"的桃子才最有吸引力。

作为一名教师要真正了解学生，从学生的实际入手，从学生的真实水平抓起，让学生明白先根深然后叶才能茂，我们不仅要为他们创造和谐的课堂学习环境，更要以满腔热情服务于学生，以娴熟的教学技能愉悦于学生，以情感滋润学生，以充满思考性的问题启迪学生，让学生主动去发现和创造，享有更多的成功体验，不断唤起和维持学生学习的内在动力，使他们跳起来摘到更多的桃子，实现充分发展。

【案例 2-7】

关于地球公转的一节课例

课前，王老师让学生做好以下两方面的准备工作。1. 将学生按 8 人一组分成 8 个小组，每组选一人做组长。2. 每组在上次活动做的地球仪中选出一个做得比较好的地球仪，在上面比较准确地画出南北回归线、南北极圈，如图 2-1 (1) 所示，并将一个乒乓球切成两半，一半当太阳，固定在椭圆形的纸板上，纸板作为地球公转轨道面模型，如图 2-1 (2) 所示；另一半当昼半球，罩在地球仪上，对准地轴剪两个口子，并在半球的中间扎一个小孔（当作太阳直射点），如图 2-1 (3) 所示。

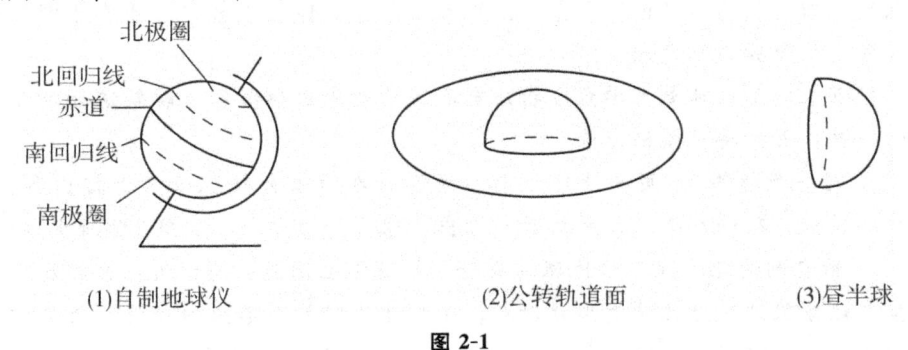

(1)自制地球仪　　　(2)公转轨道面　　　(3)昼半球

图 2-1

开始上课，王老师先请同学们用上节课归纳出来的地球自转规律及其产生地理现象的顺口溜作歌词，配上《小星星》的曲子唱一遍："地球不停在旋转，围绕地轴是自转，方向自西向东转，自转周期是一天，昼夜交替着出现，不同经度时差现。"

　　接着，王老师请学生仔细阅读教材第一、二自然段，归纳出地球公转规律及其产生的地理现象，并将前面歌词中关于地球自转规律及其产生地理现象的内容换成地球公转规律及其产生地理现象的内容，请几名学生来演唱："地球不停在旋转，围绕太阳是公转，方向自西向东转，公转周期是一年，四季交替着出现，不同纬度温差现。"王老师在充分肯定几名学生演唱的基础上，问学生："刚才几名同学演唱的歌词中，还有什么地球公转的特点和产生的现象没有说出来？"学生的思维活跃，有的说，南北半球的季节相反；还有的说，地球在公转的过程中地轴是倾斜的，并且空间指向保持不变。"很好，那么谁愿意上来演示一下地球的公转呢？"王老师说道。学生非常积极，踊跃举手。王老师请一名学生当太阳，另一名学生当地球，演示地球的公转，请下面的学生注意观察，看他们的演示是否正确。在演示过程中，下面的学生七嘴八舌地说开了："不对，不对，方向错了。""地球应该一边自转一边公转。""转那么快，我们的头都给你转晕了。""地球仪应该是斜的。""空间指向应该不变。"……经过几轮演示，全班学生对地球公转的特点有了立体的感性的认识。

　　【点评一】　　教师通过让学生唱《小星星》和阅读课本第11页第一、二自然段的内容，使学生在轻松愉快的学习情境中初步了解地球公转的一些特点和产生的地球现象，为学生下一步演示地球的公转搭建知识平台，并调动了学生学习的积极性。教师通过让学生演示地球公转，使学生对地球公转的基本情况有了形象、直观的感性认识和体验，为学生在脑子里构建地球公转图和利用学具探究地球公转的活动创造了条件。这部分教学，体现出教师注重学生情感体验和感性认识的教学理念。

　　接下来，王老师要求学生分组用自己做的地球仪模型和公转轨道面演示地球的公转，并按要求做好记录。

　　1. 对照教材第11页的地球公转示意图，在地球公转轨道面上标出冬至、春分、夏至、秋分四个点，并用箭头标出地球公转的方向，如图2-2所示。

　　2. 用自制的地球仪演示地球的公转，提醒学生注意：演示时，公转轨道面模型与地球仪的交点就是太阳直射点。先将地球仪放在冬至的位置，将公转轨道面移至南回归线上，固定轨道面，如图2-3所示。水平移动地球仪到春分、夏至、秋分三个位置，观察有什么现象发生？

　　3. 将当作昼半球的另外半个乒乓球罩在地球仪上，扎的小孔当作太阳的直射点，演示地球的公转，提醒学生注意，地球是一边自转一边公转，当地球运

图 2-2 公转轨道面

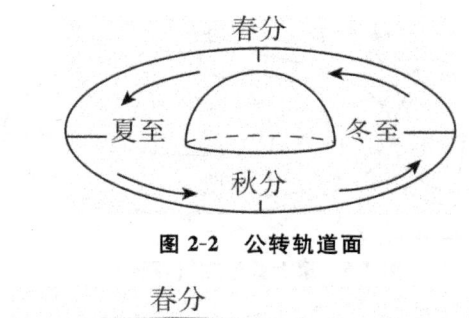

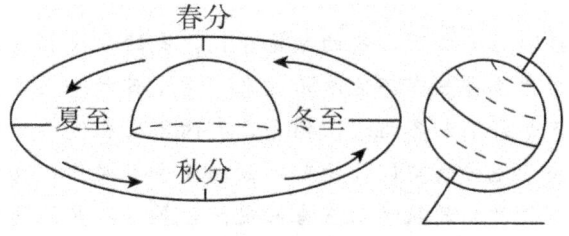

图 2-3 固定轨道面

行到冬至、春分、夏至、秋分四个位置时，观察在地球上有什么现象发生？

学生演示过程如图 2-4～2-6 所示。（秋分图与春分图相似，略）

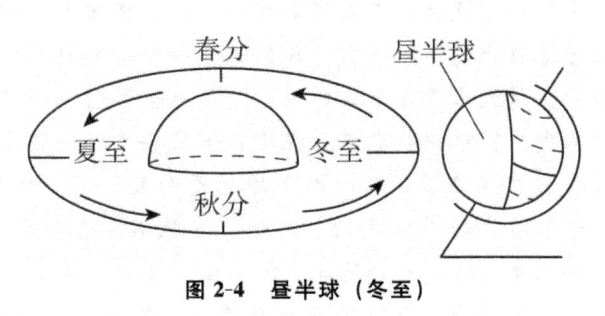

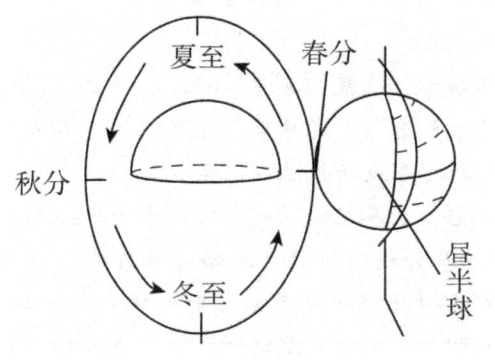

图 2-4 昼半球（冬至）

图 2-5 昼半球（春分）

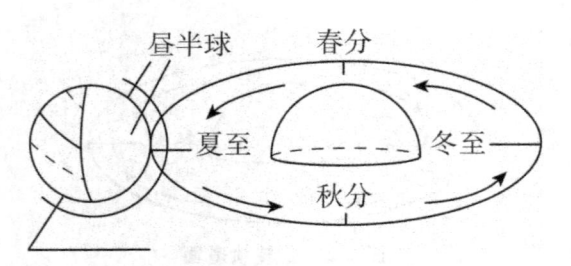

图 2-6　罩上昼半球（夏至）

各组学生在组长的安排下，有的拿地球仪，有的拿公转轨道面，有的准备好纸笔，每一组学生都井然有序地演示起来。学生既动手又观察，既思考又讨论，情绪高涨，王老师则到各组巡回辅导。有的学生在演示时出现了问题，比如，有的学生在演示地轴的空间指向时，方向发生了变化，有的学生在演示时地球没有自转，有的学生的轨道面没有固定好，等等，其他同学一旦发现演示的同学有错误，就及时给予纠正；学生在演示中有什么疑问，也及时向老师询问，课堂气氛非常热烈。开始，不少学生对一半乒乓球为什么要剪开两个小口子感到很困惑，纷纷向老师提问，王老师则巧妙构思，设置悬念，让他们通过自己的演示去寻求答案。这时，王老师来到一个组，突然发现该组的昼半球是用透明胶固定在地球仪上的，她马上意识到这是一个很好的反例，于是让其他组的学生暂停演示，请大家看这个地球仪，想一想如果昼半球是固定的，那地球上会有什么现象发生？很快就有学生提出，如果昼半球是固定的，那么地球上每天就没有昼夜交替的现象，有一个半球总是白天，另一个半球总是黑夜；还有学生提出，如果昼半球是固定的，地球上也就不会有昼夜长短的变化了。还有的同学说，如果是这样，也许地球上就不会有生命存在了……通过这一讨论，学生对昼半球上的两个口子不再感到疑惑了，因为如果没有这两个口子，演示时昼半球就移动不了。

接下来学生继续演示、观察、思考、对比、讨论，经过几轮演示探究，学生逐渐明白了：随着太阳直射点的移动，昼夜半球也在移动；由于昼夜半球的移动，地球上不同的地方昼夜长短也在发生变化……

在此基础上，王老师让各组派代表发言，学生各抒己见。

"我们发现，地球在公转的时候，地轴是倾斜的，并且它的空间指向保持不变，这使得太阳的直射点在地球上南北回归线之间来回移动，冬至这一天，太阳的直射点到达南回归线上，夏至这一天，到达北回归线上，春分、秋分这两天来到赤道上。"

"由于地球一边自转,一边公转,地球上出现了昼夜长短的变化,春分、秋分两天,地球上任何的地方都昼夜平分;冬至这一天,北半球夜最长昼最短;夏至这一天,北半球夜最短昼最长。"

"夏至这天,北极圈内,一天都是白天,南极圈内,一天都是晚上;而冬至这天正好相反。"

"夏至这天,北半球纬度越高的地方,昼越长;冬至这天,北半球纬度越高的地方,昼越短。"

"还有,还有,赤道上一年都是昼夜平分的。"

"由于太阳直射点的南北移动,所以南北半球的季节是相反的。"

【点评二】 让学生利用教师设计的"地球公转与太阳直射点移动和地球昼夜变化"的学具,动手、观察、探究地球公转及其产生的地理现象,是这节课最突出的亮点。这种学具与探究性学习的有机结合,有利于学生主动、动态地探究地球公转产生的地理现象,将太阳直射点的移动与地球昼夜变化等难懂、抽象的内容具体化、直观化,教学效果明显优于教师用板图单向讲述,或者用手电筒等光源作太阳和用地球仪演示地球公转的教学。实际教学中,学生不仅掌握了这部分内容,突破了学习难点,而且在活动中培养了动手、观察、合作、探究等多种能力。体现出教师积极开发教学资源、转变教学方式、注重学生活动探究与发展的教学理念。

对各组的发言,王老师给予了充分的肯定和赞扬,然后请学生根据自己的生活经验,思考回答下面几个问题。

1. 一天中,贵阳的太阳高度一样吗?什么时候高?什么时候低?太阳高度的高低与我们地面的冷热有什么关系?

2. 一年中,贵阳中午(同一时刻)的太阳都升得一样高吗?什么季节升得高一些?什么季节比较低?

3. 一年中,贵阳每天的白昼时间一样长吗?什么季节较长?什么季节较短?

4. 贵阳的纬度大约是北纬27度,它是阳光的直射吗?

5. 请归纳地面得到热量的多少与正午太阳高度和白昼长短的关系。

学生回答后,师生共同总结了四季变化的原因和五带的划分。

【点评三】 几个联系贵阳太阳高度和光照的问题,从学生身边的地理现象入手,将他们身边的地理知识引入课堂,在他们的生活经验的基础上构建和深化认识,使全班同学很快理解了四季产生的原因,培养了他们联系身边地理现象进行学习的习惯和能力，体现出教师注重培养学生联系实际的教学理念。

这节课例虽然在学生利用学具主动学习探究上有一定的突破，但在教学中也有不完善的地方，比如说，在学生创造力的培养上还有待加强，教师还是有将学生思路纳入自己思路的倾向；有的学生制作的地球仪比较粗糙、画的南北回归线和南北极圈不够准确，导致得出了不准确甚至错误的结论。另外，教师如果有一个与学生学具类似的大的教具，在给全班学生演示指导或学生小组汇报探究的过程和结果时运用，可使全班同学看得更清楚，也可节省时间，以达到更好的教学效果。

转变传统的教学方式，开发运用有效的学习资源，让学生在探究活动中主动学习，不是一个只能停留在理念上的问题，通过实验区教师的努力，它确确实实是可以落实到大班的具体课堂教学的实践中的，并获得比传统教学更好的教学效果，让学生动手、探究等多种能力得到培养，使他们学有所乐，学有所得，学有所用。

（宋士钢　王利亚）

【案例 2-8】

翻转课堂《第八次》第二课时教学及其反思

"翻转课堂式教学模式"是指学生在家完成知识的学习，而课堂变成了老师与学生之间和学生与学生之间互动的场所，包括答疑解惑、知识的运用等，从而达到更好的教育效果。互联网的普及和计算机技术在教育领域的应用，使"翻转课堂式"教学模式变得可行和现实。学生可以通过互联网去使用优质的教育资源，不再单纯地依赖授课老师去教授知识。而课堂和老师的角色则发生了变化。老师更多的责任是去理解学生的问题和引导学生去运用知识。翻转课堂教学被认为是落实学生主体地位比较好的举措和方式。

一、教材分析

《第八次》是苏教版小学语文第五册课文，是一篇含意深刻的外国历史故事：古代苏格兰王子英勇抗击侵略军却屡战屡败。在他几乎丧失信心时，偶然看到蜘蛛在风中结网的场景，从中深受启发，再次振作，终于取得了第八次战斗的胜利，赶跑了侵略军。

全文脉络清晰，按事情发展的顺序分为三个部分：七战七败，几乎丧失了信心；看见蜘蛛结网，屡败屡战，受到启发；重拾信心，奋起抗战，取得第八次战斗的胜利。

从写作方法来看，故事脉络清晰，语言简练，浅显易懂，注重故事起因、经过、结果的表述和完整性，呈现给学生规范化的文本表达。

二、达成目标发掘

达成目标是学生自主学习材料之后应该达到的认知程度，是微课程教学法贯彻让学生学习以进行目标管理的产物。达成目标发掘的重要性在于有效提升学习者的体验，从而提升学习绩效。

《第八次》教学课时为两课时。语文学习既要得"意"（内容）又要得"言"（表达）。第一课时定位在得"意"，也就是课文写了什么，指向文本的内容。学生应学会生字新词，能正确流利地朗读课文，并发现故事情节展开的三个阶段，即"七战七败，几乎丧失了信心；看见蜘蛛结网，屡败屡战，受到启发；重拾信心，奋起抗战，取得第八次战斗的胜利"，从整体上感知课文。

第一课时是为第二课时的深入学习打基础，指向学生的能力发展——得"言"。本课的故事内容浅显、脉络清晰、表达规范，这样的文本材料适合让学生练习讲故事。因此我把课文作为一个例子，创设各种学习情境，引导学生学习语言，运用语言。据此，第二课时的达成目标为：通过观看微视频、朗读课文，凭借"流程图""QQ表情"，讲好《蜘蛛结网》故事，掌握"八次"结网不同的写作方法；有条理地写"动员令"，演讲"动员令"，领悟"有志者事竟成"的道理。

达成目标设计的作用有三点。

第一，与新课标中"讲故事力求具体生动"，"乐于书面表达，愿与他人分享习作的快乐"等的要求保持一致。

第二，强化语言表达能力培养。传统语文课堂更多地注重"庖丁解牛"般的字词品读，关注有感情地朗读课文，但是，往往忽视学生表达能力的培养。采用讲故事、写动员令、讲动员令等语言运用的活动，弥补语文能力培养中的欠缺。

第三，破解写作难题。学生不会写，写不好，在习作教学中是常见问题。这与学生缺少课堂练笔的时间，缺少课堂练笔后的及时分享、反馈有关。设计当堂练笔、分享、反馈，无论是"写"还是"讲"，都指向语文核心能力的培养。学生在"写"和"讲"的过程中，走进人物的内心，感受到人物的精神。

同时，适当减轻了学生课后作业的负担。

三、课前准备

（一）自主学习任务单的设计

自主学习任务单是微课程教学法三大模块中的第一模块，供学生课前自主学习使用。我从"达成目标、学习任务、方法建议、课堂学习形式预告"四个方面做出设计。

达成目标：通过观看微视频、朗读课文，凭借"流程图""QQ表情"，讲好《蜘蛛结网》故事；掌握"八次"结网不同的写作方法。

学习任务：画蜘蛛结网的流程图，根据流程图讲故事。通过讲故事明白"详略"得当的写作方法；给故事配QQ表情，有感情地讲好故事；积累有关"坚持"的名言和成语。

方法建议：画流程图法和配QQ表情法。

课堂学习形式预告：第一环节展示自主学习的成果，第二环节写"动员令"，第三环节讲"动员令"。课堂学习形式预告有"醉翁之意不在酒"的意味，使学生自主学习与课堂学习衔接起来，形成目标管理。

（二）教学视频设计

教学视频是帮助学生完成自主学习任务单的配套学习资源。本课视频有三个组成部分。

第一部分：学画流程图，有条理地讲故事，使学生多感官参与学习。视频中播放蜘蛛结网的故事，作为学生练习讲故事的范例；播放蜘蛛结网的动作视频，为学生圈划动作关键词做铺垫；讲解画流程图的方法，要求学生"动手"；要求对着流程图讲故事，让学生"动嘴"。

画流程图是帮助学生有条理地输出语言，画好后，要求学生根据流程图的动作关键词，讲一讲蜘蛛结网的故事。完成自主学习任务单的第一题和第二题。

第二部分：配QQ表情，把故事讲得吸引人。讲故事不仅要讲得有条理，还要讲得吸引人。用微视频指导"有感情"地朗读或讲述，有得天独厚的优势。用QQ表情代表各种丰富的情感，在文字下面配上相应QQ的表情，是引导学生讲好故事、达到"有感情"朗读课文的捷径。从实际情况来看，学生非常感兴趣，达到了预想中的效果。

第三部分：品读蜘蛛结网的故事，积累名言成语。学习需要感悟和积累，学生一次一次地练习讲故事，逐渐走入文本的情境中，感悟也逐渐加深。此时，让学生收集和积累一些关于"有志者事竟成"的名言或成语，为课堂上的表达作铺垫。

第四部分：说课堂预告，为翻转课堂做铺垫。在微视频的结尾，我通过预告课堂上的话题，引导学生思考：布鲁斯王子看了《蜘蛛结网》后是怎么想的，怎么做的？他会怎样动员几乎失去信心的士兵起来参加第八次抵抗？提前预告这个话题，有助于学生带着个体的思考走入课堂，学习就会有深度。

四、课堂教学

（一）设计思路

翻转课堂一上课就检测学生观看微视频的自学情况；然后，鼓励学生围绕着"动员"提问，小组讨论，提炼关键词，交流写"动员令"的流程图；根据流程图小组分工合作写"动员令"，完成后组内修改"动员令"，最后小组派代表演讲"动员令"。

（二）教学过程

1. 检测：回顾微视频中把故事讲得有条理的画流程图法，以及把故事讲得有声有色的"配 QQ 表情法"。

授人以鱼，不如授人以渔，学习方法的渗透非常重要，需要每节课慢慢渗透。涓涓细流，终将在孩子们的心田汇成江海。本节课的画流程图法是比较好的阅读策略，有趣直观，能帮助学生拓展理解的深度，使文本在学生心中留下深刻的印象。此外，采用思维可视化的画流程图法，能帮助学生把故事讲得有条有理。

吹 → 断 → 破 → 扯 → 结 → 断

图 2-7　流程图

一只蜘蛛正在结网。忽然，一阵大风吹来，丝断了，网破了。蜘蛛重新扯起细丝再次结网，又被风吹断了。就这样结了断，断了结，一连结了七次，都没有结成。可蜘蛛并不灰心，照样从头干起，这一次它终于结成了一张网。

图 2-8　标注 QQ 表情的故事

"配 QQ 表情法"把学生喜闻乐见的 QQ 表情，融入阅读理解之中，能帮助学生"有感情"地朗读或讲述。这些要点，学生在微视频中已经学会，教师在课堂上适度地训练、引导，为接下来的讲好故事做好铺垫。

2. 讲述蜘蛛结网的故事

要求学生根据动作流程图和自己标注的QQ表情讲述蜘蛛结网的故事。在成都等地的公开教学活动中，我鼓励学生离开座位，把故事讲给听课的老师听，不少学生还收获了听课老师的指导，现场气氛十分活跃。

在语文教学中，朗读和背诵一直都是"宠儿"，复述则没有得到应有的重视。复述是一个对语言材料吸收、消化、整理、判断、运用和表达的过程，能增长言语智慧，发展言语个性。根据蜘蛛结网的动词复述故事，有助于发展逻辑思维能力和语言表达能力。在公开课的特定环境中，学生讲故事给听课老师听，能自豪地展示学习成果，体验学习成就感，树立学习自信心。

3. 小组协作学习

(1) 聚焦主问题：王子如何动员士兵

"学起于思，思源于疑。"如果不善于质疑，学生就不会有真正的学习兴趣和动力，学习也只是被动的机械式学习，缺乏创新精神。小疑则小进，大疑则大进。有意识地培养孩子质疑的能力是语文课任务之一。

我提出两个问题供学生思考：蜘蛛结网的故事给你什么启示？布鲁斯王子看到蜘蛛结网之后怎么想、怎么做？（引读第四、五小节）然后，学生针对关键词"动员"质疑，最后全班形成研究的主问题：布鲁斯怎样动员失去信心的士兵起来抵抗？

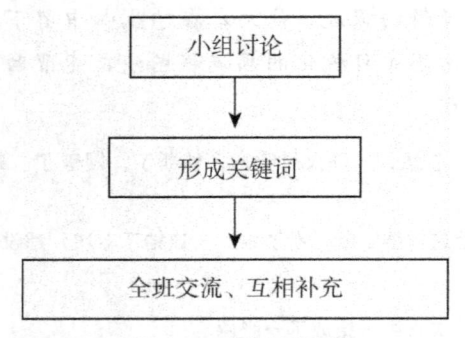

```
小组讨论
   ↓
形成关键词
   ↓
全班交流、互相补充
```

图 2-9　合作讨论题

(2) 小组协同作业：写动员令

学生用三分钟时间，把"动员"的关键词写在小圆片上。小组展示合作的成果，把关键词贴到黑板上。小组间互相补充，黑板上贴了很多关键词，如人民、故事、国家、爱国、士兵、名言、责任、幸福、战斗、精神、鼓励、坚持不懈、勇敢……

然后，按照流程图要求，小组协作整理关键词。在教师引导下，把关键词归成四类。

```
以情感人 → 以故事感人 → 以理服人 → 发出命令
 1号2号      3号          4号        5号6号
```

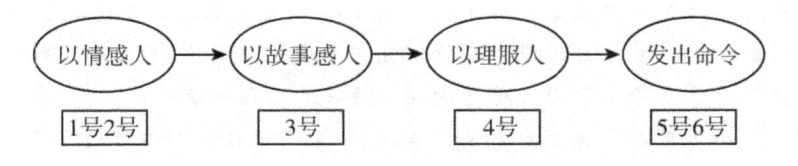

图 2-10　四类关键词示意图

最后，根据要求分工写作"动员令"。

从聚焦主问题到创作"动员令"，让学生将蜘蛛结网与布鲁斯王子召集军队，动员人民抵抗侵略军这两件事有机地结合起来，利用对文本语言的理解来促进自己语言的内在建构，但是，学生没有写过"动员令"，如果不加以指导，很容易干巴巴地写几句口号。所以，这个环节从引导学生思考入手，集小组乃至全班智慧，协作讨论动员令该写些什么？在此基础上，引导学生把零散的"思维珍珠"通过流程图的形式串成有条理的"写作顺序之链"，使学生知道写"动员令"要以情感人，以故事感人，以理服人，最后还要发出号召。

4. 展示协作学习成果——演讲动员令

首先，把分工写作的"动员令"片段在组内交流，再形成完整的"动员令"，贴在准备好的A3纸上。然后，组内讲"动员令"，修改"动员令"。最后，小组推荐代表演讲"动员令"。

英国首相丘吉尔曾说："一个人可以面对多少人，就代表这个人的人生成就有多大！"培养学生当众说话的能力，是语文教学的重要使命。因此，语文课要为学生提供演讲的机会，结合文本渗透演讲技巧，使学生的演讲言之有义、中心明确，言之有物、内容具体，言之有序、条理清楚，言之有情、倾注情感。

学生在演讲的时候，教师用手机拍下"动员令"，大屏幕上同步显示。每组代表演讲完了，都主动地征求学生和听课老师的建议。在演讲过程中，教师在演讲的气势，以及通过声音、眼神、动作甚至站位来增加演讲效果等方面给予学生必要的指导。

五、教学体会

传统的语文公开课，我一般会有三到四页的备课纸，每一页精心地写下课堂用语及相关的教学预设。课堂上以我的"表现"为主，临近下课时再布置作业，高难度的练笔一般都是课后完成。对于小学生来说，写作花时长而且很困难，习作缺少学习支持，故习作质量不高。而我在成都龙泉一中、南京雨花台中学、武汉鲁巷实验小学用翻转课堂的方法执教《第八次》时，觉得很轻松。

因为，我不用再记忆复杂的教学环节和课堂用语。"四步法"解放了我，让我拥有随机应变的智慧。学生学得也很轻松，从微视频里学习方法，课上进行拓展提升，完成高难度的作业——写作。课堂上呈现出"乐于学习、有效合作、大胆表达"的良好氛围。

良好的教学效果得益于三方面的成功尝试。

（一）以学生为主体

传统教学中，课堂内主要是新课导入，讲解知识，最后布置作业等环节，作业完成一般在课外。课堂结构为：学习知识在课堂，内化知识在课外。传统的课堂以教师为中心，教师是课堂的"演员"，越是优秀的老师"演"得越多，展示教师个人风采越多，挤占了学生学习、思考、合作的时间。

翻转课堂带来一场教学革命。学生学习知识在课前，比如，本课学习"画流程图法"和"配QQ表情法"。课堂上内化知识、拓展能力，读懂用"流程图"表达的小组合作要求，用"流程图"整理"动员令"的写作顺序，优化了学生的思维和语言阅读策略。课上教师建立起以"学生为中心"的教学方式，教师是学生学习的组织者、指导者、帮助者，从"演员"变成"导演"。课堂上，以从容的心态把学习的时间还给学生，把学习的主动权还给学生，鼓励学生质疑，鼓励学生个性化表达。

（二）以合作为主法

有效的小组合作有共同的任务，有明确的责任分工，被人们誉为"近十几年来最重要和最成功的教学改革"。合作能让小组成员间形成开放、包容、相互激励、相互促进的学习氛围，也能使学生学会聆听他人的观点并作评判，促进学生之间的共同进步。本节课共有三次合作：第一次合作形成"关键词"；第二次合作写"动员令"；第三次合作修改"动员令"，为组内推荐出来的代表演讲"动员令"出谋划策。合作学习让每个学生都获得平等参与的机会，获得成功的体验，当然也关注到了学生个体差异。课堂上没有一个学生"开小差"，提高了课堂效率。为了保证合作的有效，每一组都有一张"小组合作学习评价表",把个人评价与小组集体评价结合起来,把学习过程评价与学习结果评价相结合,对表现突出的小组和个人及时给予充分肯定和奖励。

(三)以学科为本位

这是一节语文的翻转课,应以学科为本位。语言是一门工具,学习语言的目的是有效地应用它,所以我在开掘教材的教学价值和合理地研制教学内容上下功夫。如果把这篇课文仅仅定位在感悟"有志者事竟成"的道理上,就落到了道理说教上去。在当代开放的多元化的社会中,口头表达的重要性日益凸显,但国人表达素质不容乐观。因此,教学中强化了学生表达素养的训练(包括口头表达和书面表达)。通过微视频中教给学生讲故事的方法,让学生讲好故事。课堂上小组合作写"动员令",演讲"动员令"。

当然,翻转课堂需要技术的支撑。课堂上,我用 MirrorOp Sender 软件实现了手机和大屏幕的同步显示,便于学生分享、互评。但无论使用什么技术,我们必须能自答这样一个问题——"我们的教育到底是激发了学生的主动性、理解力和创造性思维,还是在继续一场毫无意义的游戏?"

附:自主学习任务单

自主学习任务单

班级　　　　　　　姓名

一、学习指南
1. 课题名称: 　　苏教版,语文,《第八次》(第二课时)
2. 达成目标: 　　通过观看微视频、朗读课文,达到: 　　(1)凭借"流程图""QQ 表情"讲好《蜘蛛结网》故事; 　　(2)掌握"八次"结网不同的写作方法。
3. 学习方法建议:画流程图法、配 QQ 表情
4. 课堂学习形式预告: 　　第一环节:展示自主学习的成果。第二环节:写"动员令"。第三环节:讲"动员令"。

续表

二、学习任务
通过观看教学微视频，完成下列学习任务。 任务一：画故事流程图，讲一讲故事。 1. 画流程图； 2. 作者写蜘蛛的八次结网，有什么不同？ 任务二：给文字配 QQ 表情，讲好故事。 　　一只蜘蛛正在结网。忽然，一阵大风吹来，丝断了，网破了。蜘蛛重新扯起细丝再次结网，又被风吹断了。就这样结了断，断了结，一连结了七次，都没有结成。可蜘蛛并不灰心，照样从头干起，这一次它终于结成了一张网。 任务三：收集有关《蜘蛛结网》意义的成语和名言。 成语： 名言：
三、困惑与建议

（王水丽）

【案例 2-9】

翻转课堂案例《数字与信息》教学设计及其反思

一、教材分析

《数字与信息》是苏教版小学数学第八册综合与实践活动的教学内容。主要结合电话号码、门牌号码、身份证号码等具体的实例，引导学生通过观察与思考、调查与交流，初步了解数字编码的有关知识，体会用数字编码描述信息的思想方法，感受数字编码在日常生活中的广泛应用。

教材分"提出问题""比较分析""设计方案""拓展延伸"四个环节安排活动。"提出问题"环节，主要结合具体的实例，引导学生初步了解数字编码的特点；"比较分析"环节，主要结合身份证号码，帮助学生体会，用数字编码表达信息的方法；"设计方案"环节，主要引导学生以全校同学为主体，讨论并设计为全校同学编号的方案；"拓展延伸"环节，主要引导学生到生活中找一些用数字编码表示信息的例子，说说它们各表达了什么信息。

最后，教材引导学生讨论用数字编码表达信息有什么好处，通过上面的活动，有哪些收获和体会，帮助学生体会，用数字编码表达信息具有准确、简洁、便于检索等特点，并进一步梳理活动过程中获得的认识与经验，感受数字编码的应用价值。

本课教学重点是：组织学生分析数字编码现象，了解生活中一些常见的数字编码的含义及方法，探索发现身份证等编码基本知识，学会分析和获取其编码信息，解决一些简单的生活中的数字编码问题。本课教学难点是：正确理解数字编码的方法，发现身份证等编码信息及基本编码方法，正确、合理、灵活和科学地自主编制一些生活中的数字编码问题。

二、达成目标发掘

《数字与信息》教学课时为一课时，遵循先"读"（码）后"编"（码）的编写体例，读和编在同一课时内完成，体现出读编并重的特点。但从四年级学生的认知水平分析，若以先读后编的路径展开教学，邮政编码、身份证号码的复杂性可能只会让学生关注到编码的含义，而忽视蕴含其中的编码方法。如果无法通过编码方法架起桥梁，那么读和编必然是脱节的，是无法达成培养学生编码的意识和能力的教学目标的。

基于以上认识，笔者将本课时达成目标分解为课前自主学习和课堂自主学习两个部分。课前自主学习达成目标设定为：

1. 通过对生活中数字编码现象的观察、研究和分析，发现一些常见的数字编码信息；

2. 了解身份证号的编制方法及构成含义，能解析和判断身份证所反映的出生日期、性别等信息。

课堂学习达成目标设定为：能进行图书"索书号"（二级）的编码，运用所学数字编码描述信息的方法解决现实中的实际问题。

这样的设计，将教材的先读后编、重读轻编调整为边编边读、以编为主，以引导学生为图书编制"索书号"为主线，凸显"数字编码是一种解决问题的需要"的数学思想方法，实现知识与技能、过程与方法、情感态度与价值观的统一。

三、课前准备

（一）自主学习任务单的设计

自主学习任务单是微课程教学法三大模块中的第一模块，供学生课前自主学习使用。我从"达成目标、学习任务、方法建议、课堂学习形式预告"四个方面做出设计。

达成目标：观察生活中的数字编码现象，发现一些常见的数字编码信息；了解身份证号的编制方法及构成含义，能解析和判断身份证号所反映出的相关信息。

学习任务：找一找、查一查、写一写生活中的编码；填一填一家三口的身份证号，分析其构成含义。

方法建议：查找资料、对比发现。

课堂学习形式预告：第一环节是交流自主学习成果；第二环节是解读身份证号含义；第三环节是设计方案，编制"索书号"；第四环节是展示质疑，全班评价。课堂学习形式的预告，使学生自主学习与课堂学习衔接起来，形成目标管理。

（二）教学视频设计

教学视频是帮助学生完成自主学习任务单列出的学习任务而配套的学习资源。本课视频有两个组成部分。

第一部分：感悟数字组合含义，了解数字编码现象，使学生感受数字编码传达信息的功能。

视频展示：由"1""1""0"3个数字组成的数，可以表示数量的多少，也可以表示排列的顺序，还可以是"报警电话"这一特殊的电话号码。从而让学生直观感受数字编码传达信息的功能。

然后，让学生完成自主学习任务一：先写一写自己学校所在地的邮政编码及本市固定电话区号，再想一想自己还知道哪些编码，举例写出一个具体的编码。

第二部分：解读身份证，领悟数字编码信息的意义，使学生学会采集数字编码所传递的信息。

视频中，教师系统讲解身份证号"地址码""出示日期码""顺序码""校验码"的构成，揭示"合理""简洁""唯一"等编码原则。用微视频系统解读身份证号构成含义及相关编制原则，替代教师原本在课堂上需要讲解的内容，凸显了"微课程教学法"得天独厚的优势。

从实际情况来看，学生课前观看微视频，学习兴趣高，自主性强，自由度大，体现了个体差异性。结合"自主学习任务单"课堂学习形式的预告——先交流自主学习成果，然后解读身份证号的构成含义，在掌握编码方法的基础上编制索书号，最后展示质疑，让学生带着个体的思考走入课堂，使得课堂学习深度得以拓展。

四、课堂教学

（一）设计思路

上课伊始，首先，进行课堂检测，让学生找到生活中的编码，重温自主学习已经掌握的学习内容；其次，鼓励学生解读本班同学代表的身份证号，开展进阶学习；再次，以"我给好书注册'身份证'"的探究活动为主线，开展项目学习，为班级图书角的新书编写"合理""简洁""唯一"的"索书号"；最后，以小组为单位展示本组编制的"索书号"，其他小组进行评价、提问或者质疑，这是要求学生分析、综合梳理探究成果，分享经验，取得成就感的重要环节。而且，有可能有质疑产生，那会起到培养学生发现问题能力的功效。

（二）教学过程

1. 课堂检测

请学生从课堂检测纸中找到编码，圈出来，并填空。

学生独立从课堂检测题中找到火警电话、门牌号码、车牌号码、股票代码、车次、座位号、票号、身份证号等编码。完成后，和组内同学交流，看看大家意见是否一致。

全班交流，统一认识，针对问题比较集中的火车票上的编码需明确：在一张动车火车票上，至少有"车次""座位号""检票口""身份证号""票号"等六处编码。

2. 进阶练习：我有"火眼金睛"

上课前，将每个小组组内其中一位成员的身份证号码写在黑板上。请同学们用你们的"火眼金睛"，解读这4位同学的身份证号码信息。

《数字与信息》进阶练习

我有"火眼金睛"：解读同学的身份证号码信息，填入下表中。

	省	市	区（县或县级市）	出生日期	性别
同学1					
同学2					
同学3					
同学4					

(1) 学生独立完成后，小组汇报。
(2) 汇报后验证：请 4 位同学依次起立确认。
(3) 引导学生发言，并问同学们：还有没有问题？或者有没有补充？
3. 自主探究，质疑展示：我给好书注册"身份证"。
(1) 出示项目学习内容：按中国图书馆分类法（简称"中图法"）为班级"图书馆"内的新书编写索书号；
(2) 鼓励学生质疑：看了要求，有什么问题想提出来？
(3) 介绍"中图法""索书号"；
(4) 编写分类号。

每人一本图书，请给它编一个分类码（二级），即"身份证"。

第一次展示：报告小组成员协作讨论、探究发现图书基本分类的过程，具体说说本组的书属于哪一类，对应的分类号是多少。

(5) 编写班内流水号

师：如果说，刚才编写分类码是体现规范的话，那接下来为图书编制班内流水号，就要发挥大家的个性了！

学生先独立编制班内流水号，然后跟组内成员讨论协商，大家集思广益，完善本组图书的流水号。

第二次展示：汇报本组制订的方案，展示依此方案编写的流水号。在展示交流过程中，生生互动，质疑讨论："表示年份的数字用 4 位数好还是 2 位数好？""班级信息放进编码后，该如何处理？""怎么体现流水号的唯一性？"……不断加深对编码方法的认识。

4. 全班评价

评价自己这节课学得怎么样？评价教师的讲授如何。冷静思考，哪些地方还有不足，或者你还有什么建议？

5. 课后活动，了解其他编码知识。
(1) 研究邮政编码的信息及编制方法。
(2) 了解条形码的有关知识及编制方法。

五、教学体会

（一）组织实践活动，经历"做数学"的过程

新课程标准强调：数学教学应引导学生通过实践、思考、探索、交流，获得知识，形成技能，发展思维，学会学习，促使学生在教师指导下生动活泼地、主动地和富有个性地学习。因此，在教学实践中，教师要给学生搭建探究

的舞台，强化过程意识，让学生经历"自主探索—举例验证—得出结论"的探究过程。首先，通过完成《自主学习任务单》上的任务，产生任务驱动，促使学生自主学习、自主探究；然后，借助微视频的学习，结合学生解读自己一家三口身份证号的信息，让学生验证猜想；最后达到完善结论。

同时，数学教学也是数学活动的教学，是师生之间、学生之间交往互动与共同发展的过程。在让学生编写图书索书号的过程中，教师始终坚持引导学生根据自己的体验，用自己的思维方式自由地、开放地去探索新的知识；在优化索书号的过程中，教师没有越俎代庖，而是让学生自由讨论，在思想的碰撞中交往互动，达成共识，共同发展。

(二) 创设生活情境，获得"用数学"的体验

随着学生生活经验和知识背景的不断丰富，他们更多地关注周围的人和事，有进一步了解现实世界、解决实际问题的欲望。因此，在本节课的教学过程中，在学生认识身份证号码编码的特征，掌握其编码的结构和意义之后，适时地加入了"我有'火眼金睛'"——解读身份证号信息、"我给好书注册'身份证'"——编制图书索书号这两个环节，通过"看一看""想一想""议一议"等活动，让学生利用已掌握的知识解决问题。这种紧密联系学生生活实际、学生关注和感兴趣的实例，大大激发了学生的求知欲，使得学生感受到数学就在自己的身边，数学与现实世界密切联系。

(三) 进行恰当评价，培养"爱数学"的情感

学生素质中最重要的态度、情感、意志等个性品质的培养大多是在学习活动过程中逐步实现的。实践活动倡导"让学生去经历"，强调学生活动对于学习数学的重要性，认为学生的实践、探索与思考是学生理解数学的重要条件。我们可以这样说，实践活动的价值并不仅仅体现在活动结束时所获得的某种有形的成果上，更体现在活动过程中易于被人们忽视的一些无形的东西上，如情感体验等。教师在这节课的教学过程中，既关注学生知识与技能的理解和掌握(如是否理解邮政编码的结构和含义，能否找出有明显错误的身份证号码等)，更关注他们情感与态度的形成和发展(如是否积极主动地参与学习活动，能否找到有效解决问题的方法等)；既关注学生数学学习的结果(如知识理解的对或错、完成任务的优或差等)，更关注他们在学习过程中的变化和发展。在全面考查学生学习状况的基础上，激励学生的学习热情，让他们真正"爱"上数学。

总之，在这节课的教学中，教师以"新课程"标准为指导，尝试"微课程

教学法"，为学生的数学学习创设了广阔的空间与时间，鼓励学生在探索中不断发现，经历"做数学"的过程；在交流中不断碰撞，获得"用数学"的体验；在思考中相互接纳，培养"爱数学"的情感。让学生体验到进步的快乐、成功的喜悦，实现智力与能力的共同发展，促进学生的全面发展。

附：自主学习任务单

我的课前《自主学习任务单》

一、学习指南
1. 课题名称： 苏教版小学数学五年级上册《数字与信息》
2. 达成目标： ①通过对生活中数字编码现象的观察、研究和分析，发现一些常见的数字编码信息； ②了解身份证号的编制方法及构成含义，能解析和判断身份证所反映的出生日期、性别等信息。
3. 学习方法建议： 查找资料法、对比发现法
4. 课堂学习形式预告： 一、交流自主学习成果 二、解读身份证号的构成含义 三、设计方案，编制索书号 四、展示质疑，全班评价
二、学习任务
任务一： 找一找、查一查、写一写，你会发现生活中编码无处不在。 翰林小学邮政编码_____　　　　苏州市固定电话区号_____ 我还知道这些编码：（　　　　　　　　）_____ 　　　　　　　　　（　　　　　　　　）_____ 提示：我们的身边就有很多编码，请你找到它们，记下来，并想办法了解其含义。

续表

任务二： 填一填爸爸、妈妈和自己的身份证号，然后写出自己身份证号的构成含义。 爸爸的身份证号码： |																	| 妈妈的身份证号码： |																	| 我的身份证号码： |																	| （　　　） （　　　） （　　　） （　　　　　　　　　　　　　　　　码） （　　　　　　　　　　码） （　　　　　码） 想一想：一家三口的身份证号地址码有可能不相同吗？如不同，是什么原因？ 答： 提示：观看配套微视频，你一定能顺利完成填写！有想不明白的地方，可以请教爸爸妈妈或上网搜索（百度搜索栏输入"身份证号码查询"，进入查询页面后，再输入身份证号码，即可查询到身份证号的详细信息）。
三、困惑与建议

（梁文洁）

第三章　教学理念与教学准备中存在主要问题例析

一、教师主导与学生主体作用偏失的问题

以"教师为主导，学生为主体"是我们多年来遵循的一条教学原则。《基础教育课程改革纲要（试行）》指出："教师在教学过程中应与学生积极互动、共同发展，要处理好传授知识与培养能力的关系，注重培养学生的独立性和自主性，引导学生质疑、调查、探究，在实践中学习，促进学生在教师主导下主动地、富有个性地学习。"在新课程理念下，教师如何把握教师主导与学生主体地位是一个十分重要的问题。目前课堂上，在教师主导与学生主体方面主要存在教师主导得过多过死和教师主导作用缺失的问题。

1. 教师主导得过多过死

传统教学中，教师始终居于主导地位。具体表现在：教师不仅是教学内容的传授者，教学过程的组织者、控制者，成绩的评判者，更是学生学习的绝对权威。新课程理念则强调：教师是学生学习的合作者、引导者、参与者。具体表现在：在给学生留有较大空间的前提下引导学生积极地探索；在准备充分的前提下组织学生积极地合作学习；在教师创造性地使用教学材料的基础上，使学生开放地主动学习……但是，很多情况下课堂教学教师主导得过多过死，没有放开学生。

【课例呈现 3-1】

这是一节小学语文中年级阅读课《翠鸟》的第二课时。教师主要想让学生了解作者写了翠鸟的哪些特点，之后进行仿写。

上课伊始，老师开门见山："我们分析作者抓住了翠鸟的哪些特点来写的？"

问题一提出，就有孩子举手了。教师叫起了一个反应敏捷的孩子，孩子说道："写了翠鸟的爪子。"

教师在黑板上写下了"爪子"两个字。又一个孩子举手了，"写了翠鸟的头"。于是，教师又写下了"头"。

一个孩子一条，没多长时间，孩子们发现了六条，教师也写了六条。形成了下面的板书：

$$外形特点\begin{cases}爪子 & 颜色\\ 描写顺序\begin{cases}背\\腹\\眼睛\\嘴\end{cases}颜色\end{cases}$$

接着，教师开始总结："作者从六个方面来写翠鸟，首先是……"

教师进行了简单的总结之后，让学生将相应的句子读了读，之后开始仿照作者的写作方法，写自己熟悉的小动物。

课就这样结束了。

◎课例分析

虽然"教师主导、学生主体"的观念早被教师认同，但在课堂教学中并未真正得到落实。教材是固定的，教学进度是由教师安排的，教学内容的"详略"，课后的作业都是教师根据教学内容而设计的，教师的这种"主导"几乎完全代替了学生的"主体"，学生的自由意见和自主思想被封杀和限制了。

上述课例教师主导作用过大，学生过于依赖老师和书本，主体意识淡薄，制约了学生进一步的发展；同时，教学对象缺乏主体性，学生参与面过窄。改善建议是：由教师布置任务，让学生思考、让学生动手记录，让学生自己发现问题、解决问题，解决不了的问题小组讨论，由学生自己归纳。

◎同课异构

刚上课，老师布置了这样的任务："翠鸟这一课写得非常好，大家想一想，作者是从哪些角度写翠鸟的？请大家回顾课文以后，将自己的发现记下来。同学们先自己想一想，然后记录下来，能记多少记多少。"

（所有的学生都开始动了，孩子的参与面大范围增加）

教师让部分学生将自己的答案写在黑板上。（学生总结有的多，有的少，

有的正确，有的错误。这时教师发现学生不会简洁地总结）

写了翠鸟的颜色；

写出了翠鸟的头；

……

（本来用"颜色、头、眼睛……"等一两个字就可以总结清楚的，他们却非要加上"写了翠鸟的"几个字）

教师说："同学们，你们写得是不是太啰唆了，这样既占地方，又浪费时间，这样，我们来限定字数，每一条只限两到三个字。"

（教师的话虽然简短，但要求明确，有明确的指导作用。教师主导作用得以发挥）

孩子们低下头，重新检查自己的总结，他们都是很聪明的，没有一分钟，孩子们就修改好了。

（一个小小的措施，问题解决了）

老师让刚才总结的孩子介绍自己的观点，这个孩子这样介绍的："作者写了翠鸟的眼睛、嘴、鸣声。"

（新的问题出现了：学生总结得没有条理）

老师又有了办法："同学们，在你们的答案前面能不能加上一个序号？也就是1，2，3……"

老师接着说："你们能不能这样介绍自己的观点：我一共发现了几条，第一条是……第二条是……第三条是……"

（教师的点拨十分重要，使学生明确了操作，学生一下子就做到了）

这样，这个孩子介绍道："我一共总结了三点，第一写了翠鸟的眼睛，第二写了翠鸟的嘴，第三写出了翠鸟的鸣声。"

（短短的几分钟里，孩子们竟然说得这么清楚，虽然他们总结得还不够全面，但是这毕竟有了一个良好的开头）

接着，教师开始了小组合作的尝试："同学们，我们现在以小组为单位讨论，作者是从哪些角度来写翠鸟的？要做好记录，一会儿我们要以小组为单位进行评价。"

（话音刚落，教师期望的场面并没有出现，孩子们并不急于讨论，都在找笔记本，每个人都打开了本，都等着其他同学发言，如果有一个同学发言了，其他人都开始记录。结果，发言的不多，思考的也不多，全部都是记录的）

这时，老师提出新要求："一个小组只需要一个人记录，其他同学帮助他，多看，少记录，记录的是你们小组的共同的观点。"

（教师适时发现教学中的问题，及时调整，提出新要求，其余的三张纸收回去了，孩子们动了起来，四个小脑袋凑在了一起）

……

合作交流时，出现了这样的问题：一部分学生在汇报，但许多学生并不听；学生汇报完了，再问其他学生"他们刚才汇报的内容是什么"时，许多学生早已记不全了。

接着，教师让学生将自己的结果写到黑板上。这样，交流起来就非常方便了。

（但是，这里面还有一个小问题：学生板书需要时间，刚才让学生简单记录可以省出时间）

这时，教师拿起粉笔"嚓嚓嚓"在黑板上划分出几个区域来，叫了四个小组走上讲台，一边讨论，一边将本组的观点直接写到黑板上。

（这是非常巧妙的一招。过去是让学生讨论结束后，再选择一两个学生将观点抄上去，现在，则是将讨论地点放到了讲台，观点直接写于黑板上，节约了大量的时间）

台上台下，好不热闹。课堂虽然显得乱了一些，但是效率却提高了不少。

不久，合作结果出来了。教师让学生汇报，学生们听到全班交流，学生纷纷举手。

"请第一小组起来汇报，"教师说。

一个小男孩站了起来说："我认为一共写了三点，第一点……"

这个孩子回答完了，教师接着问，"你们组有补充吗？"

"有！"一个女孩子的手举得非常高，"我有补充！"

老师叫起了她，"我给他补充一点……"

（请注意："第一个学生回答时，开始就是'我认为'，这是汇报小组的观点，可汇报者为什么会说'我'？"教师问小组有没有补充，第二个孩子手举得老高，开始补充，其实这是一个陷阱，自己的观点为什么不在合作时交流？看来学生们还没有小组合作的意识）

这时，教师说道："你代表小组发言，请用小组的观点，应该是我们组认为……"针对要补充的小女孩，教师稍显严肃地说："你在小组合作时不交流，是一种不合作的表现。"

教学继续进行。"哪个组先介绍？"老师问。

"我们组,我们组",一个小男孩一边举着手一边嚷着,"我们组找得最多"。(真的,他们组找到了12条)

"好,就你们组。"小男孩正要走上讲台,老师又发话了,"你们组谁来汇报?"

"我呀!"这个孩子感觉有点奇怪。

"我知道你汇报得一定不错,但是机会应该照顾到所有的人,你们组平时谁发言的次数最少?"(教师照顾到了平时不爱发言的同学)

"她!"三个孩子一起指向一个扎着小辫儿、带着发卡的小女孩儿。"好,就请你上来代表你们小组发言!"

于是,这个孩子开始了发言。好在有刚才的记录,这个孩子汇报得也不错,老师表扬道:"你们组真的不错!"

刚开始抢着发言的那个小男孩听同组的队员介绍完了,连忙举手,"老师,老师,我有补充!"(声音非常高)

此时,教师叫起了他,"你刚才合作时没有讲你的观点?"

"我还有!"

"对不起,"老师严肃了起来,"有补充,说明你刚才没有好好合作,你为什么刚才不将自己的观点介绍给小组成员?"

"……"小男孩直挠头。

"因为你的保留,你们小组的合作是不成功的,提出批评!"老师态度非常坚决,"现在你们可以再进行一次合作,将自己的观点完全地、没有保留地介绍给大家!"

(合作又开始了,什么是真正的合作,必须是全体成员真诚地参与)

黑板上出现了孩子们的研究成果,很明显,孩子们的板书简洁了,有序了,但是问题也出现了:

- 总结得没有次序;
- 许多内容重复了;(背部和腹部)
- 分类不当;(身体和嘴分为一类)
- ……

(问题确实不少,这要在过去,教师一定开始帮助学生总结了。但是上研讨课的老师并没有这样做,似乎一点也不着急,开始让学生汇报。他要让学生自己解决这些问题)

女孩介绍了,"我们组总结了12条,"语气中还有些许自豪,"第一点写了翠鸟的机灵，第二点写了翠鸟的颜色，第三点……"说到第三点时，她不说话了。

思考了半天，她说："老师，我发现了，颜色和羽毛重了。"

（这个孩子自己果然发现问题了，看来孩子自学的能力确实不可小看）

老师竖起了大拇指。"哎呀，你真了不起，能自己发现问题了，了不起，了不起。"小姑娘昂着小脸，又多了几分自信与自豪。

"大家再看一看，还有没有类似的问题？"老师让全班同学开始思考。

（学生开始讨论了，这一下教室里热闹了，孩子们确实发现了不少问题，但是有一个问题一直没有人发现：归类问题，将身体和嘴放在一起是不合适的）

这时老师启发道："还有一个非常重要的问题，大家仔细看一看，能不能发现？"

（终于有人发现了，孩子们的能力确实不可小看）

"今天我们就研究翠鸟的身体，再进行新一轮研究。"

（学生又开始研究了，这一次，学生冷静了许多，没有多长时间，结果出来了，板书如下）

$$身体：\begin{cases}眼睛\\嘴\\背腹\\羽毛\\爪子\end{cases}$$

就这样，小组合作中出现的问题一个一个被突破了。

小组合作的实质就在这里，不仅仅是表面上的单纯的交流、合作，关键是要让孩子自己学会思考，自己去发现，在共同的学习中，互帮互助，共同进步，建立起一种团队荣誉感。

对比课例呈现3-1与同课异构中出现的两个板书可以发现：两个板书的内容差不多，但核心的理念是不一样的。课堂呈现中的板书是教师牵着孩子的鼻子，一个一个问出来的，虽然课堂上孩子们都很积极，但他们的思维是被动的、凌乱的。同课异构中的板书明显不一样，是学生通过自己的思考探究出来的。简单地说，就是学生自己学会的。

【课例呈现 3-2】

探索平行的条件

这是一位女教师的初中数学课《探索平行的条件》。

"昨天，我们学习了'同位角相等，两直线平行'，今天我们继续探究，还有什么条件能使两条直线平行。"教师一转身，画了一幅图（如图 3-1）：

"昨天我们知道了同位角"，教师指着图，一边说一边比画，"今天我们再来学习两个新的概念。大家先看 ∠1 和∠2，这样的角都在里面，而且是错开的，所以人们给它起了一个有趣的名字，叫内错角。"教师板书"内错角"。

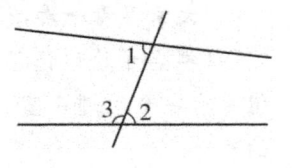

图 3-1

（学生笑了，大概感觉这个名字起得有特色）

"名字起得非常符合实际，"教师也笑了，"∠1 和∠2 是内错角，∠1 和∠3 又叫什么呢？你们看，都在一起，而且都在内侧，所以叫'同旁内角'"。教师将"同旁内角"四个字说得特别慢。教师又将"同旁内角"这几个字板书在黑板上。

"我们知道了'内错角'与'同旁内角'的概念，下面我们在下图中找一找'内错角'与'同旁内角'。"教师又画出了下图（如图 3-2）：

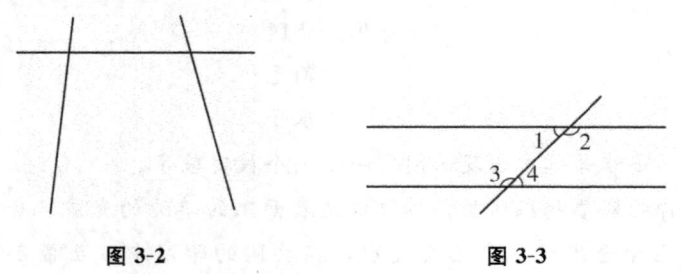

图 3-2　　　　　　图 3-3

这一点不难，教师的图刚出现，学生就举手了，教师叫了四五个同学，都答对了。于是教师开始了下一个环节："我们来探究，平行应具备什么条件呢？"教师又出示了一幅图（如图 3-3）。

"我们看这四个角分别是多少？"教师拿出一个量角器，量出每一个角，并将结果板书于黑板：∠1＝40°、∠2＝140°、∠3＝140°、∠4＝40°。

"同学们，看一看，想一想，它们之间有什么关系？"

"∠1 和∠4 相等。"

"∠2和∠3也相等。"

"对。"教师非常满意,写下了∠1=∠4,∠2=∠3。

"你们还发现了什么?"教师接着问。

没人举手,学生似乎没有找到感觉。见此状况,教师及时调整了自己的教学思路:"刚才我们发现的∠1、∠4,∠2、∠3是什么关系?"

"内错角。"

"对,我们刚才实际是总结出了一个非常重要的定律:内错角相等,两直线平行。"教师写下了"内错角相等,两直线平行"。

"我们再来研究同旁内角,现在大家看一看同旁内角有什么关系?"

教师这么一点,学生有点儿思路了,马上有学生举手了。

教师立即叫起了这位同学,"同旁内角之和都等于180°"。

"非常好!你就是爱动脑筋,"教师非常高兴,"大家看是不是?"

学生一看,果然是这样,于是教师板书写下了"∠1+∠2=180°,∠3+∠4=180°"。

"我们把和等于180°的叫?"

"互补。"

"对,这叫互补。我们看,同旁内角互补,两直线?"

"平行。"学生大声说。

教师板书:同旁内角互补,两直线平行。

至此,教学任务基本完成,教师一身轻松,"同学们懂没懂?"

"懂!"学生声音非常大。

"现在,我们开始做练习。"教师拍了拍手上的粉笔灰,"请大家打开书……"

(课例提供:李玉平)

◇课例分析

课例呈现 3-2 中的教师是想办法教会学生,他认为学生是空白的,什么东西都要教师去教,教师动而学生只有部分动,教师着急,一个环节又一个环节地赶。我们要思考:教师想办法让学生学会,最终所有的学生都学会了吗?学生都参与了吗?教学过程,教是为了学生的学,我们更看重的是学生如何学会,是如何会学的。改善建议:放手让学生动起来,思考起来,让学生实践,自己探究出平行的条件。教师重在创设条件,"看能发现什么",独立探究,小组合作,全班交流,教师总结。没有发现到的问题,教师点拨。这样教学的效果（同课异构）是：学生动，学生思，而且是学生都动起来了，连最差的学生都动起来了。长期下去，学生还用为了考试而进行大量的题海战术训练吗，被动教会的总会忘记，自己经历、参与学会的很难忘记。

◇ 同课异构

上课了，老师拿着一张白纸走上了讲台：

"同学们，这是一张白纸，我们今天就来研究它，"教师把手中的白纸举起，"你们也准备一张，我们共同来研究。"

教室里一阵杂乱，不一会儿，学生准备好了，都在等待着对纸的研究。

"我们来研究符合什么样的条件，这上下两条边平行，"教师一边说，一边在白纸的中间画了一条斜线，"我们画一条线段 AB，出现了四个角，分别是 $\angle 1$、$\angle 2$、$\angle 3$、$\angle 4$，现在我们就用量角器量一量，看我们能发现什么"。（如图 3-4）

教师的开场白结束了，学生的研究开始了。教师开始巡视，发现大部分同学发现了内错角相等，但也有一部分同学没有发现，主要原因是有的角量得不准，37°量成了 35°，有的甚至将锐角当成了钝角，本来是 60°，可他量成了 120°。同旁内角互补基本没发现。

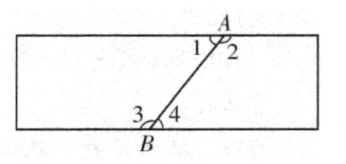

图 3-4

"同学们，请抬起头来，"见学生量得差不多了，教师又开始了下一个教学环节，"通过研究，大家都有了新的发现，你们互相核对一下研究成果，如果不一样，再进行深入的研究，争取形成统一的观点"。

小组合作开始了，这一合作，发现问题了，内错角不相等的自然要找原因了，量错了角的矛盾浮出了水面，学生开始互相学习，没多长时间，学生就把学生教会了。

学生的注意力自然集中到了内错角相等这一概念上，根本没有想到还有"同旁内角"这一说。见此情况，教师在黑板上写了四行"（　　）＋（　　）＝180°"请同学们研究。

大家惊奇地发现，除了 $\angle 1$、$\angle 2$、$\angle 3$、$\angle 4$ 的和是 180° 以外（平角），还发现了 $\angle 1+\angle 3=180°$、$\angle 2+\angle 4=180°$，而且还发现，虽然线段角度不一样，每一个同学量的角大小也不一样，但是，都是两组角相等（内错角相等），都有四组角的和等于 180°，学生非常兴奋。

教师让一个小组将自己的结果写到了黑板上。

∠1=∠4　　　　　　∠2=∠3
∠1+∠2=180°　　　∠3+∠4=180°
∠1+∠3=180°　　　∠2+∠4=180°

"看来这些角相等或这些角互补时，这两条直线是平行的。这就是我们的研究成果。"教师写下了"相等""互补""两直线平行"。

"我们得给这些角起个名字，人们通常把具有∠1和∠4、∠2和∠3这样位置关系的角叫内错角；具有∠1和∠3、∠2和∠4这样位置关系的角叫同旁内角。"

接着，教师写下了"内错角"和"同旁内角"。

"如此说来，我们可不可以将上面的发现改为'内错角相等，两直线平行''同旁内角互补，两直线平行'呢？"

教师一边说一边将"相等""互补""两直线平行""内错角"和"同旁内角"这些词用线连了起来，并格外在下面写上了"七年级一班研究成果"。

内错角　　　　　同旁内角
　　　　两直线平行
相等　　　　　　互补

最后，教师让同学们将上述结果复述了几遍，然后开始做练习。

2. 教师主导作用缺失

教学中，教师主导得过多过死，就会轻视甚至忽略学生的主体地位，但是也有很多情况下教师放手让学生去学，不敢引导，致使教师主导作用缺失。比如，自主学习成了"放任自流"。有的老师课堂上只提出几个可供学生自学的问题，然后就静观学生自学，课堂上常可听到"同学们喜欢学哪一段就学哪一段，想怎样学就怎样学"，"想和谁一起学就和谁一起学"等。探究学习中有些问题过于简单，有些问题又太广泛，任由学生自由发挥，这个过程中教师主导作用缺乏。

【课例呈现3-3】

这是郎明仙老师提供的一则课例。一位老师执教小学语文《四季》一课，在读到"谷穗弯弯，他鞠着躬说：'我是秋天'"一节时，提出了一个问题：

"小朋友，谷穗为什么是弯弯的？"
师：谷穗为什么是弯弯的？
生：因为谷穗成熟了。
师：对呀！谷穗弯弯是因为他成熟了。
学生做恍然大悟状，教学进入下一个环节。

◇课例分析

课例呈现 3-3 中的教师提出问题后，一旦获得预期的答案——谷穗弯弯是稻谷成熟的表现，就转入了下一个环节。学生真的懂了吗，学生眼里，还有没有其他理解。教师不应满足于既定答案，还要挖掘学生不同于成人的精神世界。如果多问一句，"还有不一样的吗？""还有其他理解吗？"可能课堂上又会生发出许多精彩。

◇同课异构

还是执教小学语文《四季》一课，还是在读到"谷穗弯弯，他鞠着躬说：'我是秋天'"一节时，教师提出了一个问题："小朋友，谷穗为什么是弯弯的？"但是教师不是同一位了。

师：谷穗为什么是弯弯的？
生：因为谷穗成熟了。
师：对呀！谷穗弯弯是因为他成熟了。还有不一样的吗？
生：因为他在鞠躬呀。
师：他在向谁鞠躬呢？
生：他在向大地鞠躬，表示感谢。
师：还有不一样的吗？
生：因为风吹过来了。
师：对呀，调皮的风在和他做游戏呢！还有别的想法吗？
生：因为谷穗成熟了。
师：你真聪明！知道谷穗弯弯是因为他成熟了。别的小朋友呢？
生：我认为谷穗在跳舞。
师：你的想象力真丰富。
生：我想他是在沉思，回忆春天的故事。

老师作沉思状，引起哄笑。
生：也许他在等待，等农民伯伯来收割吧！
生：我觉得谷穗很谦虚，不管见了谁都低着头。
师：小朋友说得真好呀，来美美地读一读。

两种处理方法，出现了截然不同的结果。第一位老师本身并没错，但是满足于既定答案，缺乏进一步的引导与点拨。第二位老师轻轻一导，"还有不一样的吗？"明显有高明之处。轻轻一导，导出了一个充满童趣，充满想象，充满灵性的瞬间。

3. 教师的主导与学生主体关系把握

朱作仁教授认为，"主导"的本意应从两个方面理解：一是教导，是指教育、指导、引导，重在给学生"指明方向，引导上路"，全面发展；二是辅导，是指辅助与疏导。针对学生课内外学习中发生的一些难以解决的问题，予以辅助、帮助，如同流水受堵，需要疏导一样。长期以来，人们有一种错觉，认为发挥主导作用就是教师滔滔不绝地讲解，学生安安静静地听讲，教师连珠炮般地提问，学生如流水般地应答，也就是"教师讲学生听，教师问学生答"。教师的"讲"与"问"是需要的，特别是在关键处，教师的精讲、精问往往可以起到画龙点睛、恍然大悟的导向作用。但不能走极端，认为教师的每句话都必要。

"主体"，哲学上原指"有认识和实践能力的人"。在教育上，学生的主体作用即教师"以生为本"，发挥学生的主观能动性，促进发展的过程。当今强调学生的自主学习，或促进学生的主体性发展，并不是否定教师的主导作用，或放弃教师的责任，实行"大放手、大撒手"的"放羊式"教学。

课堂教学是由教与学两个部分组成的，两者是平等的关系。但从教学的角度来看，学生是学习的主人，是主体；教师是学生学习的组织者、协作者、引导者，起着主导的作用。教师的主导作用发挥得如何，直接关系到学生的主体地位的体现。而教师的主导作用表现在各个方面，如激励学生的兴趣，启发学生的思维，拓宽学生的知识面，教给学生学习方法等。二者相辅相成缺一不可。

（1）在课堂教学中，教师的主导作用主要体现在以下几个方面。

①全面制定和实现教学目标

教师要制定比较全面、科学、具体的教学目标，这里包括知识与技能、过程与方法、情感态度与价值观三个维度的教学目标，同时在教学过程中要采取一定的方法和策略落实这些目标。

②实现教学方式的转变

第一，渗透新教学理念，摆正自身的位置，实现教师角色的转变。

要发挥教师主导作用，就要转变观念，摆正自己的位置。第一，要树立主体性学生观，确立教学要面向全体学生的观念。第二，在教学实践操作中，必须突出强调教师的主导作用。第三，要培养学生的主体意识，逐渐增强学生的自主学习能力。鼓励学生独立思考，大胆质疑，对课本、对教师讲的内容"思考、质疑、消化、吸收"。

要发挥教师主导作用，就要转变自身的角色。第一，教师是教学活动的设计者。教师在组织教学活动之前要制定好教学目标，充分认识教育对象，认真钻研教学内容，选择教学方法，设计好教学程序。第二，教师是教学活动的组织者。教师要充分组织教学活动的各个因素，充分发挥学生积极、能动因素，让学生的手、脑都动起来，并协调多种因素，保证教学任务完成和教学目标实现。第三，教师是教学活动过程中的主导者。一方面，教师采用一定的教学方法对教学内容进行一定的讲授、示范、指导；另一方面，教师还要根据学生的情况，矫正自己的教育方法，引导学生的学习方法、学习兴趣、学习需要。

第二，创设教学情境，营造和谐氛围，激发学生学习兴趣。教师要担负起激发学生主体积极性的责任。或借助现代化视听手段，或从学生熟悉的生活情境入手，使课堂变得宽松、愉悦，激发学习兴趣与热情，活跃学生的思维，为学生主体能动性的良好表现创造条件。

第三，提供学习资料、资源。为了支持学生学习和探索，教师要在学习过程中为学生提供各种信息资源。同时，教师还要在信息资源应如何获取、从哪里获取以及如何有效地加以利用等方面提供帮助。

第四，创设问题情境，精心设计问题，启发学生思维。课堂以问题为中心，围绕问题来进行教学设计。教师要让课堂教学充满问题，由问题开头，由问题结束，中间是分析和解决问题。开头和中间出现问题、有问题大家都能理解，现代教学应该让学生带着问题、带着思考走出课堂，在社会和生活这个开放的大课堂中去作更开放的探究。

第五，实现评价的多元化。在课堂教学中，要实现师生互动和交流，实现对学生多元性、多元化的评价。教学过程中，教师要在学生回答问题后，给予有效的反馈，判断回答问题的对与错，并给予明确、积极的评价。教师的这个评价要有鼓励性，促进学生思维习惯的养成，同时也要注意树立学生的自信心。

③转变学生学习方式

第一，提高学生课堂教学的参与度。学生是课堂教学的主体。在课堂上学生没有参与或参与得不够，就谈不上"主体"。学习是学生的自我建构过程，这就要求学生不仅要积极参与课堂教学，还要有效参与。积极参与主要有几个表现：情绪饱满；交往互动；参与面广。有效参与有五种表现：学生拥有更多的独立学习时间；学生的思维活跃；获得学习策略；充分动起来，机会充分；创新素质得到培养。

第二，给学生充分的时间。教师在教学过程中要留出一定的时间，让学生独立思考，自主学习。或者让学生带着预习提纲的问题，阅读教材，归纳总结，自己解决问题。

第三，恰当选择合作学习的时间和内容。教师在课堂教学中，只有把握好合作学习的时间、内容、方式，才能提高合作学习的时效性，使合作学习不流于形式。合作学习的设计要体现在教学内容的重点和难点上。

第四，让学生用探究的方法获得知识。现代教学把知识看作一种过程，它除关心所传授的知识数量外，更关心的是通过什么途径和方法获得知识。课堂教学中，教师要提出核心问题，引导学生带着问题深入阅读教材，深入研究和探讨、交流、归纳、概括、总结。探究学习是非常重要的，在教学过程中常用到的。要想探究，必须具备：探究的欲望，探究的空间，探究的时间。

(2) 教师如何"导"

①教师的"导"要"恰到好处"

学生学习的过程是知识不断积累、认识逐步深化的过程，遇到疑难是必然的、正常的，教师只有在学生冥思苦想而不得结果的关键时刻，"恰到好处"地予以点拨，才能真正锻炼学生的思维，培养学生的能力，使其品尝到"探究"的情趣和成功的喜悦。同时，遇到学生见解、学生活动、学生讨论等偏离教学目标与文本时要及时引导。

②教师的"导"还要"点到为止"

教师"引导"的根本目的在于把裹在疑难问题上的一层"窗户纸"点破一个"小洞"，给学生提供继续探究的契机和空间，让其展开思维的翅膀，独自去领略"洞"里的世界。这正如教师让学生跳起来摘桃子，学生尽力跳了还是够不着时，教师只需给他稍微垫一个台阶，让他继续摘，而绝不是直接把桃子放到学生手里。否则，学生就永远尝不到成功的艰辛和喜悦。垫好了台阶之后，教师就不能再包办代替，是隐身而退的时候了。

二、备课中存在的问题

上课不是一件简单的事情，上好一堂课是一件神圣的事情，上好每一堂课则是伟大的事情。要想上好课，首先需要备好课。备课是教师教学的关键一环，是提高教师业务能力的重要措施，也是上好课的基础和关键。常言道："备课花工夫，上课显神通"。好课源于精心准备。漫漫三尺讲台路、白笔黑板写春秋。自从我们走上教师这个岗位，备课上课就和我们结下了不解之缘。教师的生命因学生而精彩，教师的生活因教学而充实。我们永远是用昨天的知识，面对今天的学生，培养明天的人才。怎样才能更好地完成历史赋予教师的任务呢？首先应该解决的问题就是这两个字：备课。

在苏霍姆林斯基《给教师的建议》一书中，有这样一个故事：

一位有30年教龄的历史教师上了一节公开课，课题是《苏联青年的道德理想》。区培训班的学员、区教育局视导员都来听课。课上得非常出色。听课的教师们和视导员本来打算在课堂进行中间写点记录，以便课后提些意见的，可是他们听得入了迷，竟连做记录也忘记了。他们坐在那里，屏息静气地听，完全被讲课吸引住了，就跟自己也变成了学生一样。

课后，邻校的一位教师对这位历史教师说："是的，您把自己的全部心血都倾注给自己的学生了。您的每一句话都具有极大的感染力。不过，我想请教您：您花了多少时间来备这节课？不止一个小时吧？"

那位历史教师说："对这节课，我准备了一辈子。而且，总的来说，对每一节课，我都是用终生的时间来备课的。不过，对这个课题的直接准备，或者说现场准备，只用了大约15分钟。"

"对这节课，我准备了一辈子。"许多人第一次阅读这个故事时，都被这句话深深地震撼了。想想我们的很多教师，每天都要备课，每天都要拿了教科书去课堂上课，可是我们为备课花了多少时间呢？课堂进度老是赶不上去，学生的成绩不见提高，教学评估得分低……所有这些我们有没有想过自己在备课上的原因呢？归纳起来，教师在备课环节通常存在两个方面的问题。

（一）忽视教学起点

教学起点简单来说就是指每一节课的教学从哪儿开始进入，在什么基础上生发。教学起点是根据学生的学习起点确定的，是建立在课前对学生发展现状的分析和发展可能的预测之上的。关于学生的学习起点问题，有学者将其分为：学习的逻辑起点和学习的现实起点。"学习的逻辑起点是指学生按照教材、文本、课标的规定，应该具有的知识、能力基础。"把握学习的逻辑起点，可以使教学更有计划性，有效地克服教学中的随意性。"学习的现实起点是指学生在多种学习资源的共同作用下，已实际具有的知识能力基础、情感态度基础。"把握学习的现实起点，可以使教学更有针对性，有效克服教学中的浅层教学。可以说把握教学起点，是对学生全面的关怀，是提高教学效率的基础。

1. 忽视学生已有的知识经验

奥苏伯尔有句名言："假如让我把全部教育心理学仅仅归结为一条原理的话，那么，我将一言以蔽之：影响学生学习新知的唯一重要因素，就是学习者已经知道了什么，要探明这一点，并据此教学。"教学不应是从知识的逻辑起点开始，而应从学生已有的生活经验和知识点出发，也就是要注意学生已有的知识经验。这需要教师充分了解学生学情。无论是什么样的教学，也无论是什么样的课堂，如果没有建立在学生的学情之上，那么，这样的教学也好，这样的课堂也罢，都不可能取得很好的效果。反观成功的课堂教学，无论是什么样的成功，也往往脱离不了建立在学生的具体的学习基础之上这个事实。学情，是课堂教育教学的晴雨表，离开了它，教师的教学将无以达成春风化雨，无以收到硕果累累。因为，课堂是学生的课堂，学生是课堂的主人，是学习的主体。如果没有了学情这一基石，课堂教学将成为空中楼阁。实践告诉我们，在教学中，教师要做到了解学生的现有知识水平、学习兴趣、学习要求、学习意见、学习态度、学习能力和学习效果以及年龄特点、生活经历、活动范围等。只有在这样的基础之上的教学，才有可能做到有针对性，才有可能做到因材施教。

【课例呈现 3-4】

平面移图的教法

有一位老师的一节数学课是这样教学的：

教师首先通过课件向学生展示了生活中的平移现象，又组织了一个平面移图的游戏活动，然后对学生强调："像这样的平行移动，简称平移，它是由移动的方向和距离所决定的。"下面的学生就忙着在书上做记号或记笔记。

随后，教师带领学生对平移的定义进行分析，分析出方向和距离是平移的两个要素，进而通过具体问题寻找和识别平移中的对应点、对应线段、对应角、平移方向、平移距离，并且解决了一些平移的作图问题。

这节由教师精心设计的数学课蕴含了许多新课程元素，如从生活实例出发、动手操作活动，等等。

教师也采用多种途径帮助学生理解平移，使知识点得到落实。

然而，在这节课上，学生究竟得到了怎样的发展？学生要解决的最后一个综合性题目——用授课教师的话说是"本节课的能力题"：一艘小船经过平移到了新的位置，你发现缺少了什么吗？请补上。

课后，有听课者问授课教师："如果没有这节课，学生们能完成这道题吗？"授课教师给出了肯定的答案。而在另一个班的调研也表明，班上的所有学生都能顺利完成这一问题，并且采用了多种不同的方法。

◇ 课例分析

正如《学记》所说："知其心然后能救其失也。教也者，长善而救其失者也。"而这节课，应该说是一节不高效的课堂，既没有"长善"，也没有"救失"，课堂教学中暴露了两个问题。

一是，不了解学情。从本课的教学效果看，老师在上课之前，没有很好地了解学生具体的学情，没有对知识的产生过程进行深入思考，没有了解学生已有的知识、能力、方法和态度等。

二是，教学重点不突出。正因为不了解学情，所以，教学往往没有真正的重点。很多时候，教师教的内容学生本身就明白，而恰恰是学生不明白的、需要老师讲解的地方，教师又没有讲到。这样的课堂基本上就是无效课堂，而这样的课堂在我们目前的现实中恰恰还是普遍存在的。

◇ 同课异构

首先，教师要避免从概念本身出发，先对平移现象的规律进行总结，即从图形与图形、线段与线段、点与点、距离与距离、方向与方向之间的关系出发，帮助学生更加科学、全面地认识平移。

其次，对于部分学生来说，他们理解平移主要是从直觉出发，但无法进行从图形到点、到线、到距离，再到方向的有条理的、更细致的分析。他们需要获得的是细致的分析思路和方法，即逐渐明确分析几何现象和问题的关键点。

再次，对于部分学生来说，分析也不是难事。他们需要思考的是：如何将自己的认识用比较精练的语言表达出来？数学中的概念是怎么产生的、如何给概念下定义？通过这一思考过程，学生对知识的产生过程会有全面的认识，从而获得"数学知识的产生是朴素的，我也能创造数学知识"的感受。

有了这样的分析，再来思考教学活动的设计，教师可以先从解决具体的问题开始，让学生结合自己所做的图以及生活中的认识，思考在数学中"什么是平移"，当"平移"成为数学的研究对象后，它的数学本质是什么？如何用数学的方法对平移的概念进行组织？这些问题承载了数学学科的基本结构，蕴含了概念以及原理赖以产生的机理，也包含了概念的探究程序和方法，能够给学生以"产生知识"的愿望、冲动和方法上的启示，因而也会让学生比较深入地理解学习的内容，并为今后继续深入学习打下基础。

只有建立在学生的学情基础之上的教学课堂，才能真正地赢在课堂。

一是落实学情。只有落实了学生学情的课堂，才有可能满足学生所需，才能够针对学生的需要进行有针对性的教学，才能够让学生学得有趣，学习有积极性。

二是教有所得。教为学所需，教为学服务。这样的课堂教学才能真正地让学生从知识到方法到能力等都能学有所得，学有所长，也才能够达到课堂教学的真正优化。

走进课堂，我们常常会看到这样的现象：上课一开始，学生似乎都会了，都懂了，但教师事先已辛辛苦苦地备了很详尽的教案，只好生拉硬扯地把学生拉回来，让学生"假装不懂"。其中一个很重要的原因就是教师备课时忽视了对学生原有的学习现状的正确分析，预设的教学起点与实际的学习起点不相吻合。现在学生的学习渠道拓宽了，他们的学习准备状态有时远远超出了老师的想象，许多课本上尚未涉及的知识，学生已经一清二楚了。如果老师仍按事先设定的内容教学，起点就不一定是真实起点。教师要遵循学生的思维特点设计教学过程，就必须把握教学的真实起点。

2. 忽视学生差异

凡是有人群的地方，就有差异存在。课堂教学中学生的差异也毫无例外地存在着。教师要承认学生存在差异这一客观事实，追求使每一位学生在原有基础上都有发展的理想。课堂教学中，面对眼前充满不同情感期待和知识准备的学生，教师要充分考虑差异，并把学生的差异当作教学的资源，从而进行真实有效的教学。

【课例呈现 3-5】

A 教师教学"乘数是一位数的乘法"，教学片段如下。

一、复习

教师出示 23×2＝　　请学生计算并说出计算的过程。

二、新授

1. 小组学习

教师请学生以小组为单位计算 23×2＝　　算式中任意改动一个数字使其成为积有进位的乘法，并填写在作业纸（　　）×（　　）＝（　　）中。

全班共 9 个小组，每小组 4 人，学生以小组为单位开始活动，组长动笔填写作业纸，其他组员观看，巡视发现结果如下：

26×2＝52，23×4＝92，23×9＝207，27×2＝54，23×8＝184，25×2＝50，53×2＝106，93×2＝186，63×2＝126。

（计算全都正确，教师相当满意）

2. 全班交流

首先，全班讨论个位满十的情况，26×2＝52，并请学生把类似的题目呈现在黑板上：25×2＝50，23×4＝92，27×2＝54；接着，全班讨论十位满十的情况：93×2＝186，并请学生把类似的题目呈现在黑板上：53×2＝106，63×2＝126，有一小组将 23×5＝115 也贴上黑板，教师说这不是同一类型的，一会儿再讨论。

最后，全班讨论个位十位都满十的情况：23×5＝115，23×8＝184，23×9＝207。

3. 师生小结

积有进位的乘法，哪一位上满十向前一位进一。

◎ 课例分析

课例呈现 3-5 中，我们不禁要问：难道所有的学生在课前都已会乘数是一位数乘法的计算了吗？如果都会计算，课还用这样上吗？怎样才能使学生在已有的基础上进一步发展呢？课堂教学，要从学生的实际状态出发，课堂教学的起始状态和教学的终结状态相比要有变化，追求使每一位学生通过教学在原有基础上都有提高的目标，从而提高教学的针对性和有效性。要做到这一点，就要了解学生的基础性资源，在教学前，哪些学生已会计算，哪些学生不会。同时，我们要问：为何在课堂上没有暴露出学生不会计算或计算错误？从课堂上可以看出，小组活动由组长填写作业纸，担任组长的自然是好学生，组员则是旁观者，组长替代了组员的思考，所以学生的问题和差异自然无法暴露。课堂教学表面的流畅与完美掩盖了真实差异的存在。课堂如果没有问题和差异就不是真实的教学，正是因为有问题和差异才需要教学，才需要师生、生生围绕问题进行讨论和思维的碰撞，从而形成对事物的认识和知识的理解。

◇同课异构

这是另一位教师教学乘数是一位数乘法的教学片断。

一、复习

教师出示 $23×2=$

请学生计算并说出计算过程。

二、新授

1. 教师把题目 $23×2=$　　改成 $28×2=$

请学生独立尝试完成。

学生开始动笔计算，教师下去巡视，边巡视边请学生把计算情况呈现在黑板上：$28×2=46$，$28×2=56$，$28×2=416$。

2. 教师请学生以小组为单位对黑板上的题目展开讨论：你认为哪些是对的，哪些是错的，为什么？

3. 全班交流：

生1：$28×2=46$ 是错的，他忘记了进位。

生2：$28×2=56$ 是对的，我想提个问题考考大家，十位上 $2×2=4$ 为什么积的十位上是5？

生3：十位上的2要加个位满十进上来的1等于5。

生4：4个十和1个十为什么不相乘而是相加呢？

师：这个问题谁能回答？

生5：十位上原来有4个十，又进上来1个十，合在一起用加法。

生6：$28×2=416$ 是错的，$28×2$ 不可能400多。

生7：我知道怎么错的，个位上2×8＝16就写下来，十位上2×2＝4没地方写了，就写到了16的前面去了，所以错了。

……

教师可以通过让学生独立尝试的方式，使学生中的问题和差异暴露出来，教师发现和关注到这些问题和差异，并把这些问题和差异呈现在黑板上，然后通过小组的讨论与交流，通过师生、生生的思维碰撞，帮助个别学生解决思维过程中的障碍，使不同的学生在原有的基础上都有一定的提高，这种学习是比较真实有效的数学学习。

（二）备课中的预设与生成

传统的课堂教学总是预先确定教学目标、教学内容、教学方法、教学流程，然后有条不紊、按部就班地进行教学。新课程理念下课堂是一个动态生成的系统，课堂教学应在真实具体的教学情境中动态生成。无疑，没有设计的教学就无的放矢，容易混乱且难以实现预期的目标；但死守设计一成不变，忽视课堂情境的动态变化，又会见书不见人，阻碍学生发展。因此课堂教学既要预设更要生成，在预设的基础上生成，生成是为了更好地实现预设。

1. 缺少预设，无法生成

古语说："凡事预则立，不预则废。"所谓"预设"是预测和设计，是教师课前对课堂教学进行有目的、有计划的设想和安排。教学中的"预设"主要是对教学目标、教学内容、教学进程和教学方法与手段的预设。它是根据教师的主观意图和期望所进行的一种教学行为准备，属教学设计范畴。一堂符合新课程理念要求的课，应该以课程预先设计和动态生成的辩证统一为最高境界，缺少充分预设，必将导致无法生成课堂的精彩。

【课例呈现3-6】

《草船借箭》片段

师：你认为诸葛亮是个怎样的人？
生：他是个机智的人，很会想办法。
生：他对人很诚恳，所以鲁肃对他也很热情。（师不语）
生：他很聪明。（不是教师所期望的）

师：诸葛亮仅仅是聪明吗？（启发）
生：还很勇敢。（岔开去了）
师：为什么？
生：他只带几千人到曹军那儿叫阵。（学生纷纷赞同）
师：那么，请你用好一点的词。（再启发）
生：机智勇敢。
师：还有没有更好的词？（有点不悦）
生：聪明至极。（离教师的期望还很远）
生：足智多谋。
师：书上有没有？（终于熬不住了）
生：神机妙算。（教师总算放下了心中一块大石头）

◎ 课例分析

课例呈现3-6中为什么会出现上述情况呢？原因是教师缺乏对课堂的充分预设。教师根据教学的要求设计了一个颇具开放性的问题，其原本的意图是想让学生说出诸葛亮的神机妙算，但由于没有事先充分的预设，对学生的回答缺乏应有的估计，根本无法做出相应的引导，只能不断启发，甚至神情不悦，对学生的感悟、思维和表达没有生发延展。

◎ 同课异构

《草船借箭》片段

这是一位老师的教学实录，目的是，切入中心，领悟"神妙"。

（一）抓住中心句，理解体会

1. 师：整个故事是围绕哪句话讲的？请你画出全文的中心句。谁来读一读？（生读）

（出示句子：周瑜长叹一声，说："诸葛亮神机妙算，我真比不上他！"）

师：你怎么理解"长叹"一词？想象一下，周瑜说这话时心情怎样？
生："长叹"就是长长的叹息。我想周瑜会非常佩服地说这句话，因为从草船借箭这件事他看到诸葛亮确实比自己强。所以，说这句话时他的语气应该比较诚恳。
生：我的看法和她恰恰相反，我认为周瑜会更加嫉妒诸葛亮，他说这句话时应该是忌恨的语气。

生：我想周瑜会非常无奈地说这句话，因为诸葛亮确实比他聪明，虽然他不愿承认这个事实但又不得不承认，他仰天长叹一声，无可奈何地说了这句话。

师：大家各有自己的理解，最后这位同学不仅体会到了周瑜当时的语气，还想象了他的动作，非常好！那就根据自己的理解去读读这句话吧！注意要读出周瑜的语气，还可以加上自己的动作（生声情并茂地读：或仰天长叹、或紧缩双眉、或捶胸顿足……）

【评析】 从课文中心句入手，重点引导学生理解周瑜的"长叹"，体会周瑜当时的心情。个性化的理解，个性化的朗读，充分体现了"以读为本，以人为本"的教学原则。

2. 师："神机妙算"是什么意思？

生："神机妙算"就是惊人的机智、巧妙的谋划，形容计谋高明。

师：对词语的理解非常准确，结合课文，围绕这个词你还有什么问题要问？

生：我想问周瑜为什么说诸葛亮神机妙算？

生：我想问诸葛亮为什么会如此神机妙算？

生：诸葛亮的神机妙算表现在哪些地方？

师：大家提的问题相信都可以通过读书求得解决，现在我们集中研究"诸葛亮的神机妙算表现在哪些地方"。（点出中心问题）

【评析】 发现问题比解决问题更重要，此环节教师启发学生抓住"神机妙算"一词自由质疑，逐步归纳、提炼出中心问题，下一步引导学生重点去体会、感悟。

（二）体会诸葛亮的"知天文"

师：我们常称赞诸葛亮"上知天文，下知地理"，他的"知天文"主要体现在哪里呢？请你带着这个问题用心读课文，画出相关语句，待会儿与同学交流。

生：我觉得他的"知天文"主要体现在"这时候大雾漫天，江上连面对面都看不清"这句话中。（出示句子）

师：谁再来读读这个句子？（指导学生读出雾之大）

师：诸葛亮在大雾漫天之时向曹操借箭，会不会是凑巧赶上这样的天气呢？谁能联系课文说说？

生：我觉得不是巧合，因为文中说"第一天，不见诸葛亮有什么动静；第

第三章 教学理念与教学准备中存在主要问题例析 | 117

二天,仍不见诸葛亮有什么动静;直到第三天四更的时候,诸葛亮秘密把鲁肃请到船里"。
生:这说明诸葛亮一直在等待这样的天气。
生:这说明诸葛亮算准了第三天四更的时候会大雾漫天,才不急不慌、镇定自若。
师:"镇定自若"这个词用得真好!诸葛亮是什么时候决定在这个时间出发的?
生:三天前立军令状的时候。
师:也就是说,早在三天前立军令状时他就已经料到三天后的四更时候会有一场漫天大雾,这要归功于他精通天文、气象,预测准确,所以坐在船中的他才会笑着说——(生接读:"雾这样大,曹操一定不敢派兵出来。我们只管饮酒取乐,天亮了就回去。")
师:从"笑着"一词你读出了什么?
生:诸葛亮信心十足。
生:他非常有把握。
生:诸葛亮胸有成竹、从容不迫。
师:"雾这样大,曹操一定不敢派兵出来……"这是话中有话呀!你能把诸葛亮没说出来的话说出来吗?
生:雾这样大,曹操一定不敢派兵出来,一定会叫弓弩手朝我们射箭。
生:雾这样大,曹操一定不敢派兵出来,一定会叫弓弩手朝我们射箭,箭多得会像下雨一样。
生:雾这样大,曹操一定不敢派兵出来,一定会叫弓弩手朝我们射箭,这10万支箭我是借定了!
师:你能"笑着"读诸葛亮的话吗?(生读)
师:此时诸葛亮和鲁肃正坐在船中,假如你是鲁肃,看到这场大雾,怎么想?
生:他会感到害怕,心里很着急:雾这么大,要是误入曹军的水寨怎么办?
生:他会大吃一惊:前两天还好好的,怎么今天会有这么大的雾啊!
生:他会连声佩服:诸葛亮这是神算啊!
师:不止鲁肃会佩服,假如周瑜知道诸葛亮早在三天前就算准了会有大雾,他一定会长叹一声,说——(生接读:诸葛亮神机妙算,我真比比不上他！"

【评析】 此环节教师抓住重点句子引导学生品读、体会，问题设计环环相扣、步步深入，同时在文本内容的基础上积极地进行拓展，学生不再停留在课文文字的表面，而是谈出了自己的理解和感悟，在此基础上的朗读也就比较到位了，最后落脚到全文的中心句——"诸葛亮神机妙算，我真比不上他"，学生的体会加深了一层。

（三）体会诸葛亮的"懂地理"

师：江上大雾弥漫，诸葛亮在天还没亮时就把船靠近了曹军水寨，他是怎样布船的？

（生读，出示两个句子：

诸葛亮下令把船头朝西，船尾朝东，"一"字摆开……

诸葛亮又下令把船掉过头，船头朝东，船尾朝西……）

师：你知道诸葛亮为什么一开始先要"船头朝西，船尾朝东"，再"把船掉过头，船头朝东船尾朝西"吗？

生：我觉得他是想让船的一侧受满了箭，再让另一侧来受箭。

师：天亮时，诸葛亮的船队是怎么回去的？找一个词来概括。

生：顺风顺水。

师：你怎么理解"顺风顺水"？

生：就是顺着风向和水流的方向。

师：想想水往哪个方向流，当时的风向又是怎样的？（生在示意图上用箭头标注）

师：长江水由西向东流，受满箭的二十条船正是趁着顺风顺水的优势，飞一样驶出二十多里，曹操追也来不及了。他能利用"顺风顺水"的条件是巧合吗？

生：不是，这都是因为他事先做好了周密的安排。

生：这是因为他懂得利用地理优势。

师：是啊，假如周瑜知道诸葛亮早就算准了借箭的地理位置，巧妙地安排好了，他一定会长叹一声，说——（生接读：诸葛亮神机妙算，我真比不上他！）

【评析】 此环节抓住关键词句，借助示意图让学生理解了"顺风顺水"一词，学生较好地理解了诸葛亮之所以能"顺风顺水"是与他事先的周密安排、巧用地势分不开的，最后又落脚到全文的中心句——"诸葛亮神机妙算，我真比不上他"，学生体会又加深了一层，朗读更有感情。

(四) 体会诸葛亮的"识人心"

师：周瑜、曹操、鲁肃三人性格各不相同，这一切均在诸葛亮的掌握之中，他巧妙进行利用才使得"草船借箭"的计划得以顺利实施。下面我们分三个小组展开对这三人性格的探究，看看他们的性格分别是怎样的？你从哪里看出来的？诸葛亮又是如何巧妙利用的？(三个小组分别展开讨论、交流)

师：下面把你们交流讨论的成果展示给大家吧！

生：我觉得曹操是个谨慎多疑的人，他看不清虚实不会轻易出兵。

师：你是从哪里看出来的？

生：文中提到："江上雾很大，敌人忽然来攻，我们看不清虚实，不要轻易出动。只叫弓弩手朝他们射箭，不让他们靠近。"

师：诸葛亮正是利用了这一点，才敢大张旗鼓，趁大雾天气假装进攻曹营。

生：诸葛亮知道鲁肃忠厚老实、守信、懂得顾全大局，特地向他借船，还让鲁肃事先帮他准备好一切。

师：他是如何准备的？(生读第4自然段)你现在知道为什么要准备这些东西了吗？

生：这些都是"借箭"时必不可少的。

生：诸葛亮知道周瑜聪明过人，所以不让鲁肃向周瑜提借船之事。

生：他还知道周瑜心胸狭窄、妒忌自己、给自己设下了圈套，可他将计就计，不仅成功借得10万支箭，还让周瑜心服口服。

师：看来大家对文中几个人物的理解已非常透彻了！假如此时周瑜知道一切，包括他自己都在诸葛亮的胜算中，他一定会长叹一声，说——

(生接读：诸葛亮神机妙算，我真比不上他！)

【评析】 此环节采用小组合作探究的学习方式，充分发挥了集体的智慧，放手让学生们自主学习、讨论交流，教师只作点拨指导，既节省了学习时间，学生学得还有实效，最后又一次落脚到全文的中心句——"诸葛亮神机妙算，我真比不上他"，学生体会更深了，朗读更有感情了。

2. 注重预设，忽视生成

预设与生成要和谐统一。有效地预设，是为了更好地生成；精彩的生成来自精心地预设。但是在实际教学中,也存在着过分注重预设,忽视生成的问题。

【课例呈现 3-7】

《坐井观天》一课快要结束时,执教教师问学生:"同学们,青蛙听了小鸟的话后,跳出井口看到了什么?"学生想了一会儿,纷纷站起来发言。有的说,青蛙看到了广阔的田野,被田野里美丽的景色吸引住了;有的说,青蛙看到了工厂,工厂里的工人师傅正认真地工作着;有的说……总之,大多数学生认为青蛙原先是坐井观天,后来看到外面的天地很广阔。但有一个学生说:"青蛙又跳回去了!"理由是:"当青蛙跳出井口正要喝水,一只老青蛙拦住了它,告诉它河水被污染了。青蛙正要感谢那只老青蛙,只听一声'哪里逃',一柄钢叉把老青蛙捉住了。青蛙感受到了外面世界的危险,所以赶紧跳回井里。"

另一位教师听了这个有趣的课例之后,也执教《坐井观天》。课快结束时,她也让学生谈青蛙跳出井口看到了什么。学生畅快地谈着青蛙在井外的愉快生活,一连几个同学发了言,仍不见教师有让他们停止的迹象,而是一个劲儿地追问。最后,老师发话了:"同学们,外面真这么好吗?青蛙怎么不跳回井里?"紧接着教师要求学生讨论后回答:从故事中我们读到了什么?虽然学生们的回答各式各样,显然不能满足教师的要求,最后教师只好自己概括出:从故事中我们应该认识到,一方面,青蛙很聪明,学会了保护自己;另一方面,当前人们的环境保护意识太差,所以青蛙都不愿也不能跳出井口……

应该说,此课例呈现3-7中的教师看到了别人的生成后,就把别人的生成作预设,这是刻意注重预设以达到自己所期望的生成,这种行为实际是为生成而生成的"虚假生成""实际预设"。

【课例呈现 3-8】

《只有一个地球》教学片段

一、复习导入

1.(课件出示地球图片)同学们,你们还认识她吗?(生:地球)我们还可以怎样称呼她?(人类的家园、人类的母亲、生命的摇篮)

2.通过第一节课的学习,你对这个人类的母亲有哪些了解?(地球小而美

丽，采用列数字的说明方法、作比较的说明方法等）

3. 教师激情导入：跟茫茫的宇宙相比，地球……（生答：太渺小了）；跟芸芸众生比，地球……（生答：太渺小了）怪不得遨游太空的宇航员发出感叹：（出示，齐读："我们这个地球太可爱了，同时又太容易破碎了！"）

4. 这节课你们还想了解哪些问题呢？（生质疑，师引导）

（1）人类是怎样破坏地球的？

（2）地球受到破坏后的后果怎样？

（3）为什么说如果地球被破坏了，"我们别无去处"？

二、读悟第3~9自然段

1. 同学们自由读第3~9自然段。读完以后，问问自己，你的心情如何？

2. （生读完）师述：读完以后，你们的脸色凝重。老师知道大家的心情在悄悄发生变化。来，和大家交流一下，读完课文以后，你的心情怎样？（1）我很惭愧。（师：因为你感到你也是人类的一员）（2）我感到吃惊。（3）我感到憎恨。（4）我感到伤心。

3. 师：老师知道，现在你们的心情是复杂、沉重的。现在，请你们再到文章的字里行间去找找，究竟哪些文字、语句使你产生这样的心情，在这些地方画下颤抖的线。

4. 小组交流：根据你画的句子，结合课外收集的资料，在小组里谈谈你的感受。

5. 汇报：（一）出示：地球是无私的，它向人类慷慨地提供矿产资源。但是，如果不加节制地开采，必将加速地球上矿产资源的枯竭。（我认为这句话说得很对，据我了解……）

（1）师引导：说得不错，你能说说"枯竭"的意思吗？怪不得你感到不安。谁还了解到其他资源的情况。你说的这些情况都是什么原因造成的？点出"不加节制"，读到"不加节制"，你联想到哪些现象？

（2）（教师——道来，渲染感情）对呀，由于人类毫无节制、随意破坏，导致那么多的资源濒临枯竭，难怪大家心情沉重，带着这样的情感，谁来读读后面一句。（指名、评价、再读、师生合作读整段、师生齐读）

（二）生汇报，出示：人类生活所需要的水资源、森林资源、生物资源、大气资源，本来是可以不断再生，长期给人类做贡献的。但是，因为人们随意毁坏自然资源，不顾后果地滥用化学物品，不但使它们不能再生，还造成了一系列生态灾难，给人类生存带来了严重威胁。

(1) 点出"本来",指名理解。

(2) 这些自然资源原来是可以再生的,由于人类的不珍惜、不爱护,而导致不但不能再生,还会造成"生态灾难"。(点出)

(3) 会出现哪些"生态灾难"?请你们闭上眼睛,听老师读文段,看看你的脑海里会出现哪些画面?

(4) 生汇报:①洪水泛滥,人们生命财产受到严重威胁;(洪水是怎么产生的?)乱砍滥伐,大量水土流失。(洪水来了,你仿佛看到了什么?)看到房屋被冲毁,庄稼被淹没,人们无家可归。(乱砍滥伐、洪水泛滥、人们无家可归,四个字:生态灾难)②水污染,大量鱼类死亡。③人们大量捕杀动物,使这些动物濒临绝种。(人类贪婪、大量地捕杀,将使许多动物灭绝。地球上可能只剩下孤独的人类。到时候,困扰人类的将不仅仅是孤独,还有大量的细菌,大量的病毒)④土地沙化……

(5) 对,同学们所说的这一切一切就是四个字:生态灾难。当你了解这些,心情肯定更加沉重,来,齐读。(板书)

6. 如果再这样下去,"生态灾难"这四个字将会变成一座座埋葬人类的坟墓,怪不得宇航员发出感叹(出示,读)。可是,有人认为,地球被破坏了,我们可以移居到别的星球,行吗?

(1) 生答:科学家已经证明,至少在以地球为中心的 40 万亿公里的范围内,没有适合人类居住的第二个星球。人类不能指望在破坏了地球以后再移居到别的星球上去。

(2) 师:至少 40 万亿公里啊,这样庞大的数字告诉我们人类要移居到别的星球还是一件非常非常遥远的事情。

7. 读到这里,我们进一步体会到了宇航员遨游太空目睹地球时发出的感叹所包含的意思。(生读)

8. 同学们,快要破碎的地球正向我们哭诉着、求救着,你们听……

(1) 听了地球的哭诉,你有什么话说?请你以"地球!我亲爱的母亲"写几句话,写出你们的感想。

(2) 指名朗读。

9. 听着大家一句句深情的诉说,相信大家也想像作者那样,向全世界发出呼吁。(齐读最后一段)(板书)

三、感情升华

1. 其实,近年来,世界各国都呼吁环保,看人们已经行动起来了(有选择

地播放课件，师描述）

绿化荒山、植树造林；封山养林、改善环境；保护鸟儿、活动多样；垃圾分类、变废为宝；消除"白色污染"，提倡"绿色消费"；控制机动车污染，还城市一片蓝天。

2. 让我们也加入环保的怀抱中。（出示宣誓词，全班站起来）

3. 听着你们坚定的语气，老师相信你们做得会比说得更好。

4. 来，我们再深情地把课题读一遍。

5. 回归问题，不能解决的提议阅读课外书，探索宇宙秘密。也希望大家努力学习，在保护好地球的同时，为人类的生存大力开发新领域和新能源。

四、选择作业，课堂延伸

1. 给联合国秘书长写一封信。
2. 画一幅环保的宣传画。
3. 学习课文后请说说自己的感想。
4. 假如你是一朵花或一棵树、一块煤……你想对人类说什么？
5. 朗诵一首赞美大自然的诗歌。

◎ 课例分析

这仍是一节教师主导得过多的教学，教师按部就班，预设了问题，并且对学生的回答也做了预设。只是预设过死、过窄。这样，一旦学生的回答超出了预设范围，教师就会千方百计地把学生拉回预设。改善建议：抓住主要与重点问题，灵活预设，适时引导。

◎ 同课异构

《只有一个地球》第二课时的教学设计

浙江省特级教师王崧舟对《只有一个地球》第二课时的教学设计，视为生成的预设。

（一）学生默读课文，发现并提出问题。估计学生的问题有：

- 为什么说地球是人类的母亲、生命的摇篮？
- 为什么说地球像一叶扁舟？
- 为什么说地球是渺小的？
- 为什么要用很小很小来形容人类的活动范围？
- ……

根据学生的问题，教师随机点拨：哪些问题书上没有答案，哪些问题之间有联系，哪些问题需要重点思考。

（二）引导学生自主释疑。学生选择最感兴趣的一个问题读书并寻求答案，组织学生汇报，在随机汇报中引导学生深入感悟以下几点。

- 为什么说地球太容易破碎了？
- 为什么说地球是人类的母亲、生命的摇篮？
- 为什么人们要随意毁坏地球资源？

以上问题可以通过引导点拨，集中到对课文第 4 自然段的感悟上去：

①读第 4 自然段，想象自己看到的画面；

②补充阅读材料《地球上的一天》。

（三）从向地球母亲诉说的角度切入，引导学生对话并朗读。

①地球！我亲爱的母亲。

②你的孩子。

2. 教学实录片段

王菘舟老师的教学遵循了引导质疑—引导想象—引导交往（对话）板块逐步进行的。以下是质疑以后的想象环节。

师：已经解决一个问题的请举手。我建议同桌交流一下，看相互之间有没有启发。

（生相互交流）

师：解决了一个问题的请举手。（一生举手）好！你解决了什么问题？

生：我解决了第 4 个问题。

师：说说看。

生：因为人类不知道不去保护地球的后果是怎样的。

师：如果人类不去保护地球，如果人类再去乱砍滥伐，不加节制，可能会出现什么样的后果？书上写了吗？读给大家听听！

生："只有一个地球，如果它被破坏了，我们别无去处。如果地球上的各种资源都枯竭了，我们很难从别的地方得到补充。"

师：这些话应该告诉谁？

生：应该告诉那些不去保护地球的人类。

师：让我们一起看看这样的一些人，这样的一些话语，这样的一些情境：

（师读）"人类生活所需要的水资源、森林资源、生物资源、大气资源，本来是可以不断再生，长期带给人类益处的。但是因为人类随意毁坏自然资源，不顾后果地滥用化学用品，不但使它们不能再生，还造成一系列生态灾难，给人类生存带来严重的威胁。"读着读着，听着听着，你仿佛看到了一幅怎样的画面？一种怎样的情境在你的脑海、在你眼前浮现出来？谁来说说，你仿佛看到了什么？

生：我仿佛看到了，洪水泛滥，大气层被破坏，一些人拿着锋利的刀去凶狠地杀一些小动物。

师：一些什么样的小动物？你看到了吗？

生：青蛙、鸟、蛇等一些有益的小动物，全都被人类吞进了自己的肚子里。

师：你看到了一只青蛙被这些拿着锋利的刀的人割下了什么？

生：割下了后腿。

师：还割下了什么？

生：割下了肉。

师：你能看到这幅血淋淋的画面吗？你能听到青蛙在临死之前的那种惨叫吗？你能感受到青蛙在忍受这些锋利的刀宰割时的那种抽搐、那种挣扎吗？想想这些，我们拿起书本再读一读，人类啊，无知的、贪婪的、愚蠢的人类啊，在对地球干些什么？

（生读"人类生活所需要的水资源、森林资源、生物资源……给人类生活带来了严重的威胁"）

师：继续看，你还看到了怎样的画面？发挥你的想象！你看到森林了吗？

生：我看到了一些人拿着斧子在砍树木。

师：于是大片的森林被砍倒，大地上剩下了一个个……

生：剩下了一个个树桩。

师：啊！狂风来了，暴雨来了，于是你看到了什么？

生：大片的树木被砍光了，狂风呼呼地刮着，土都被吹起来了。

师：狂风来了，暴雨来了，你看到了哗哗的什么……

生：哗哗的大雨。

师：是呀，哗哗的大雨，汇成了什么？

生：汇成了滚滚的洪水。

师：桥梁被怎样了？

生：桥梁被冲断了。

师：庄稼被怎样了？

生：被淹没了。

师：人们居住的房屋怎么样了？

生：倒塌了。

师：于是你看到了一个又一个满面愁容的老百姓怎么样了？

生：在呼喊着，如果当初我们不砍伐树木就不会这样。

师：是啊，他们在忏悔、在呼救！是啊！这就是你看到的，这样惨不忍睹的画面，拿起书来，再读一读，好吗？

（生读"人类生活所需要的水资源、森林资源……给人类生活带来了严重的威胁"）

在教学实录中，当学生提出"人类不知道不去保护地球的后果是怎样"的时候，教师创设情境，引导想象："读着，听着，你仿佛看到了一幅怎样的画面？一幅怎样的情境在你的脑海、在眼前浮现出来？……"情景交融的想象虽触目惊心，步步深入，这些想象可以肯定王老师在课前都做过预料的，是预设中的生成，是目标的延伸和丰满。从这层面上分析：更多的生成是可以预设的，即便是那些所谓"不曾预约的精彩"，其实也是预设中生成的，或者把生成有效地纳入预定目标中。

3. 生成与预设——综合的、最佳的动态平衡

生成与预设是教学中的一对矛盾统一体。生成是相对于预设而言的，课堂因为有了生成，才拥有了充满生命的气息，才拥有了撼人心魄的感动。"凡事预则立，不预则废"。"精心预设"是课程实施的一个起点。没有预设教案的准备，我们的追求必然变成空中楼阁，可望而不可即。有预设必然有生成，两者相辅相成，任何一方都不可能离开对方而独立存在，生成对教学目标的达成有利亦有弊，所以，教师应努力追寻着综合的、最佳的动态平衡。

（1）设计弹性化教学方案，在预设中留足空间寻求平衡

教学首先是一个有目标、有计划的活动，教师必须在课前对自己的教学任务有一个清晰、理性的思考与安排，但同时这种预设是有弹性、有留白的预设。教师在教学设计时要构建一个"弹性化的教学方案"。教师在备课的过程中，要充分考虑到课堂上可能会出现的情况，从而使整个预设留有更大的包容度和自由度，以给生成留足空间，为教学过程的动态生成创设条件。

在教学方案中，设定的教学目标不能仅局限于认知，还应考虑到学生在这节课中可能达到的其他目标。目标的设定要建立在对教学内容和学生状态分析、对可能的期望发展分析的基础上。目标有"弹性区间"，这既是为了照顾

学生之间的差异性，也考虑到期望目标与实际结果之间可能出现的差异。教学过程的设计重在如何开始、如何推进、如何转折等方面的全程关联式策划。过程的设计也要有"弹性区间"，可以通过不同的作业、练习、活动等形式来体现。过程设计还要考虑教学进行中的教师活动，相应的学生活动，组织活动的形式与方法，活动效果的预测和期望效果的假设，师生间的互动方式等一系列因素，最后形成综合的、富有弹性的教学方案。这样的弹性设计，似乎线条要粗得多，留下了太多的不确定性及可变换的弹性目标、空间和时间。然而，正是这些不确定性和可变因素的引入，使课堂教学有可能更贴近每个学生的实际状态，有可能让学生思绪飞扬、兴趣盎然，有可能使师生积极互动，摩擦出创造的火花，涌现出新的问题和答案。

（2）适时调整，在促进预设与生成的融合中寻求平衡

课堂的不可测因素很多，预设实施中总可能遇到意外。预设超越了学生的认识能力，学生一脸茫然；预设未曾顾及学生认识特点，学生索然无味；预设滞后学生实际水平，课堂教学缺乏张力。不管是上述什么情况，都须对预设进行调整，使课堂发生根本变化，使学生的学习兴趣更浓厚，参与意识更强，使学生在以推理为重点的思维训练，以转换为重点的语言训练，以形象为重点的内涵感悟等方面都得到动态的生长，从而使预设贴近实际，贴近课堂，贴近学生。

①质疑问难，插问追索

生成源于质疑，深加工的质疑问难永远是学生生发语言、陶冶情趣的焦点。在教学中，质疑问难，插问追索，是了解学情、发现学生落差的有效手段，是激疑引思、实施教学调控的重要前提。在教学中，对学生质疑的众多信息可整体把握，细心梳理，选择与教学目标紧密相关的问题，着意引发，这对强化预设，促进生成很有必要。但是，在开放的课堂中，一旦学生的话匣子打开，他们便有问不完的问题，此刻，教师一定要有清醒的头脑，高屋建瓴，驾驭课堂。一旦发现学生信马由缰，要及时终止，拨正航向；一旦发现学生智慧闪光，要着意诱发，促进生成；一旦发现问题刁钻，要从容对应，妥善处理。

对生成作质疑问难、插问追索处理前，首先要直觉把握有没有处理的必要；其次要巧妙设计估测追问的角度和效度；再次要讲究引导的力度和深度，使生成的追索处理有理、有节、有效。教学中，不少老师往往顺着学生的质疑追问，但随着追问的深入，就可以感到老师心中只想着如何解决这个问题，压根儿忘了预设的教学目标，或者说也没意识到如何有效地将生成的知识、思

维、情感等纳入开放的教学目标中,导致预设与生成失衡,使生成引导步入误区。可见,对生成作质疑问难、插问追索处理时,我们有必要回到原点,对照预设的教学目标,精设追问点,在灵动的生成中预设;在即兴的预设中生成。在新的知识、新的想象、新的情感中寻求一种综合的、最佳的动态平衡,酝酿新的突破。

【课例呈现3-9】
《诺贝尔》教学案例

这是何海萍老师提供的一则课例。一位老师在教学《诺贝尔》一文时,讲到诺贝尔一生最突出的发明是炸药,他为全世界做出了巨大的贡献。这时,一个学生插嘴了:"老师,发明炸药不好,打仗时炸死了许多人!"接着,又听到一些学生在叽叽喳喳地附和着:"是的,要是不发明炸药,打仗时不会死那么多人的。"当然,也有学生站起来反对了:"诺贝尔发明炸药当然做得对,他又不是想拿去炸人的。"

见此情境,这位老师没有批评学生乱插嘴的举动,而是说:"看得出来,大家很有想法。下面,我们就用刚才的话题进行一场辩论,好吗?正方:诺贝尔发明炸药做得对!反方:诺贝尔发明炸药做得不对!"

学生一下子兴奋起来,正方发言了:"诺贝尔是因为小时候看到工人们在荒山野岭里用铁锤砸石头修路,想到他们的不容易,他才想到发明炸药一下子把大山劈开,以减轻工人的负担,他当然做得对了!"

反方立即反驳道:"可炸药这种东西威力大到能把大山一下子劈开,当然就能很容易地把人一下子炸得粉碎。这多危险啊!发明出这样危险的杀人武器,这怎么会对呢?"

"诺贝尔发明炸药,从来没有用它杀过人,而且现在劈山筑路、打通隧道、开凿矿井,哪一样少得了炸药?他有什么做得不对的?要不是他,世界的发展哪会那么快?"

"可毕竟在炸药被发明出来后它就被迅速地运用于战争中。在那以后的每场战争里,有多少人丧生在炸药下啊!这难道不是诺贝尔的过错吗?"

"这只是因为炸药被少数心术不正、挑起战争的坏蛋利用了。要说错。也是他们的错,跟诺贝尔有什么关系呢?"

"可是，如果诺贝尔不发明炸药，不就不会被那些人利用了吗？也就不会死那么多人了吧！"

"我觉得不对！不管有没有发明炸药，自古到今，世界上的战争从来没有停止过，还是一样会打仗，一样会死人。炸药发明前，战争中死的人难道还少吗？打仗、死人跟炸药的发明是没有必然联系的。"

听着同学们精彩的辩论，这位老师伸出大拇指夸奖道："大家辩论得太精彩了！是啊，诺贝尔作为一个科学家是伟大的，他发明的炸药加速了人类文明的发展。要说炸药被政治家们利用以作为杀人的武器，也不是诺贝尔的初衷，用这个来责备诺贝尔，实在是对他不公平！我们只能说他还是有功的，他只是没想到炸药会被运用于战争中。这一点也是他不愿看到的。"

学生的插话一下子打乱了教师已经预设好的教学方案，引起课堂不小的震动。如果教师处理不当，课堂很可能陷入了混乱或是沉默当中。但是，这位教师耐心倾听学生的发言，尊重、接纳了学生真实的声音，并充分利用学生挑起的认知冲突生成，引导学生就问题展开积极的思考讨论。"一石激起千层浪"，学生在对话、质疑、论辩中，更全面、深入地了解到了诺贝尔这个人，理解了课文的主旨，课堂收到了意想不到的效果。

②搁置、拒绝，在巧妙延伸中寻求平衡

教学过程是师生交往、互动的过程。教学中，应允许学生在互动中有大胆的跳跃性思维和创新想法。在课堂教学中，只要学生的学习积极性和主动性被充分调动起来，只要他们的思维处于积极的紧张的运转状态，他们的智能火花就能随时迸发，教师的责任就在于及时发现，着意运用，以寻求意外的教学成果。因此，总有许多我们无法预设或在课堂上无法解决的生成，我们可以先对生成进行有价值的控制和调整，避轻就重，避虚就实，小处着眼，大处着想，把一些有价值、值得我们研究的问题，暂时搁置下来，给学生以适当的时间和空间去研究、去探索、去辩论，这也正是新课标提倡的"自主、合作、探究"的学习方式。

当对生成作搁置处理时，我们还是有必要再回到原点，去回应预设的教学目标的，在有目标、有方向的引导中对生成作有效点化，不断充实、丰富预期的教学目标。这样的搁置，看似失去了平衡，实则找到了真实的平衡，因为是它让教学更有效地向纵深推进。

4. 注重教而不重学

教学不仅在于教师的教，而且在于如何教，如何引导学生学。教学不是重在教师教得怎样，而是重在学生学得怎样。目前教师的备课很大程度上存在着教师重在教而不重学的情况。

【课例呈现 3-10】

这是一位教师教学《初冬》的教学设计。

◎ **教学目标**

1. 认识本课生字，读准字音，理解意思。
2. 有感情地朗读课文，背诵课文。
3. 知道课文所讲的初冬季节的景色特点。
4. 会写"初""冬"这两个生字。

◎ **教学过程**

一、导言激趣，揭示课题

1. 教师（引入）。
2. 教学"初""冬"。（看教师写课题，注意笔顺，并借助拼音读一读）

（1）"初"是什么偏旁？（2）"冬"是指什么？（3）那么"初冬"指的是什么时候？

3. 教师：春天刚来的时候叫什么？（初春）夏天呢？秋天呢？

二、初读课文，质疑问难

1. 生借助拼音大声读课文，做到读正确、读流利。要求：（1）遇到生字画下来，多读几遍；（2）遇到不理解的词句用学过的符号画下来；（3）标出自然段序号。
2. 检查朗读情况。
3. 学生说说朗读时遇到哪些不懂的地方。
4. 教师适当解决一些跟理解课文内容没有关系的问题。

三、理解课文，背诵第一至第四自然段。

1. 学习第一自然段。

（1）指名读。教师："雾"见过吧，谁能讲讲它的字形。

（2）教师："白茫茫"的大雾什么样的？（放录像），请带着感受读这个词。

（3）有感情地朗读第一自然段。（范读，指名读，齐读）

2. 学习第二自然段。

（1）教师：此时我们就置身在这白茫茫的大雾中，这雾大到什么程度？齐读第二自然段。

(2) 教师：这个自然段有几句话？各自练读，看看怎么把你的感受读出来。

指名读第一句，其他学生评议。

第二句：①看插图，这是什么地方？②"这田野、树林像隔着一层纱，模模糊糊"，见过这样的景象吗？（联系生活实际理解这句话，一边听一边想象画面）③课文里用上了两个"望不见"，"看"和"望"意思一样吗？为什么？

3. 抓住重点词体会感情，一边读一边想象画面，下面就用这样的方法学习第三自然段。

（一边想象画面；看谁能读出感情来）要求说出重点体会的是哪个词语，并说明为什么用这样的语气读。（例如，读"慢慢地"速度要慢一些；读"淡淡地"要轻一些）

（同学互读，朗读时可以加上表情）

4. 练习背诵第一至第四自然段。

(1) 教师：请同学们闭上眼睛，听老师有感情地朗读第一到第四自然段。

(2) 教师：用书上的语言给同桌讲一讲。

(3) 教师：加上动作，有感情地背诵这四个自然段。

四、理解课文，背诵第五至第八自然段

教师：我们已经被雾中的景色陶醉了，雾散后的景色又是什么样的呢？请同学们各自读第五至第八自然段，结合插图，理解每句话，不懂的词语可向前后桌同学及老师请教。

1. 检查对第五至第八自然段的理解情况。

(1) 做填空练习

下雾时，远处的塔、小山都（　　）了。

……

（下略六例）

(2) 学生填完后，要讲出为什么这么填。（讲解："望不见"与"望得见"；"看不清"与"看得清"；"发出"与"射出"）

(3) 教师：雾散后，我们看清了远处的塔、小山，近处的田野、树林，还看清了什么？（柿子树上的柿子）；都看清了柿子的什么？形状、大小、多少、颜色……"挂"是什么意思？这里为什么用"挂"不用"结"？（"挂"说明沉，向下坠，再有"灯笼"用"挂"搭配很合理）

(4) 教师：除了看清大柿子，还看清了什么？（学生读，教师画图，理解"厚厚的"）

2. 检查第五至第八自然段的朗读情况。

3. 练习背诵。

教师：可以用一边读一边想象画面的方法，也可用一边读一边看图的方法练习背诵。

五、综合练习，总结全文

1. 教师：请同学们看着画面，一边欣赏一边背诵课文。（放录像）

2. 哪些景象告诉我们是初冬呢？请同学们默读下面句子，用手势做出正误判断。

a. 早上，白茫茫的一片大雾。

b. 地里的庄稼都成熟了。

c. 人们正在园子里忙着种白菜。

d. 柿子树上挂着许多大柿子，像一个一个的红灯笼。

e. 树林里落了厚厚的一层黄叶，只有松树、柏树不怕冷，还是那么绿……

（b、c 两句为误，让学生把 b 句中"成熟"改成"收完"，c 句中"种"改成"收"）

3. 让学生把上面五句话连起来，完整地讲一讲北方小山村初冬季节的特点。

教师：小山村初冬的景象给同学们留下了深刻的印象。进入 11 月就是初冬了，我们的环境会有哪些变化呢？希望你们做个细心的小朋友，把观察到的景象说一说或写下来。

◇ **课例分析**

教学目的不仅是"教"的目的，还是"学"的目的；教学任务不仅是教师的任务，还是学生的任务。完成"教学任务"究竟是完成了教师的"教"的任务，还是完成了学生"学"的任务？课例呈现 3-10 中的教师过于注重教师的"教"而忽略了学生的"学"。改善建议：放手让学生去学，整体感知，合作交流。

◇ **同课异构**

这是另一位教师教学《初冬》的教学设计。

一、导言激趣，揭示课题。
1. 现在是什么季节？
2. 板书课题，并解释初冬。

二、读课文
1. 学生借拼音朗读课文。
2. 教学生字。
3. 教师领读课文。
4. 同学互读课文，找出问题，学生再读课文。
5. 教师巡回检查，直到达到正确流利的程度方可进行下一个教学环节。

三、学习课文（不一段一段地讲，从整体入手）
1. 初冬非常美，从哪些地方可以看出来？找出相关的词或句。
（学生自己找，不一定找得很全，只要找出一部分即可）
2. 小组合作，共同研讨，找出的有关词或句是否能说明初冬的美？
（请部分小组将自己的词或句选择一部分写到黑板上，供下面全班交流时参考）
3. 全班交流：体会初冬的美。
（可借助录像、图片帮助学生理解）
4. 朗读全文，读出初冬的美。
5. 背诵课文。

四、说与写
请同学们仿照课文的写法，说上一两句。

教学是教与学的统一，备课要注重体现教学方式与学习方式转变的理念。学习方式的转变是本次课程改革的显著特征。改变原有的单纯接受式的学习方式，建立和形成旨在充分调动、发挥学生主体性的学习方式，自然成为这场教学改革的核心任务。学习方式不仅包括相对的学习方法及其关系，而且涉及学习习惯、学习意识、学习态度、学习品质等心理因素和心灵力量。改变学生学习方式，就是让学生由被动地接受学习转变为主动地探究学习；改变学生学习的过程与方式的根本目的是引导学生学会学习。转变学习方式，要以培养创新精神和实践能力为主要目的。换句话说，要构建旨在培养创新精神和实践能力的学习方式。要注重培养学生的批判意识和怀疑意识，鼓励学生对书本质疑和对教师超越的精神，赞赏学生独特性和富有个性化的理解和表达。要积极引导学生从事实验、实践活动，培养学生乐于动手、勤于实践的意识和习惯，切实提高学生的动手能力、实践能力。转变学生的学习方式，首先要改变教师的教学方式。教师要尊重学生，要给学生更多的自主权，要给学生表达的权利，选择学习内容、学习方法、学习伙伴的权利。在教学中，教师不仅要"放"，更要"导"。一方面教师要给学生一定的时间与空间，另一方面要对学生的学习给予有力的指导、引导和辅导，使学生的学习成为教师指导下的有效学习。

【链接】

备课的三个讲究

（1）备课要讲究理念衔接

以前听课只是一味地凭感觉，看课堂上教师的素质如何？学生配合怎样？至于"好"或"不好"具体表现在哪里，总不能上升到理论的高度来思考，只是看个热闹，没有留下过多的反思，现在看来是极大的损失。回过头来看名家的课堂，如武琼老师的成名课《草船借箭》，讲了这么多年我们再听还是受益匪浅，这是因为武老师的课堂有一种先进的教学思想贯穿始终，从而让我们感受到什么是"经典"，这种先进的教学思想就是不为时尚放弃永恒！

【案例 3-1】

真水无香

——听著名特级教师武琼《草船借箭》有感

一、框架

教学中武老师围绕主要人物设计了两条线索，第一课时，以抓人物梳理为主要内容，"谁向谁借箭？""还有哪些人物？"根据学生的回答将文中人物悉数列出：周瑜、鲁肃、诸葛亮、曹操；再说说每个人物与"草船借箭"有什么关系，同时探讨概括出人物的性格特点，四个形象鲜明的人物使课堂教学呈现出四条纵线，提纲挈领，骨干分明。第二课时，"这些人物中，你最欣赏谁？为什么？""你还欣赏谁？"让学生默读课文，结合具体内容交流汇报。这种设计看似平常，实则目标明确，以点带面，层层展开，教学直奔重点。

二、目标

概括能力的培养是本课的一个训练重点，课始，武老师就让学生进行了三次快速浏览，概括文章主要内容及概括人物的性格特点。武老师更关注学生概括的方法指导，明确概括要"清楚、明白、简练"。在作业设计中教师也给学生留下"缩写课文"的作业，可见，训练目标落实需扎实有效。

再者，对简单的"箭"与"剑"字的异同作比较、分析；

对"惩"字声调的订正，告诉学生可以记下来，复习的时候一目了然；

指导学生读好课文就像平常说话一样自然；

让学生将长长的课文用简单的一句话来概括，并教给学生归纳课文主要内容的方法，找出关键词；

从读懂"神机妙算"着手，先是让学生说一说，根据学生一味读词典的情况告诉学生要用自己的话说，并指导学生逐一解释这四个字分别为"神奇、机智、巧妙、谋划"，连字成词，再进一步加上连接词"的"，连词成句；

在明确第六自然段划分在第二段还是第三段时告诉学生，要抓住主要人物和主要事件；

指导学生给六、七、八、九自然段加小标题：取箭、引箭、受箭、谢箭；

为学生揭示古典小说的基本规律：起因、经过、高潮、结果，并鼓励学生去读其他古典小说；

武老师善于以木为林，处处为学生总结归纳学习的方法，学生在课堂上处处都有收获，何愁语文能力、语文素养提高不了呢？

三、引导

一些老师片面强调学生自主学习，合作探究，认为既然学生都自主了，老师就不能再讲了，从而把教师的引导作用淡化了，甚至完全否定了教师的引导作用，其结果是学生对基础知识掌握不牢固，基本能力培养更是皮毛。听了武老师的课，我真切地感受到，引导不等于灌输、填鸭，教师恰到好处地引导起着推波助澜的作用。当学生提不出有价值的问题时，武老师适时地提出了"怎样知道应该调船头了""'一'字排开是什么意思"等有价值的问题，与学生一道深入文本，而不是让学生毫无目的地泛泛空谈。因此，课堂上学生生成了亮点，这源于武老师对文本细读的功力，武老师做出充分的预设，善于引导。

如对智者——诸葛亮的认识，学生都知道诸葛亮是个"神机妙算"的人，武老师却说诸葛亮还是个"细心"的人。孩子们不明白，武老师提示学生，诸葛亮本事再大也不敢在乱箭之中把头探出舱外查看，又怎么知道船什么时候该调头呢？一名学生说：箭射过来扎在幕布上的声音是一个样的，当这一边的箭扎满了，再扎不上，掉进水里的声音就有所不同了，从而可以区分。"还有什么办法？"老师再提示，一名学生回答：诸葛亮当时在船舱喝酒，当箭射得差不多的时候，船身子倾斜得快要承受不住了，酒杯里的酒平面是可以显示出来的，当酒杯里的酒快要洒出来时，诸葛亮命令军士调转船头，当杯中酒再次持平的时候，说明两边的箭差不多了，该回去了。原来是"杯中有乾坤"，"孔明之意不在酒也"！对于学生的回答，听课的老师也不禁鼓掌叫绝了。学生之所以读到了更多自己读书时没有读出来的东西，首先得益于武老师对教材的深入把握，正确引导。

再如对君子鲁肃的认识，一开始所有孩子都说鲁肃是个"忠厚老实"的人，武老师问："鲁肃真的忠厚可信吗？他是谁的手下？""周瑜！""周瑜是给鲁肃发工资的顶头上司，派他去盯着诸葛亮的一举一动，诸葛亮向他借了船和军士，诸葛亮不让他告诉周瑜，他就真的没告诉周瑜，难道这还叫忠厚老实吗？"学生无语，不仅学生没有想到这层面，连听课的老师也没有想到这个层面，大家都在思索，是啊，此时的鲁肃还能是忠厚老实吗？这时，武老师适时地出示了一张三国时期的军事地图，通过介绍当时的作战背景、分析诸葛亮、周瑜、鲁肃三人的关系，让学生自己顿悟出鲁肃是个"顾全大局，不拘小节"的人，他知道周瑜嫉妒诸葛亮的才干，但为了大业，他以大局为重，帮助诸葛亮……这里武老师没有做过多的讲解，却巧妙地为学生指出了一个思考问题的方向。对一个人物性格的评价，更多的是看他面对事件的高度。这时，听课老师不禁叹服：这个资料补充得及时，巧妙！

武老师扎实深厚的教学功底给我们留下了深刻的印象，教学中她行云流水般地调控着学生的学习状态，及时调整教学策略，没有硬拉学生学习的痕迹，重要问题都一一落实，真是教师教得巧妙，学生学得扎实。要想感动学生，先要感动自己！可见，语文教师必须深挖教材，找准切入点、知识点，为学生探好路。

反思一些语文课堂，教师教学缺乏深度，用打井来比喻更为形象：我们在一个地方打井没水，换个地方再打，还没水，再换地方……一节课下来，教师一点水也没有打出来，忙活半天，一事无成。结果是好好的一篇课文教得索然无味，学生反而失去了学习的兴趣。学生的语文能力与语文素养在"热闹"与"肤浅"中停滞不前。任何形式都是为内容服务的，阅读课如果不咬文嚼字，如果不注重内容，如果不深挖教材，必然肤浅、无效。

武老师的课没有一个课件，简简单单，朴实无华，展示了一个扎实、实用又闪烁着智慧光芒的课堂。看过许多可望而不可即的名师教学之后，再听武老师的课就感觉像是穿上了一件久违的纯棉小褂，抛去华丽的包装，舒服、实用。真水无香，却耐人寻味。这是一堂公开的常态课，如果我们每节课都这样为学生指导、归纳学习语文的方法，学生的语文能力怎能不提高？课堂教学怎能无效？但愿我们的语文课再上得扎实一些，再有味道一些。

"理念"在教学中一如治国的方针，做人的原则。对理念最好的解读办法就是听课，特级教师王崧舟成名前是学校的教务主任，每天都深入教学一线听课，积累了上千课例，成为他设计教案，撰写随笔的第一素材库。所以说："海不辞水，故能成其大；山不辞土石，故能成其高。"作为教师每时每刻都应以归零的心态认真地研读新课标，领会其精髓。把"课程标准"放在手边经常翻阅，在听过别人的课后想一想，理智地吸取成败；反思自己的教学，明确自己改进的方向。孤立地看理论会觉得遥不可及，高不可攀，但结合具体的课例解读理念就会有常看常新的感觉，即使教学是老教材，运用新的理念来设计也会常教常新。

（2）备课要讲究知己知彼

"知彼"是要"备学生"。讲过公开课的老师都会有这样一个经历，开始设计的教案在试讲的过程中因为某一个环节的设计或者某一个引导不妥而一次次地被推翻，因为课堂上学生学不动了；同一个教案在不同的班级收到的教学效果也不一样，因为在备课的时候错误估计了学情。备课不能不备学生，要看这节课里学生需要学什么？课堂上我们期待学生精彩的生成，备课时我们就要遵循学情做出充分的预设，这样就有可能出现"我给学生以泉水，学生报我以太平洋"的惊喜。

"知己"是备教师自己，备出自己的风格。为什么名家的课例我们驾驭不了呢？因为他是于永正，因为她是窦桂梅，名家的课堂已经烙印了自己独特的风格。让我们来感受名师的课堂风采：张伟老师有着齐鲁大地的深沉厚重；盛新凤老师充盈着江南女子的婉约细腻；薛法根老师的大额头形象藏满了智慧，于永正老师就是派往儿童精神世界的快乐老顽童……大师的风格炉火纯青，我们的风格来自哪里？我们应该在反复的"磨课"中逐渐发现自己，从而形成自己的教学风格。我们来回顾一个教育界的奇迹：苏静，女，毕业于青岛大学小学教育专业专科，曾执教于青岛嘉峪关小学，是一个教学时间只有一年的黄毛丫头，年仅23岁便创造了轰动全国的教育奇迹，这源于她的勤奋、踏实，她用自己"诗化的风格"熏陶了学生。

(3) 备课要讲究胸有千壑

①整体把握教材，全册备课。教师要对全册教材的指导思想、教材编排、注意事项了如指掌，对所教学段的教学目标要准确把握并落实。教学实践中既要扎实保底又不能过分拔高，并要注意目标的变更。以前口语交际要求学生能看图说一句完整的话，现在则要求说一句完整的话或几句连贯的话，这里其实还存在学生学习差异的问题，教学中教师就要关注并调整教学目标。

②单元备课，这是对单元教学的导读。在这里向大家推荐一篇特级教师盛新凤的教学随笔《一节单元主题的引领课》。

【案例 3-2】

盛新凤的教学随笔《一节单元主题的引领课》

施英老师的课很有思想，可以给她定位为单元主题教学的准备课。在这堂课中，她设置了两个目标：了解单元主题；教给搜集信息的方法和渠道。她上的是人教版实验教材四年级第四单元的主题内容，大致流程有6点。

1. 了解本单元主题：战争与孩子，初步感受单元学习要求。
2. 浏览本单元四篇课文，找出四篇课文的异同：前两篇课文写战争中的小英雄，后两篇写孩子对和平的呼唤。并顺势感受四篇文章不同的体裁和阅读要求：《夜莺的歌声》《小英雄雨来》属于故事，《一个中国孩子的呼声》属于书信，最后一篇《和我们一样享受春天》是诗歌，让孩子了解，同样的主题可以用不同体裁的文章来表达。
3. 再读四篇课文，了解文章大概信息，如每篇课文的主人公、主要内容、中心句等，并用连线题的方式加以检测。
4. 再次提示抓信息的方法：读阅读链接、资料袋，交流。
5. 再次拓展搜集信息的渠道：课外搜集。
6. 布置课外搜集信息的阅读准备题。

这堂课听下来，觉得教师很有思想。首先课型新颖，她能舍得花一节课的时间上这节主题学习的准备课，可见教师对教材把握有一个很强的整体概念。学生对整个单元的整体把握是学好整组课文的基础，这样做，避免了教学中的"只见树木不见森林"现象，"磨刀不误砍柴工"现象。其次，在准备阶段教师能巧妙渗透学习方法，如教给学生搜集重要信息的方法，从文本、课后资料链接、课外三个渠道进行搜集，这种方法的渗透等于是教给学生学习整组课文的钥匙。

准备课之后是真正的单元主题整合课了，我想这类课应该统整教材，统整教材后的教学应发挥"1+1＞2"的功效。那么"比读"应是统整教材后整合课的一种重要的学习方法。教材内容应互相利用，互为补充，共同诠释同一主题。语言文字也应板块集成，组块学习。整合后的教材应发挥压缩饼干的功效，体现巨大的张力。这样才能赢回准备课消耗的时间，起到事半功倍的课堂实效。

对一年级的学生我们未必这样来操作，但我觉得教师应该给自己上一节单元主题把握课，确定每一课的教学目标，重点难点是什么，为什么这样定，怎样去突破、落实。

三、教材使用中的问题

教材是课堂教学的知识载体，是教师进行教学的基本材料和学生认识世界的媒体，也是师生双边活动的主要依据。现代课程论认为，教师是课程的开发者、决策者和创造者，教师应抓住教材的本质，对教材进行适度开发，进而激发学生的学习兴趣和潜能。深入地分析教材，全面地掌握教材是课堂教学设计的基础，是取得良好教学效果的前提条件。目前，很多情况下的教学，由于教材使用与处理不当，致使教师不能完成教学任务，不能取得满意的效果。

1. 照搬教材，脱离学生认知

【课例呈现 3-11】

一青年教师教学一节苏教版二年级"角的认识"课程。教学过程中发现一些问题。

（1）学生对教材的第一组图中"三角尺、红领巾、打开的扇面"认识不清。

教师操作课件隐去具体图像，抽象出角的图形后，再组织学生辨认角，数角的数量时，总有学生认为"扇形"图中有三个角。

（2）课后，学生对于如何指认角仍然模糊不清，有的指顶点，有的指边；在实物上找角时，也大都指着尖上的顶点说这是一个角。

◇ 课例分析

造成如此结果，细细分析，有两个原因。

（1）打开的扇面，现实生活中就可看到三个角，只是其中的两个不是本节课所要研究的，也不是小学阶段所要了解与掌握的。而本课一开始就出现这样的实物，在角的本质属性尚未建立的情况下，学生先入为主，形成认知偏差，造成定势干扰，以致后来出现教师的强行纠正。

（2）之所以出现学生不清楚应该如何指认角的情况，一是因为教师注重知识的展示与记忆——两条边与一个顶点，而没有深刻揭示角的动态变化，没有认识到角的整体图形应是指一个顶点和叉开的两边；二是因为教材中没有给出指认的方法，教参中也没有要求教师补充，于是教师便认为说出指认的方法是超纲的。其实，指认并不超纲，翻开教材看一看，为什么下一节"直角的认识"中又突然冒出直角的符号了呢？改善建议："打开的扇面"这一生活中的原形在课始就出现，对学生的感知造成了一种消极的影响，不利于正确表象的建立，不利于概念本质的揭示。为此，不应因循教材，而应有所补充。可以设计实例。

（1）删去打开的扇面，更换为其他实物，比如，张开的剪刀。

（2）引导学生如何指认角："角"真正指哪里，不应是顶点，也不应是边，而是两边之间所构成的部分。

◇ 同课异构

（1）教师再次教学时，将打开的扇面更换为张开的剪刀。这样所提供的三个物体所含有的角，都是由直边组成的，都是标准意义上的角。而对于弧线，又在何时辨析呢？教师设计了摸角的游戏。

师：闭上眼睛，从你的学具袋中摸出有角的物体。（有三角尺、半圆、圆等）（生举出三角板）

师：你是凭什么感觉摸出它有角的呢？

生1：刺手，尖尖的。

师：再闭眼摸一摸，几样物体感觉有什么不同？

生1：半圆形有一边是直的，另外地方是圆滑的。

生2：圆形四周是滑溜溜的，三角尺四周是直直的。（师板书：直直的）

师：看来有角的地方总是尖尖的，直直的，尖尖的叫顶点，直直的线叫边。

……

通过这一环节，学生在触摸、比较、体验的基础上找到了角的感觉，辨清了角的结构，提炼出了角的组成要素，这是学生自己的感知，而不是教师的灌输。

（2）如何指认角："角"真正指哪里，不应是顶点，也不应是边，而是两边之间所构成的部分。小弧线的指认法是角的认识的一个外显过程，教师在教学画角后，随机用小弧线标出。

师：这样就得到了一个角。（边说边标出）

师：角可以用小弧线做标记，数角时可以这样比画。

师：请你用正确的方法数数桌面有几个角。

（生很容易正确地指认并数出角）

接下来看图数角时，学生也很自然地用笔尖边比画小弧线，边数数；在教室内找实物上的角时，学生也能自然地正确指认。

实践证明，对角的正确指认，学生是很容易掌握的，也是能够清晰地理解的，不是思维的拔高。更换实物，利于学生正确表象的建立，利于概念本质的揭示；角的标记没有超越学生的认知水平，这小小的"弧线"恰恰能让学生领会到角这一图形，有利于今后教学角的度量。开始教师的教学缺乏教材的二度开发，只是照搬了教材，使学生认识发生了偏差。发现问题后，教师创造性地使用教材，在研讨后的教学中，删改"扇面"，补充"标记"，根据需要改造重组，融合于教材，融合于课堂。（孙卫胜：《从"角的认识"看教材的二度开发》）

2. 偏离教材，脱离文本

超越教材的前提是基于教材，但是不少教师在课堂教学中却忽视了学生对教材的阅读理解，过早、过多地补充内容，甚至偏离文本，大谈从网上查阅到的资料。教材受到了冷落，教学活动失去了认知的停靠点。

还有的教师片面强调教学与生活的联系，大量补充学生感兴趣的生活素材，对远离学生生活实际的内容进行删减或更换。如一些学校大量增加民族文化或乡土文化内容，删除了不少反映现代文明成果和大都市的题材；有的山区学校回避大海和繁华的城市，教材中那些有关大海、城市的美丽词汇和精美插图本可以唤起学生对外面世界和未来生活的好奇与向往，但却被教师狭隘地删除，使学生失去了一次感受和认识世界的机会。

【课例呈现 3-12】

这是被部分教师看作很好地体现"用教材教"意图的一则课例——《天鹅的故事》。这篇课文讲的是一群天鹅在贝加尔湖上破冰求生的故事。一位教师本着"强调语文实践"、变"教教材"为"用教材教"的理念组织了如下教学。

1. 布置课前实践。在学习课文前教师布置了这样的实践任务,"先自读课文,为帮助理解,你准备搜集哪些相关的资料?想办法完成"。在两三天的准备过程中,有的学生通过查阅资料,了解天鹅的习性;有的通过访问他人,知道有关候鸟的知识;还有的借助观察,认识家鹅的特点……

2. 利用课中实践。在阅读课文时,教师尽力为学生创造语言实践的机会。特别强调"读"的实践,让各种形式的读书活动贯穿一节课的始终。小组讨论交流、全班汇报与读书交替进行,读后议,议完读。让学生理解课文内容,领悟人文内涵。现撷取部分片段说明。

片段一:

师:读了课文,你有什么体会,跟同学交流一下好吗?

生:我觉得天鹅爱动脑筋。你看它们聚在一起"谈论冰层有多厚",思考"没吃的怎么办",遇到困难能积极想办法。

师:只有肯动脑筋,才能解决问题。你给大家读读有关的段落,我们共同体会这种精神吧!

生:我觉得老天鹅很勇敢。面对那么厚的冰,一次次扑打,这样也许会弄伤身体,可它一点都不怕。

师:谁能像天鹅一样勇敢,站起来读出"勇敢"的意味来?

师:读得真不错。老师都被你和天鹅的勇敢感动了。

生:我给她补充。除了勇敢,它还很顽强,你看它"盯住一个地方一次又一次地扑打"就说明了这一点。

师:是这样。没有顽强的毅力,就不能实现自己的目标。大家再读这段,体会什么叫"顽强"吧。

生:我认为是强烈的母爱让老天鹅这样做的,也许她是这群天鹅的母亲。我妈妈为了我们就是这样,多大的苦都能吃。

师:××能根据自己的生活感受去理解天鹅的行为,真会学习。

生:这群天鹅还很团结。从第六自然段中能看出来。(读这段)

师:那我们团结起来齐读这一段吧。

师：真是团结力量大呀，你们团结起来读得又干脆又洪亮。
生：从最后一段看出，猎人才是最值得学习的……
师：是应该向猎人学习。如果人人都能保护我们的动物朋友，那该多好。

片段二：

生1：我觉得天鹅很聪明，它知道春天结的冰不会很厚很坚硬，才想出了破冰的办法。
生2：我不同意生1的看法。我觉得天鹅不聪明，它可以像其他候鸟一样带着鹅群飞回南方去呀。
师：是吗，老师怎么和天鹅一样没想到这一招呢？
生3：老师，不能选择飞回去的办法。既然飞回来了，说明南方已经很热了，不适合它们生存了。
生4：再说天鹅身体那么重，路又那么远来回飞多不易呀，不能往回飞，也不能往别处飞。
师：你们能想到这些，也很聪明。
生2：即使不飞回去也可以不破冰，我通过查资料知道它们可以吃草。从插图中能看出湖边有草，为什么不吃呢？
师：你更聪明。还会利用插图帮助理解。请小组讨论一下生2的办法吧。
生5：从调查的资料看，它们不能光吃草，主要还得吃鱼虾。
师：嗬，你们还会用搜集来的资料讲道理。真棒！
生6：就是能吃草，也得破冰。天那么冷，新草还没长出来呢，你看湖边干巴巴的草才有几棵呀，根本不够吃。
生7：我觉得它们破冰不只是为了捕鱼虾，还为了把湖水当衣服防寒，也为了在水上玩儿。

对于"飞走"的观点，老师并不认同，但她不急于否定，而用"是吗，老师怎么和天鹅一样没想到这一招呢"，一石激起千层浪，引起学生争论。对于"吃草"的办法，教师先是肯定那个学生的学习方法好，然后鼓励大家共同评价，使学生在思想碰撞中统一认识，丰富经验。

3. 安排课后实践。学完课文后，教师根据这个单元的内容安排了拓展延伸活动。让学生搜集有关动物的趣事（包括神话、传说、童话），利用活动课时间召开了"动物趣谈"故事会。学生们搜集了《公鸡让食》等十几个有趣的小故事。

◇ 课例分析

《天鹅的故事》主要描述了一年初春，贝加尔湖畔突遇寒流，湖面结冰，一群天鹅找不到食物的故事。这时一只老天鹅带头用自己的身体扑打冰面，后来百十只天鹅都加入了破冰行列，齐心协力撞开冰面，最终欢快捕食的感人故事。正是目睹了那震撼人心的场面，文中斯杰潘老人才从此挂起猎枪，不再伤害任何动物。

本文是一篇礼赞生命的情感性极强的文章。本应引领学生借助课文的语言走进课文的人文世界，在"走进去"的同时生成自己的情感体验，并积淀一定的语文素养。执教教师的出发点与设计理念是"用教材教"，但是由于老师对教材理解偏颇，教学目标不明确，学生的理解自然会脱离文本。教师让学生查的资料只为了帮助理解，没有其他明确指向。学生的资料自然是散乱、浅显的。"读了课文，你有什么体会"目标不明、空泛，学生说哪，教师跟哪，"导"的有效性降低。尽管学生也说到了老天鹅的勇敢、顽强，也读了相关文字，但由于学生发言没有围绕明确的话题，十分分散。而且，片段二中几位学生发言明显偏离文本本意，自然也就感受不到鲜活的画面、激动人心的场景以及一种值得敬畏的力量。改善建议："用教材教"的过程展开要紧扣目标，层层深入。课例中，由于没有明确的一以贯之的教学目标来统领，过程开展就显得"各自为政"了：课前的资料搜集没有成为课堂学习的促进资源；课后的动物趣事搜集及交流也构不成课堂学习的进一步拓展与升华。

不妨这样做：

（1）以读、讲、真情告白、诗歌改写等感性实践的方式让学生走进文本，充分再现和感受老天鹅用身体和生命为代价，同命运抗争，英勇破冰的感人场面，从而心生对生命的敬畏、礼赞和珍爱；

（2）在读、讲、真情告白、改写吟诵等学生亲历的语文实践活动中生成关于读书、思考、表达等方式的智慧。

这样的目标指向清晰而集中，目标定位是基于教材而又高于教材的。

◇ 同课异构

课前谈话以这样一个话题："'生命'是一个非常美好的字眼，不知大家有没有思考过：怎样的生命才是有价值、有意义、值得尊敬的？能联系我们学过的课文谈谈你的理解吗？"将已有的课程资源整合，并引导学生将注意力、思考点聚集于"生命"。

课堂教学中,第一板块以"今天我们要认识的可敬的生命是谁呢?""在你们心目中,天鹅是一种怎样的动物?"自然而然导入主题,初步唤起学生对天鹅的喜爱之情。

第二板块以"课文哪些自然段向我们讲述了天鹅的故事?""哪些同学愿意为大家来读读这个故事?""那么课文第3～7自然段究竟讲了关于天鹅的什么故事?"完成预习反馈和整体感知。

第三板块"精读品赏,体验生成"是教学的关键所在:

①自由轻声朗读老天鹅破冰的第5自然段,边读边想象当时的情景;

②指名朗读,边听边继续想象画面;

③试着讲述老天鹅破冰时的情景,可以一边讲一边打手势;

④用"老天鹅真……你看它……"的句式说一说老天鹅的哪些行为深深牵动和震撼着你的心,让你不由得肃然起敬;

⑤角色转换,真情告白,做老天鹅的知音,替它说说心里话。

第四板块"改写吟诵,抒发赞歌"。既将学生的情感体验进一步推向高潮,又自然而然引出第6自然段的学习。老师先将第5自然段中最凸显老天鹅精神品质的关键句改写成诗歌,让学生在吟诵中进一步表达对老天鹅的礼赞,又留有一种意犹未尽的感觉,让学生根据第6自然段的描述,帮助老师续写诗歌。这一环节让学生改写诗歌并作吟诵,是集对语言的品读、理解、感悟、重组运用、情感表达等于一体的综合性的语文实践活动,这样的活动才是在"教好教材"基础上的用教材来教。(杨九俊主编:《小学语文课堂教学诊断》,教育科学出版社)

3. 吃透教材是关键

苏霍姆林斯基说:"教师越是能够运用自如地掌握教材,那么他的讲述越是情感鲜明,学生听课花在抠教科书上的时间就越少。"教师必须深入地钻研教材,吃透教材,对教材的系统结构及内部关联都要清楚地了解。大体看看,泛泛阅读,一知半解,要想驾驭全部教学内容,有效地提高教学质量,都是不可能办到的。

在研究教材的过程中,我们必须遵循以下的基本要求。

第一,理解。确保把教材中的每一句都弄懂,充分掌握论点、论据。

第二,精通。掌握教材的知识结构,包括层次、关系(内在关系、外在联系），把握重点、难点和关键。

第三，转化。把教材上的内容转化为自己的东西，在讲课过程中有感情地进行自我表述。首先，要尊重教材，要吃透教材。因为现行的实验教材是由教材专家、教研专家、教学专家经过反复推敲、实验编制而成的。尊重教材就意味着要研究编排意图，要理解教材内容背后所隐藏的丰富内涵。要做到字斟句酌，深入浅出。而没有对教材的"深入"理解，就不会有课堂教学的"浅出"教学。

优秀教师和平庸教师的最大区别就在于：优秀教师把复杂的内容教得非常简单，平庸教师则把简单的内容教得非常复杂。这其中的关键就在于对教材的研究深度存在差异；在备课的设计上，是用教材来"教"还是"教"教材。

第四，要从实际出发，科学地、创造性地使用教材。科学灵活地使用教材，就是对教材进行学习化的加工，使教材本身承载的丰富内涵都释放出来，变成学生易于接受和乐于接受的信息。也就是说要结合生活实际去选用教材，不能教材有什么教师就教什么，教材怎么写教师就怎么讲。

第五，要改变教材的呈现方式。现行教材"专家式"编排，在没有进入教学过程之前，只是处于知识储备状态，是静态的、抽象的。因此，我们在设计教学过程时，要努力将静态的转化为动态的，抽象的转化为具体的。这些内容的呈现方式，不是由教师说出来、端出来的，而是通过学生的观察、体验、感悟等一系列活动进行再创造得出来的。

四、教学情境创设存在的问题

新课程教学是生成的、互动的、体验的过程，新课程教学要求教师注重学生学习方式的改变，关注与生活的联系，突出课堂教学情境的创设。因此创设教学情境在新课程教学改革中被凸显出来，教学情境的创设沟通了课堂与外界的联系，拓展了学生的认知领域，将学生带入了具有真情实感的社会化、生活化的氛围。

【课例呈现3-13】

殊途不同归

一位教师两次教学《珍珠鸟》，同样是以课文插图为切入点，引导学生感悟语言的，体会作者对鸟的关爱之情，但因教学策略不同，情境不同，教学效果也迥然不同。

教学片段一：

学生初读课文，感知了课文的主要内容后，教师声情并茂地说道："同学们，珍珠鸟之所以能一次比一次接近'我'，后来甚至有些得寸进尺，这其中的原因是什么呢？你们想：当鸟儿在书柜上乱啄时，如果'我'轻轻吆喝一声，它还会接近'我'吗？在鸟儿低头喝'我'杯子里的茶时，如果'我'不耐烦地移动杯子，它还会接近'我'吗？在鸟儿绕着'我'的笔尖蹦来跳去时，如果'我'用力地挥手驱赶它，它还会接近'我'吗？"

学生：（摇头）不会。

教师：可见，鸟儿之所以能栖息于"我"的肩头，是因为"我"百般的呵护与关爱。（出示课文插图）你能给这幅图取个名字吗？说出理由。

学生：小可爱。因为小鸟在人的肩头睡着的样子很可爱。

学生：有趣。小鸟能在人的肩头睡觉，太有趣了！

学生：巢。小鸟把人的肩头当作它温暖的家。

教学片段二：

教师：（出示课文插图）同学们，结合你们平时积累的知识，想一想珍珠鸟的特点，再看看这幅图，你有什么要说的吗？

学生思考了一会儿，把小手举得高高的。

学生：珍珠鸟是一种怕人的鸟，为什么会在人的肩头睡得那样香甜？

学生：平常，鸟见到人都会惊飞，这只鸟为什么能香甜地睡在"我"的肩头？

……

教师：自由地读一读课文，看看谁能解决大家的疑问，并与同桌互相交流你的想法和发现。（学生读书、交流）

教师：把你们读书中的发现或体会到的原因，告诉大家吧！

学生：是"我"的宽容让鸟儿得寸进尺。当鸟儿喝"我"杯子里的水时，"我"不"恼"不"嫌"，反而友好地冲它微笑。

学生：是"我"精心的呵护赢得了小鸟的信任。坚信"我"不会伤害它。

学生：是"我"的爱心让它相信"我"。当听到一声尖细娇嫩的鸣叫，"我"硬是按捺住好奇，不去惊动、窥视雏儿，让它有种安全感。

教师：你们结合课文内容体会得很好。是啊，当鸟儿在书柜上乱啄时，如果"我"轻轻吆喝一声，它还会接近"我"吗？在鸟儿低头喝

"我"杯子里的茶时，如果"我"不耐烦地移动杯子，它还会接近"我"吗？在鸟儿绕着"我"的笔尖蹦来跳去时，如果"我"用力地挥手驱赶它，它还会接近"我"吗？正是"我"无声的关爱让小鸟信赖并亲近"我"。现在，能试着给这幅图取个名字吗？

学生：信任。"我"与小鸟这种和谐的境界好像在呼唤人与人之间的"信任"。

学生：目光。"我"慈爱的目光给小鸟带来了安全。

学生：感动。我为小鸟与作者的和谐相处而感动，和谐创造出美好的境界。

上面两个教学片段，是同样的教学内容，同一情感的渲染，同一切入点。我们不难看出：教学片段二比教学片段一的教学效果要好得多。这两种不同的教学效果，为什么会出现如此大的反差？这里的关键在于，两个课堂教学片段的情境："境"是不是可视、可感，"情"是不是相通、相融。创设教学情境对于学生最重要的作用就是改变学生的学习方式。然而，我们却常看到有的教师缺乏情境创设，也有的教师精心创设的"情境"并没有多少知识含量，学生被大量无关的背景事物吸引，没有将注意力真正集中在所学的知识上，创设的情境偏离了教学目标。

（一）缺少教学情境

创设适切的教学情境对教学有着重要的作用，但在实际课堂教学中，还常常看到很多情况下教师台上"津津有味"地讲，告诉学生"这个概念"是什么，"那个概念"怎么理解……显然，教师讲得卖力、全面、透彻，可从学生反馈来看，学生的"接受"与老师的"传输"并不成正比。究其原因是，教师缺乏有效的情境创设。

【课例呈现3-14】

这是一位教师教学"最小公倍数"的教学实录。

师：这节课我们开始学习有关最小公倍数的知识。

（板书：最小公倍数）

师：最小公倍数我们没有学过，但倍数我们学过，让我们先复习一下倍数的概念。

教师提问学生，复述倍数概念。

师：好，我们看黑板。

(板书：4、8、12、16、20、24、28、32、36 等；6、12、18、24、30、36……)

师：大家看，这两行数字都是哪个数字的倍数。
生：上面是 4 的倍数。
生：下面是 6 的倍数。
师：有没有 4 与 6 的公有倍数呢？
生：有，12、24、36……
师：4 的倍数有没有最大的呢？
生：没有。
师：6 的倍数有没有最大的呢？
生：没有。
师：4 与 6 的公有倍数有没有最大的呢？
生：没有。
师：那有没有最小的呢？我们先看 4 的倍数。
生：最小的是 4。
师：我们再看 6 的倍数。
生：最小的是 6。
师：4 与 6 的公有倍数有没有最小的呢？
生：有。最小的一个是 12。
师：好。让我们分小组讨论总结公倍数、最小公倍数。

◇课例分析

课例呈现 3-14 中，我们抛开教学存在的其他问题，单就教学情境创设而言，教师的导入缺乏情境，学生学习干巴，缺乏兴趣。需要创设适当的教学情境。

◇同课异构

1. 故事引入

师：很久很久以前，在美丽的渭河边上有一个小渔村，村里住着一老一少两个渔夫。有一年，他们从 4 月 1 日起开始打鱼，并且每个人都给自己定了一条规矩。老渔夫说："我连续打 3 天要休息 1 天。"年轻渔夫说："我连续打 5 天要休息 1 天。"有一位远路的朋友想趁他们一起休息的日子去看他们，拉拉家常，叙叙旧，同时想享受一次新鲜美味的鱼宴。可他不知道选哪个日子去才能同时碰到他俩，你会帮他选一选吗？（屏幕上打出两个渔夫的对话和一张 4 月份的日历）

（学生尝试着寻找日子，有的一边想一边在纸上写，有的直接在课前发到的日历纸上圈圈画画，有的在交头接耳……过了一段时间，有几个学生露出了高兴的神情，但大多数学生显然还没有选出日子）

师：看来选准日子，还得讲究一些方法。老师给你们提个建议，同桌能否先分一下工，一位同学找老渔夫的休息日，另一位找年轻渔夫的休息日，然后再把两人找到的日子合起来对照一下，这样试试？

（先让学生独立思考，尝试解决，初步感受问题的挑战性，产生与他人合作的心理需求，教师再启发学生进行有序思考和分工合作，引导学生选出日子，并进行交流。老师根据学生的回答逐步板书）

老渔夫的休息日：4、8、12、24、28

年轻渔夫的休息日：6、12、18、24、30

他们共同的休息日：12、24

其中最早的一天：12

在教学中教师要时时关注学生关心的是什么？感兴趣的是什么？小学生的学习认识是"具体实践经历和体验"的过程（由具体到抽象概括），而不是脱离实际生活的纯理论的推理过程。显然，故事、寓言、童话以及具有时代性的卡通、动画等是他们喜闻乐见的，让他们参与其中进行思考，进行探究。教师没有照搬课本例题，以纯数字的形式呈现，而是把数学融合进身边的传说故事之中，融合进小学生喜欢的卡通动画之中，还数字以"原型"，让数字回归学生的生活。学生在和故事、卡通动画的交流中就接触了数学，感知了数学的所在，体会到了数学与生活世界的密切关系。可见教师的"教"要顺应学生的"学"。

2. 游戏活动引入

师：请大家报数，并记住自己所报数是多少。

生：报数 1、2、3……

师：请所报数是 2 的倍数的同学站起来，再请所报数是 3 的倍数的同学站起来（学生按要求起立后坐下）。你们发现了什么？

生：我发现有同学两次都站起来了。

师：报哪些数的同学两次都站起来了？

生：报 6、12、18……的同学。

师：报 6 的同学你能说说你为什么两次都要站起来吗？

生：我报的数 6 既是 2 的倍数，又是 3 的倍数，所以两次都要站起来。

师：说得好。6 既是 2 的倍数，又是 3 的倍数，可以说 6 是 2 和 3 的公有的倍数。

师：这样的数还有吗？

生：12、18、24、30……

师：请找一个最大的？最小的是几？

生：找不出最大的，不可能有一个最大的，最小的是 6。

师：说得真好。2 和 3 的公倍数中 6 最小，我们称它是 2 和 3 的最小公倍数，（接上面板书前填写"最小"）2 和 3 的公倍数很多，而且不可能有一个最大的公倍数，所以研究两个数的公倍数的问题，一般只研究最小公倍数。今天，我们就学习有关两个数的最小公倍数的知识。

上面的教学片段，从学生生活经验中都有的、最熟悉的报数游戏展开教学，一步一步地引导学生展开讨论，在宽松、自由、民主的气氛中学习知识、理解知识，让学生感受到数学就在身边，生活中处处有数学。

3. 身边事例引入

师：同学们，在上课之前老师问大家一个问题，好吗？晶晶的妈妈从 4 月 1 日起，上 3 天班休息一天，她的爸爸也正好从这一天起，上 5 天班休息一天，晶晶的爸爸妈妈一起休息的时候才能带晶晶去公园玩，你知道晶晶在这个月哪几天可以去公园吗？最早又在哪一天？你能帮她把这些日子找出来吗？

（提示：同学们可以在手上的日历纸上面圈圈，再把它记录下来。也可以同桌合作，一位同学找晶晶妈妈的休息日，另一位同学找晶晶爸爸的休息日，然后再把两人找的结果合起来对照一下，这样就可以比较快地找出晶晶爸爸妈妈共同的休息日了）

师：谁来说说你是怎样找的？

（根据学生的回答，教师板书）

妈妈的休息日：4、8、12、16、24、28

爸爸的休息日：6、12、18、24、30

共同的休息日：12、24

其中最早的一天：12

下面我们继续来研究刚才的问题。同学们先看晶晶妈妈的休息日，把这些数读一读（学生读数），提问：看到这列数，你想到了什么？

生：这些数都是 4 的倍数（老师顺势把板书中"晶晶妈妈的休息日"改成"4 的倍数"）

师：刚才我们是在 30 以内的数中，依次找出了 4 的倍数，那如果继续找下去，4 的倍数还有吗？有多少？（学生举例，教师在 4 的倍数后面添上省略号）

师：如果继续找下去，6 的倍数还有吗？有多少个？（学生举例，教师在 6 的倍数后面添上省略号）

师：下面我们再来看两人共同的休息日，看到这几个数你又想说什么？

生：这些数都是 4 和 6 的公倍数。

师：12 和 24 是 4 和 6 公有的倍数就叫作 4 和 6 的公倍数。

（教师把板书中"他们共同的休息日"改为"4 和 6 的公倍数"）

师：刚才我从 30 以内的数中找出了 4 和 6 的公倍数有 12、24，那如果继续找下去，你还能找出一些来吗？可以找多少？有没有最大的公倍数？

（学生举例，老师根据学生回答，在后边添上省略号）

师：这"其中最早的一天"，就是 4 和 6 的公倍数中最小的一个，我们给它起个名字，叫什么呢？（根据学生回答，引出最小公倍数，并把板书中"其中最早的一天"改为"4 和 6 的最小公倍数"）

师：根据你的理解，请同学们说说什么是公倍数，什么是最小公倍数？

（屏幕显示，生齐读）

师：今天这节课我们一起重点学习怎样求两个数的最小公倍数。（板书课题）

（二）情境作用偏失

【课例呈现 3-15】

这是一位教师教学《认识轴对称图形》的片段。上课伊始播放了一段动画片：一只美丽的蝴蝶飞过草地，飞过花丛，又飞过一片树林，和树叶有一段对话，最后树叶对蝴蝶说："其实呀，在图形的王国里，我们是一家的。""同学们，你们知道这是为什么吗？"

学生想不出来为什么树叶和蝴蝶是一家的，课堂一片寂静。——明明是两个风马牛不相及的东西呀！教师只好不停地引导："你们看，它们有什么相同的地方吗？"……几经周折，终于引出了课题。至此12分钟过去了。

◎课例分析

课堂注重情境创设毋庸置疑，应用恰当可以吸引学生眼球，有效地保持学生对所学知识的兴趣。但情境的创设不是讲求纷繁花哨，而要根据具体内容，创设适宜的情境，帮助学生更好地学习和理解知识。情境创设应该为学生学习服务，应该让学生用学科的眼光关注情境，应该为知识和技能的学习提供支撑，为思维的发展提供土壤。情境创设要体现学科本源性，上例中这样的情境创设徒劳无益，只要出示一些有代表性的轴对称图形的图片，让学生欣赏，可以通过同桌或小组讨论找出这些图形的共同点，这样就可以引出新的学习内容了。情境创设只是手段，服务教学才是目的。

◎同课异构

张齐华老师《轴对称图形》一课的情境创设：

师：同学们，今天老师一开始满怀期待来上课，但一走进会场，却有点高兴不起来，为什么呢？因为老师心里有一点小小的担心，你们知道老师担心什么吗？

（学生纷纷猜测老师担心的是什么）

师：我担心你们会不会玩！（还有这等事！有的学生傻愣着，充满了好奇心。老师随即拿出一张纸，问学生）你会玩什么？

生1：我会折飞机。

师：第一次听说女生也会折飞机，很好！

生2：我会折青蛙，再和同学们一起玩。

师：你真调皮可爱。

生3：我会剪开一小块，折成一个心形，许个愿望。

师：你很有诗意。

生4：我会折一个窗花。

师：真不错！（接着，老师进行了示范，先把纸对折，再从折痕的地方任意撕下一块，一会儿就撕出了一棵漂亮的松树，老师利落的撕纸表演让学生们看得目瞪口呆。老师趁机问学生）想玩吗？

生：（跃跃欲试）想！

师：不急，谁都有机会，每个同学的桌面上都有一张白纸，大家不妨来玩一玩。

学生开始了折纸活动，灵巧的小手把一张张白纸变成了一个个美丽的图形。结合师生的撕纸作品，自然引入新课学习——《轴对称图形》。

自然的谈话，有趣的撕纸活动，一下子把学生的学习积极性调动起来。这个环节，课堂教学获得了"激趣"和"感知"的双赢。

（三）创设有效教学情境

赞可夫说："教学法一旦触及学生的情绪和意志领域，触及学生的精神需要，这种教学方法就能发挥高度有效的作用。"教学情境的创设触及学生的情绪和精神领域，从而把学习活动变成学生的精神需要。教学情境的创设不仅有助于反映新旧知识的联系，便于学生对知识进行重组与改造，而且有助于学生对知识的同化与顺应，有助于促进学生进行思维联想。教学情境创设运用的好坏直接关系到教师教学的效果与学生学习的效率。

教学情境是指利用具体的场所（教室环境）、景象（课文意境）、境况（学生心境），来引发学生的情感体验进行教学。教学情境是"情"与"境"的融合，是为达到既定的教学目的，从教学需要出发，制造或设定与教学内容相适应的场景，或师生共同营造的课堂情感氛围。情因境生，境为情设，情、境和谐统一，从而达到某种境界或氛围，让学生满腔热情地投入学习生活。可以说，创设教学情境是一种能促使我们获得最佳教学效果的教学方法。

1. 创设的情境要从教学目标出发

创设的情境要真正为教学服务，如果只是为了情境而情境，那就是一种假的教学情境。情境只有在为教学服务的时候才能叫作好情境，不能为教学服务就是多余的。这就要求教师一方面从生活情境中及时提炼教学问题，切忌在情境中"流连忘返"；另一方面要充分发挥情境的作用，不能"浅尝辄止"，把情境的创设作为课堂教学的"摆设"。情境的创设应该是适时适当的，在为课堂教学服务的同时要尽量做到简洁。

2. 情境内容和形式的设计要从学生实际出发

由于学生的年龄、心理特点、认知水平、思维方式都有所不同，设计情境时要根据学生的情况来设计。比如，要分析学生是否对讲故事、做游戏、模拟表演、直观演示等形式感兴趣；分析学生是否适于自主学习、合作交流等。

3. 情境要注意时代性

我们应该用动态的、发展的眼光来看待学生。在当今的信息社会里，学生可以通过多种渠道获得大量的信息量，智力发展水平已有了很大的提高。我们创设的情境也应该赋予一种时代气息，如果还停留在以往的陈旧模式上，就很难真正地吸引学生了。

4. 教师的教学艺术是创造良好情境的保证

思想和知识是通过一定的表达形式才能呈现在教学过程中的。究竟能有多少思想内容和知识内容变成学生自己的财富，在很大程度上取决于教师采取的"传授"形式。特别是学生智力的开发，只有在积极的智力活动中才能实现。所以，要求教师具有一定的业务素养和技能、语言表达、面部表情、动作姿势、板书、实验技能、随机应变的能力、分析问题的能力和解决问题的能力等，即教学的艺术。

第四章　设疑中存在的主要问题例析

疑，是课堂有效交往的支点。在课堂运转中，教师与学生像地球一样以疑问为中心围绕着课堂这个太阳无休无止地转动。疑问是无起点的，也是无终点的。表面上看，学生解疑，学生是课堂的中心点；实质上教师灵动而智慧地设疑，像地球引力一样吸引着学生绕中心轴跑，推动课堂在晨曦里越升越高，越来越耀眼，放射出巨大的能量，让课堂里的每一个学生享受智慧之光。

学生进入课堂，就像一把待点燃的火把。教师的工作就是给学生一个击火石，去点亮自身的智慧系统。由此我们就要追求课堂教学中的教师设疑和学生质疑的互相补充，使"疑"贯穿于教学的全过程，不断激起学生积极探究的欲望。同样一个问题，教师设疑与学生主动质疑，效果是不同的，前者易于教师把握教材及教学进度，但学生多以被动接受为主；后者是学生针对自己不理解、不懂或有不同见解的地方提出质疑，这样既可加深学生对问题的理解，又能养成学生多思善问的习惯。因此，在教学活动过程中，教师不仅要善于设疑，更要满腔热情地指导学生学会质疑。

【课例呈现 4-1】

《赤壁之战》教学片段

师："赤壁之战"实在是打得漂亮！但是，如果在整个过程中出了一些小问题，就有可能改写这个战争的结局了。你们能提出哪些可能关系全局的小问题？

（学生速读全文，静思，准备提问题）

生1：曹操接到黄盖的信，为什么没有产生怀疑——黄盖是真的投降吗？

生2：我提一个问题，曹操看到东南风很急，为什么想不到敌人会火攻呢？

生3：看到黄盖前来投降的船体很轻，曹操为什么不怀疑装的是引火之物呢？

生4：为了安全，曹操为什么不派兵船先去拦截一下，上船检查一下？

师：同学们提出了这么多事关全局的小问题，但是，当时曹操为什么会想不到其中的一个问题呢？

生5：当时曹操已被胜利冲昏头脑，失去警惕性，自然也就落到了"骄兵必败"的可悲下场。

高质量的提问不能基于浅层思维的简单问题，而对问题的探究，需要学生智力的支撑，需要学生用灵性来解答，以体现出学生极具个性化的思维方式。我们常说，一个好的提问比一百个好的回答更有价值。同样，一个能带出更多问题的问题也应该是高质量的。

教师提出一个小小的问题，能得到学生积极响应，从而提出特立独行的问题，实属不易。在感受了"赤壁之战"的"漂亮"之后，教师以一个极富挑战的问题——"你们能提出哪些可能关系全局的小问题？"这一问题把学生的思维再次引回当年的战场。孩子们思维活跃，从多角度、多方位、多层次提出问题，在这过程中，学生的思维空间得以拓展，同时也让他们深深感受到知识运用的灵活性，充分体验到了成功的快乐。这样一来，学生在老师以疑问促疑问的过程中，对问题的提问方式也有所了解。他们会按照教师的提问方式提出更多的问题，这对学生主动学习以及学习方法的培养都有正面的引导作用。

疑，如同弯曲的小溪，引导着涓涓溪流，汇聚成智能库；又如同飞腾的狂风，使智能库激荡不已。在教学活动中基于问题情境，以"疑问"为线索，以创新思维为突破口，培养学生的问题意识和探索精神，促进学生创造思维的培养，形成学生良好的思维品质。"以疑促疑"为学生提供一个交流、合作、探索、发展的平台，使学生在问题解决中感受思考的价值和魅力。但是，目前教学中，教师在设疑和引导学生质疑上，确实存在着问题。

一、教师设疑中存在的问题

没有成功的设疑就没有教学的艺术，精彩的设疑使教学有声有色。目前课堂中，教师一讲到底的已不多见，取而代之的是一问到底。综观课堂，教师设疑中大体存在以下问题。

①教师设问太多。提问过于频繁，使学生忙于应付教师的提问，精神高度

紧张，不利于教学任务的完成。而且教师设问太多，给学生留下的思考空间就会过少。

②难度过大。不少教师过高估计了学生的能力，提出的问题偏难，与学生的认识能力和理解能力差距太大，导致学生无能为力。

③问点不准。教师缺乏对教材的整体把握和深入理解，因而难以找到教材与学生的联系点，该问的不问，不该问的乱问，带着学生脱离教学重点地讨论问题，白白浪费时间。

④缺乏力度。教师提问的内容多属于认知水平和理解水平的问题，很少甚至没有评价性及创造性的问题。问题没有思维的高度，学生不用思考就可以脱口而出。

⑤问题过碎。有些教师缺乏对学生已有认知程度的深入研究，学生到底哪些知识已经掌握，哪些知识没有掌握，哪些知识该教，哪些知识暂时不需要教，如果没有提前做好准备，只能在课堂上打"问题战"。

【课例呈现 4-2】

一位女教师在小学四年级语文《乌塔》的教学中，对全班 26 个学生，一节课竟问了 50 多个问题，提问 71 人次。最多的学生提问 16 次，其间 1 次都没提到的有 9 人。教学伊始，教师接连问道："同学们，课文是否预习了？"

学生齐答："都预习了。"

"你们独自一人出过门吗？最远到过哪？怎么去的？"

"你去过欧洲吗？"

"你知道课文里介绍了一个小姑娘，她是谁？"教师问。

教师提问学生 3 人，学生回答（部分学生纷纷答）"乌塔"。

"哪国人？"两名学生答，部分学生纷纷答……

……

5 分钟的时间里，教师问道："她去做什么？"

"跟谁旅游的？"

"她认识谁吗？"

"乌塔是靠什么周游欧洲的？"

"你还知道什么？"

"还有吗？"

"谁愿意回答?"
……

◎ 课例分析

大量的问题固然能带动学生积极思考,但数量过多,学生忙于应付,根本无暇思考,这样能有多少收获呢?而且,很多教师以偏重记忆性和事实性知识的问题贯穿一堂课,不但削弱了教师的讲授作用,对培养学生的思维也无多大益处。日本的一些教育家根据提问的优劣把课堂提问分为"重要的提问"和"徒劳的提问"两种,并指出"重要的提问"具有以下五个特点:①表现出教师对教材的深入研究;②与学生的智力和知识水平的发展相适应;③能诱发学生的学习欲望;④有助于实现教学过程中的各个具体目标;⑤有助于启发学生自省。

改善建议:教学前教师要认真阅读、分析教材、分析学生。文中需要学生重点掌握什么,哪些内容是需要学生了解的,哪些是让学生困惑的,哪些困惑学生自己能够解决,哪些是解决不了的。根据这些问题设计"重要的提问",激发学生的兴趣,加强师生之间信息的传递,促使学生积极思维、探究知识。

教师可以设计:14岁的乌塔为什么要独自一人游欧洲?她就不怕遇到危险吗?遇到困难时,她会怎样解决?乌塔独自一人游欧洲,她的爸爸妈妈会不会担心她?她的父母对此事会怎样想?你对此事有何看法和见解?为什么我们不能和乌塔一样做?

◎ 同课异构

陈晓录老师《乌塔》教学设计

一、导入

(用简短的内容导入课文,引发学生的回忆,激发学生的兴趣)

1. 用自己喜欢的方式读课文,在不理解的地方做上标记。

(学生读课文,教师巡视)

2. 结合课文内容谈一谈你是如何看待乌塔的?乌塔有什么样的性格特点?

(直入主题,引起学生思考、讨论,并让学生把自己体会到的乌塔的性格特点板书到黑板上。这对学生是一种肯定、一种锻炼)

性格特点:生活经验丰富;

热情、活泼；

有爱心；

胆大心细；

有主见；

……

3. 同学们介绍异国风土人情。

（学生在课后已经做了充分的预习，搜集到了大量的资料，还自己动手制作了课件，让学生到讲台前演示给同学们看，可以使学生有一种成就感，借此进一步激发学生们的学习兴趣）

二、激情

1. 一个外国小女孩可以独自一人游欧洲，这对我们中国小学生来说，是一件不敢想的事。乌塔和中国的小学生不同在哪里，造成这种不同的原因是什么？是我们国家的教育教学方法不够科学吗？现在，同学们自愿结组，赞同我们教育教学方法的在一组，不赞同的在另一组，两组进行辩论。

（自主合作，主动探究，相信这样的学习方法学生会非常喜欢，更会积极地讨论。鼓励同学们读书要有独特的见解，同时，教师要特别说明"每一种认识都是金子"的道理，不脱离书中的语言，不脱离生活实际，对学生认真读书、认真思考有一个界定）

2. 展开辩论

（在这里，教师要给予学生充分的时间，并参与到同学们的辩论中去，成为其中的一员。教师也要有独特的见解，这是对学生最好的支持）

3. 一分钟演讲，谈谈我们该如何锻炼独立自主的能力。

（深入研究课文内容，扩大学生学习和思维的空间。同时，学生广泛地查询资料，流利地表达。这样，不仅学习了知识，又锻炼了语言表达的能力）

三、布置实践作业

题目：《从乌塔看中外小学生的不同》

要求：学生通过查找资料，分析中外小学生在计算能力、动手操作能力、自理能力、家庭责任感等方面的不同，并简单分析造成这种不同的原因，也可列成表格，与小组同学之间互相交流。

二、引导学生质疑存在的问题

【课例呈现 4-3】

这是一位教师教学《天游峰的扫路人》的片段。

师：同学们读了课文，有什么问题可以提出来，大家共同解决。

（生阅读课文，片刻间小手纷纷举起）

生："扫一程，歇一程……"的"程"是什么意思？

生："大汗淋漓"怎样理解？

生：扫路人每天早晨扫上山，傍晚扫下山，那他中午吃什么？

生：老人一定能活到100岁吗？他不会生病吗？

生：……

◎课例分析

透过热闹的提问场面，审视学生提出的问题，显然是比较肤浅的，是停留于字词远离文本内涵的。这种问题的提出无意间将文本进行了肢解，结果学生对文本缺乏整体把握，导致无法深入教材。这样的提问对学生感悟语言材料、积淀语感、形成语文素养没有好处，同时容易养成学生浮躁的心态，导致学生不去认真阅读思考，不去想办法解决。教师更无法通过问题引导学生进行深层次的阅读，使学生深入文本内核去体味文章中丰富的情感和优美的文字。

◎同课异构

这是特级教师孙建锋老师执教的课例。

师：看了这个题目，你有什么问题和想法尽管说出来，孙老师最喜欢那些爱动脑筋的同学。

生1：我想问一下孙老师，天游峰的扫路人到底是个怎样的人？

师：是啊，那扫路人是个怎样的人啊？这位同学看了题目产生这样一个问题，说明他会思考。

（此问一般，教师之所以有意表扬，其用意是很明显的：消除学生怕问不好的心理，努力激发学生的提问热情）

生2：天游峰的扫路人，他几岁了？是个年轻人，还是老头？

师：他想知道他的年龄。

生3：我想问，天游峰在什么地方？

师：天游峰在哪儿？有谁去过吗？（生齐答没有）那我告诉大家，天游峰是福建武夷山的最高峰，著名的旅游胜地，山清水秀。一般人到那儿旅游回来后写文章，会写些什么呢？

生4：会写天游峰怎样怎样的好，怎样怎样的美。

师：你回答了我的问题，那么你的问题是什么？

生4：为什么要写天游峰的扫路人？

师：是啊！天游峰的景那样美，作者为什么不写美景，而写天游峰的扫路人呢？他叫什么名字？

生4：陈奔腾。

师：请你把这个问题写在黑板上，问题后面写上你的大名。这个问题是你提出来的，这是你的专利，这是你的知识产权，其他人不能侵占。

（这里体现了"导"，引导学生在无疑处生疑，提高提问能力）

今天这一堂课，凡是提出有价值问题的同学，孙老师都会让他把问题写到黑板上，把大名挂在后面，很光荣。就这个题目，同学们还想提问题吗？

生5：扫路人身上有什么伟大的事？

师：扫路人身上有什么伟大的事呢？无非是扫扫地吗？有什么伟大的？

生齐：品质。

师：哎！这就提得很好。把"伟大"这个词换一换，"品质"一般用什么词来形容的？

生5：高尚。

师：你把这个问题再重说一遍。

生5：扫路人身上有什么高尚的品质？

师：听到了吗？一个看似粗糙的问题，一打磨，好问题出来了！请你把这个问题写到黑板上去。

（充分展开问题的"打磨"过程，培养学生的提问能力。在课堂中，我们看到了学生学习知识、能力发展的过程。新课堂应该是促进学生发展的课堂）

师：（指着第一个上台写问题的同学的名字"陈奔腾"）"奔腾"多好的名字！奔腾不息！像滚滚长江、滔滔黄河！我觉得你的思维也是奔腾不息的。

如何让学生提出有价值的问题，教师要使学生敢问、善问。敢问，是心理问题，勇气问题。教师要培养学生不唯书、不唯教、不唯上、不唯真、不唯美的意识，使学生敢于说出自己的所思、所想、所疑、所感，敢于向书本和教师挑战。善问，是方法问题，是能力问题。学生掌握了提问的方法、思考的方法，就能提出有水平的问题。

从教学片段中我们可以看出，学生提问能力不强，问不到点子上，提出的问题也有语病，但教师没有否定学生，而是充分肯定学生提问的积极性。从"天游峰的人是年轻人，还是老头？"逐步引导到"天游峰景那么美，作者为什么不写美景，而写天游峰的扫路人呢？"从"扫路人身上有什么伟大的事？"逐步打磨到"扫路人身上有什么高尚的品质？"从中我们看到教师的耐心、对同学们的启发和循循善诱。

<h3 style="text-align:center">三、让设问更有效</h3>

1. 什么样的提问是有效的

特级教师余漪是"提问"的高手。我们知道，问答法（或谈话法）的优势是启发学生思考，提示学习的重点、难点，教会学生怎样分析问题和解决问题。研究下面的课例，看看对我们有什么启示。

特级教师余漪教学《在马克思墓前的讲话》时，向学生提出了这样的问题：对马克思的逝世，不用"停止了呼吸""心脏停止了跳动"而用"停止了思想"，这是为什么？一个问题引发了学生对这位思想家伟大作用的深入思考。

【案例 4-1】

在执教《孔乙己》一课时，余漪教师设计了三个问题。

第一个问题是"孔乙己叫什么名字"。

学生仔细地研讨课文，找出了答案。

学生回答后。她又问："孔乙己没有名字说明了什么？"学生思考和议论后做了回答。

最后再问："为什么会有这种现象？"这个问题激起了学生的深思和探究，从更深层次上挖掘出新的"问题"，拓宽了认识的境界。

这三个问题由浅而深，最后的问题并没有唯一的答案。它们碰撞出一串智慧的火花，"兴趣"也油然而生。

（1）问题具有一定的开放性

教师提出的问题可以分为封闭的问题和开放的问题。有效提问，意味着教师尽可能多地提出开放性的问题，或者尽可能使所提的问题具有一定的开放性。开放性问题是一种丰富的资源，能使教学更为新鲜有趣。

（2）问题保持一定的难度

问题可分为记忆型、理解型和应用型。

记忆型的问题难度最低，对学生要求不高，只要能够准确回忆起以前学过的知识，并正确作答即可，不需要理解所记忆的知识，或将所学知识用于解决问题。

理解型问题需要学生对所记忆的知识进行一定的理解和加工。对这些问题的回答应该能够表现学生对所学知识的解释、概括说明的能力。学生要回答这些问题，必须在以前所学知识的基础上对学习过的知识形式加以变化使用。

应用型问题要求学生把知识应用于不同的问题和不同的情境中，它超越了记忆和对知识的转述阶段。应用型问题"鼓励"把新学的材料用于新的不同的环境中，包括将以前学过的知识用于与"真实世界"近似的情境中。应用型问题有助于提高学生灵活运用知识的能力，使其尽快形成自动化的知识序列并用于新问题的解决。

（3）提问应有明确的目的

提问应有明确的目的，所提的问题必须紧扣教学目标，服从教学活动的需要。不然，就会出现教学思路紊乱的现象。为了使课堂提问具有目的性，教师备课时，每设计一个提问，都应考虑：该不该问、在什么地方问、怎样问、坡度多大、解决什么问题、培养什么能力等。

（4）提问应具有针对性

这里的针对性，既包括针对教材实际，也包括针对学生的实际。教材既是学生认识的客体，又是教师教学的凭借。学科教材总有其本身固有的特点，教师必须针对教材的特点，善于从关键处选好提问的"突破口"。

2. 什么样的问题才是好的设问

要提高教学问题的效果，保证教学的质量，教师必须重视设问。首先，设计好的问题首先能激发学生兴趣，激起他们求知的欲望，调动他们思考解决问题的积极性，促使他们积极参与课堂教学活动。其次，设问可以引导学生的思考方向，扩大思维广度，提高思维层次。教师应通过巧妙的设问，激发学生的认知矛盾，激起强烈的求知欲；教师适时点拨，使学生深入探究问题、乐思、善知、积极思维，培养他们解决问题的能力。再次，设问为教师了解学生的学习情况、思想态度提供了有效途径，能更好地促进师生交流。另外，课堂提问可以在集体学习中激发相互活动的兴趣，设计得好的问题有利于学生之间相互启发、共同提高，加深个体与班级其他成员的沟通，从而增强学生社会化意识。

那么，什么样的问题才是好的设问呢？精当的设问有以下特征。

(1) 趣味性

提问最为重要的是要激发学生的兴趣，调动学生的积极性，把学生从某种抑制状态中激奋起来。好奇之心，人皆有之。同样一个问题，"旧调重弹"，会令学生感到枯燥乏味，如变换一下角度，使之新颖奇特，那么学生就会感到兴趣盎然。因此，教师要从教材中选择能引起学生兴趣的热点构建提问序列，力求提问形式新颖别致、富有新意，使学生喜闻乐答，也使他们心理各方面得到和谐发展。

(2) 目的性

设计问题时，要结合教学内容，针对教学重点、难点、关键点、易混点精心设计几个关键性的提问。所提问题必须准确清楚，符合学生认知特点，适应学生已有的认知水平，在有限的时间里，抓住重点，突出要害，才能做到牵一发而动全身。

(3) 启发性

提出问题要开启学生的思维，调动他们的积极思维。提问的内容是否有启发性，这是提问能否有利于学生智力发展的决定因素。教师提问过浅，则学生无须动脑；过深，则学生无从动脑；过淡，则学生无意动脑。维果斯基认为，只有设在最近发展区的教学，才能更好地促进学生由潜在水平转化到新的水平，这对教学提问促进学生的思维能力发展具有指导意义。教学过程要尽量避免不经思考随口回答"是"或"不是""对"或"不对"的问题。要精心设计一些带有拓展性、发散性的提问，从而有效地发展学生的分析综合能力。

(4) 可接受性

设问要从学生的实际情况出发，注意学生的年龄特征、知识水平和接受能力。一方面，面对全体，按班级中上等水平设计问题，使多数学生都能参与；另一方面，适当兼顾"两类"和某些学生的个性特点。

(5) 顺序性

教师要按教材和学生认识发展的顺序，由浅入深，由易到难，由远及近，由简到繁地设计问题。先提出认知理解性的问题，分析综合性问题次之，创造评价性问题在后。

【案例 4-2】

在等比数列前 n 项和的教学中,毕林裕老师曾在引入课时这样设问:

一位百万富翁正悠闲地散步,一个穿戴十分平常的陌生人与他搭话。那人好像知道百万富翁爱钱似的,话没说几句,就谈到了一个换钱的契约。陌生人说:"从今天开始,我每天给你十万元,你今天给我一分钱,明天给我二分,即你每天给我的钱只需是前一天的两倍,一个月后结束。"百万富翁简直不敢相信自己的耳朵,反复确认不是在做梦之后,急忙与陌生人签订了契约,且一再强调不准反悔。日子一天天过去,富翁每天都按时收到了十万元,而仅以微小的数目付出。到了第十天,富翁已收到一百万元,总共却只付出 5.12 元,这时贪心的富翁真后悔契约只签订一个月。

这时老师话锋一转,提出问题:

(1) 如果你就是那位富翁,你会签订那份契约吗?
(2) 到了第三十天,富翁已经付出多少钱?你能列出算式吗?
(3) 你能预测出故事的结局吗?

这时,课堂活动十分活跃,学生处于一种好奇、紧张、急切的情绪之中,当同学们列出算式而不知怎样计算时,老师适时给出故事的结局:

——最后百万富翁破产了!因为到了第三十天,他虽然收到了三百万元,却要付出大约五百三十六万元!

结果超出学生的意料。

为什么会是这样呢?学生自然有很多疑问。

"掌握了等比数列的求和公式,你就不会像那位富翁一样上当受骗了。"

亚里士多德曾说:"思维自惊奇和疑问开始。"毕老师依据教学目标,紧密结合数学学科的自身特点,创设一种使学生感到真实、新奇、有趣的学习情境,激起学生心理上的疑问以创造学生"心求通而未得"的心态,促使学生的认知情感由潜伏状态转入积极状态,由自发的好奇心变为强烈的求知欲,产生跃跃欲试的主体探索意识。这样的设问,必然会活跃课堂气氛,提高学习兴趣,增强教学的吸引力,磁石般地把学生的注意力牢牢吸引住。

3. 如何设问

教学有法,教无定法。课堂教学中合理的、到位的、新奇的、趣味的提问,能激活学生思维,促进师生互动,达到最佳的教学效果,从而提高教学质量。在教学过程中，我们可以从以下几方面进行设问。

（1）创设问题情境

孔子说："不愤不启，不悱不发。"就是说教师在教学中必须巧妙设问。创设问题情境是指教师在教学中把学生带入提前预备好的包含一定情感的意境中去，让学生心灵深处受到强烈的震撼而产生共鸣。这就要求教师设计问题要"问由境生，问随境异"。创设问题情境是一门教学艺术，它不仅需要教师具备扎实的知识功底，同时还需要教师有良好的综合素质，他们或以精悍的小故事破题，一开始就把学生带入问题的迷宫；或以生动具体的现实事例启发诱导，使学生不得不竖起耳朵，去追寻问题的答案；或语言风趣幽默、抑扬顿挫，把学生的思维调动到最积极的状态；或用多媒体技术手段渲染烘托，使学生不思考都不行。

好的问题情境，能把学生引入一种与问题有关的情境中，让学生产生一种迫切的求知状态，在客观上会使师生之间处在一种民主、平等、和谐的人际关系中；在好奇、宽松、愉快的氛围中，学生的思维处于最佳状态，就能产生各种奇思异想，就会积极投入，敢于发表自己独特的见解。

（2）抓住教学中的难点、疑点、关键点进行设问

教学中的难点、疑点、关键点是学生必须掌握却又最难掌握的，教师编制问题时，要从这三"点"出发，设置阶梯式的问题情境，让学生跳一跳就能够得"果子"，激发学生积极主动地去探求新知识。教师设计问题时，必须针对三"点"，要符合学生思维的形式与规律，然后设计出一系列由浅入深且问题之间有着严密的逻辑性、层次性的问题，这样一环紧扣一环地设问，从而使学生认识逐步深化，最终掌握三"点"。

（3）依据教学情景巧设问

俗话说："智者问得巧，愚者问得笨。"在教学过程中，情境千变万化，教师不能以一问应万变，而应根据教学情境，适时处理，相机发问。如钱梦龙老师上《论雷峰塔的倒掉》一文时，为了让学生理解"借题发挥"这一艺术手法，提出了一个似乎与理解课文全然不搭界的问题："听说杭州人民正在建议重修雷峰塔，如果鲁迅先生健在，你认为他会反对还是赞成，理由是什么？"这时有的学生说"反对"，因为雷峰塔是"封建势力"的象征；有的说"赞成"，因为重建的雷峰塔是"社会主义"的象征。学生答不到点子上，钱老师稍加点拨："难道雷峰塔非有什么象征意义不可吗？"一语惊醒梦中人，鲁迅之所以把"雷峰塔"作为"封建势力"的象征，其目的是"借题发挥"。这样换

一个角度提问,很好地围绕目标,既抓住了重点,又突破了难点。

总之,教学中一个巧妙的设问,常常可以一下子打开学生思想的闸门,使他们思潮翻滚、奔腾向前,有所发现和领悟,收到"一石激起千层浪"的效果,在课堂教学中,教师应高度重视设问。

4. 提问的时机

在教学时间的分配上,要根据教学内容和学生学习活动的连续与完整性,灵活分配教学时间,调整课堂教学的时间结构,特别要注意留给学生质疑问难、提出问题的机会和时间。

(1) 新课前提问——明确学习目标

新课前提问是指学习新知识前提出问题。一般不清楚、不明白、不懂的问题可以在课前提出(课下参与),也可以在新课时进行。爱因斯坦说:"提出问题比解决问题更重要。"所以新课时提出问题是新课学习的关键。

新课前提出问题的目的,主要是明确学习目标,清楚学习任务。比如,六年级学生学习正反比例的意义时,学生进行了课前预习,在预习的基础上,学生提出了不懂的问题:什么是相关联的量?成正比例的量与成反比例的量的本质区别是什么?又如,三年级学生学习"除数是两位数的除法"时,课上教师创设情境,组织学生进行知识和思维准备,共同复习除数是一位数的除法,然后在除数是一位数的基础上,将除数改成两位数,让学生试做。一方面引导学生应用除数是一位数除法的有关知识解决新的问题,一方面引起学生认识上的冲突。

对于学生新课前的问题,一部分可以放在组内解决,组内不能解决的一般就是新课需要共同解决的问题——学习目标或进一步合作学习的目标。

(2) 课中提问——弄清研究重点,培养创新思维

课中提问指在学习过程中质疑。在学习过程中,随着学习过程的不断深入,触景生情,联想、想象,引起学生不断深入地思考,进而提出问题。

课中提出问题,是教师有意识培养,训练学生创造、创新的时机,是学生提出问题最精彩的部分。例如,讲平行线一节时,请同学们在长方体中找出平行线。有的同学提出了斜切面上的对边是平行线,这马上就引起了同学们的争论:有的同学不同意,认为这两条直线不在同一平面内,所以这两条边不是平行线;有的支持,认为斜切后两条边在同一平面内;有的同学茫然。在热烈地讨论、争论后,教师利用计算机演示了斜切——同一平面的形成过程。课中提出问题无疑促进了学生思维的发展,使他们深刻地理解了同一平面的概念。

课中提出问题,起到了一石激起千层浪的作用,无论对培养创新意识,还是掌握、理解概念都有积极作用。所以,教师要做到三点要求。

①要善于捕捉问题瞬间。比如,提出长方体的斜切面上的两条对边是平行线的问题就是学生思维火花的展现。

②要创设情境,激发学生提出问题的欲望。设计问题情境,让学生提出问题,使学生产生探索的心向,是教师课堂教学的关键一步。

③教师要参与学习过程。当学生不能提出有价值的问题时,教师应以平等的、研究问题的角色参与到学习中来,主动提出问题。这样,一方面可以起到潜移默化的作用,另一方面能引起学生思考、争论。

(3)新课后提问——深化思维,建立知识间的联系

新课后提问是指学生掌握了新知识后,在对新知识的总结、迁移和建立新旧知识的联系时提出问题。

课后提问是对学生学习、掌握知识程度的一种检验,是对学生学习方法的一种反馈,是学生思维深度和广度的一种反映,是全面理解知识的有效手段。例如,学习角的分类时,教师根据学生对直角的认识,让学生将手中的学具分类。学生把角分为小于 90°的角和大于 90°的角两类,同时认为,小于 90°的角是锐角,大于 90°的角是钝角……新课基本学习完后,教师引导学生质疑,你的收获是什么?学生回答:"我认为钝角应该是大于 90°而小于 180°的角,也就是在 90°和 180°之间的角是钝角。"对这种问题的提出与补充,是在学生独立认识和对学习的不断思考中进行的,这说明学生已经达到真正学会并会学知识的程度。

新课后提出问题这一环节,教师一方面要保留课后提问的时间,另一方面要让学生养成课后提问的习惯。

四、以疑促疑

课堂教学成功的关键,表面上体现在学生释疑,并能成功地解决教材中的重点、难点、疑点,就算达成教学目的了,但实际上学生释疑离不开教师别出心裁的引导,课堂教学是教师支配课堂,教师的教学观念、课堂意识、教学观等牵引着课堂的发展,教师往往发挥着首席作用。

课堂中以疑促疑,其实就是一个教学观,一种课堂意识,它在课堂中清晰地体现在一个"促"的教学过程中。教师要真正轻车熟路地驾驭这个"促"的过程,必须有一个课前预设过程。教师应该事前布局谋篇,尽量让这个准备做

到天衣无缝。可课堂是不断发展的，教师与学生是不断变化的，教学过程也是流动无常的，任何人都不可能做到万无一失，由此就难免产生许多有备有患的意外，这就需要教师用"促"去灵活机智地调配这个瞬间万变的现场。

1. 科学预设，播撒"疑"的种子

科学预设，有必要对课堂可能发生的情况进行充分的预设，对学生的水平和教学结果要了然于胸，对学生的发问和教学过程要多作假设，多在脑海中模拟现场教学中可能的情景。这样教师才能从容不迫地面对学生，才能胸有成竹地进行对话，才有可能收获预设的精彩。只有对教材和学生进行合情合理的科学预设，才有精彩的生成和高效的课堂。

（1）预设学生的起点、兴趣或需求，创设生动的情境，让前疑推后疑。

【课例呈现 4-4】

《角的度量》教学片段

（"阿凡提智斗恶财主"多媒体课件分步出示下列情境图）

画外音：阿凡提辛辛苦苦在财主家干了一年，大年三十这一天，他冒着风雪到财主家领工钱，贪心的财主想刁难阿凡提，就说："阿凡提，听说你很聪明，这是我祖传的一块玉佩，可惜缺了一个角，你给我量出这个缺角的度数，量对了，我给你工钱，要是量不出来，哼哼，我就扣你一半的工钱！"

师：财主真够刁的，竟然叫阿凡提去量断角的度数，能量出断角的度数吗！（思考片刻，学生中出现两种不同的声音）

生：不能。因为这个角断了，连顶点都没了，当然量不出来了。

生：能（一时却又想不出方法）。

生：能，我们只要量出另外两个角的度数，然后用180度去减，就能知道这个断角的度数了。

师：真够聪明的！

生：不对，这样不算。因为财主是要阿凡提量出而不是想办法算出这个角的度数，他刁就刁在这个地方！

师：也有道理啊！

生：那可怎么办呢！

师：碰到难题了！难在哪儿呢！

生：（众生）没角怎么量啊！

师：对呀，要量角先得有角啊，再想想，老师相信大家一定能帮阿凡提想出办法来，办法总是有的（老师的"一番话"给大家以方向和力量，有些同学也终于"悟"出了其中的道理，显得十分激动）

生：有了，（语气十分坚定！）我们只要把这块玉佩断了角的两条边延长并相交，这样就能找出这个角，并量出角的度数。

师：终于和聪明的阿凡提想到一块去了。（多媒体展示过程）这样，阿凡提就可以领到工钱了。但是，狡猾的财主并没有善罢甘休，他又想出了一个新花招，我们来听一听。

画面音（财主）：第一次不算，你得用我的量角器，量出这个角的度数，这次量对了，我就给你工钱。

师：财主想让阿凡提量哪个角呢！（教师提示学生看不知何时画在黑板上的一个小角，用这把量角器，教师手里的木质教具量角器）

（"这怎么量！""真是太狡猾了！"此时教室里已是一片愤愤不平声。初始的努力同学们并不顺利，一生上去一试身手，但折腾了半天终因角被量角器的边盖住而变得"无计可施"）

师：（火上浇油）想办法啊！要不然拿不到工钱啦！

（急中生"智"，终于又有好多同学想出办法来了）

生：有了，只要把这个小角的两条边延长，一直延长到用这把量角器能量出这个角的度数为止。

师：你们和阿凡提一样聪明！正是用这种办法，阿凡提再一次战胜了狡猾的财主，最终取回了自己的工钱。

◇ 课例分析

人的思维只有被浓厚的情感渗透时，才能得到力量，引起积极的注意、记忆和思考。以上片段中，教师创设了借助课件创设故事的情境，巧妙地将练习的内容蕴含于情境之中，这不仅使原先枯燥、呆板的学习不见了踪影，更使学习的过程成为同学们帮助阿凡提与狡猾的财主"斗智"的过程，最终的结果自然是"正义战胜邪恶"，使学习的过程成为一次次分析问题、解决问题的过程。这其中虽然也暴露了学生各种疑问、困难、障碍和矛盾，但这样做，其最终结果是同学们的知识被激活，思维被激发，情感被激励，精彩表现不断出现。"以疑促疑"的铁律得到了很好的体现和落实。

成功的教学是能找准学生学习的起点和需要，激发学生的兴趣，让学生在学习过程中疑问思考，韵味犹存，情趣环生，上面的教学片段较好地体现了这一点。

（2）预设学生可能会产生的奇思妙问，让课堂充满质疑的活力。

【课例呈现 4-5】

《乌鸦喝水》教学片段

师：同学们，这篇课文里说："一只乌鸦口渴了，到处找水喝，突然，乌鸦看见一个瓶子，瓶子里有水，可是，瓶子里水不多，瓶口又小，乌鸦喝不着水。"这时乌鸦怎么办呢？它想出了什么办法呢？

生（纷纷举手发言）：乌鸦看见旁边有许多石子，就一个一个地把石子装进瓶里，"瓶里的水渐渐升高了"，乌鸦就喝着水了。

师：同学们说得真棒！

生："老师，我可以提一个问题吗？"

师："可以，请说吧！"

生：乌鸦一定能喝到水吗？

师：你说呢？

生：昨天我做了试验，认为乌鸦不一定能喝到水。

（这时许多同学大笑起来，教师也觉得教学过程被他打乱了，差一点发怒起来，最后还是控制自己的情绪，让学生谈出自己的独特见解）

生：你们不信！让我现场做个实验给大家看看！

（于是，他从抽屉里拿出两个瓶子和一袋小石子，往瓶子里扔石子，他往瓶里装的水多的，扔进一个个石子后，水渐渐涨到瓶口；而瓶里装的水少的，投石子后反而把水淹没了）

生：只有当瓶子里有大半瓶水的时候，乌鸦才能喝到水，而瓶里的水是小半瓶，甚至更少的话，乌鸦就喝不着水了。

（在看了他的实验和听他讲的话后，大家沉默了，教师觉得他的说法很有道理。同时还能认真做实验来说明"乌鸦不一定能喝到水"这个问题）

师：你勤动脑筋，真聪明！（这时，学生笑了，可以看得出他多了一份自信）

◇课例分析

"乌鸦不一定喝得到水"这句话是否正确,这并不重要,重要的是他能大胆发表自己的意见,这是一种求实的科学品质,这是多么值得我们去赞扬的精神和品质啊!在充满学生奇思妙问的课堂里,教师不要为了完成自己事先写好的教案或自己的上课思路被打断,就扼杀了学生的兴趣和积极性。教师应该多一分耐心,多一分宽容,让孩子充分陈述理由,尊重学生动手做出的试验,这样能带动更多的学生去留意生活,大胆思考,走出课本的限制,真正成为学习的主人。

(3)预设课堂可能出现的干扰性事情,因势利导,顺水推舟。

【课例呈现 4-6】

《圆的周长》教学片段

师:正方形的周长与谁有关?

生:边长。

师:长方形的周长与谁有关?

生:长和宽。

师:那么圆的周长与谁有关呢?谁来猜一猜?

生:圆的半径。

生:圆的直径。

师:是这样吗?如果是,又是什么关系呢?我们今天就来学习圆的周长。

(这时,有位学生急切地举着手)

师:你有什么问题吗?

生:杨老师,我知道!圆的周长是直径的 π 倍!

(我愣了一会儿,因为学生的回答打乱了整个教学程序)

师:你是怎么知道的?(我诧异,只好顺水推舟)

生:我课前预习过了!圆的周长是直径的 π 倍!

师:预习确实是一个好习惯!可是圆的周长为什么是直径的 π 倍呢?你知道吗?(我随机应变,进行了适时的调控)

生:(愣了一会儿,不好意思地)我说不清楚。

师:(正好顺势利导,改变教学预案,将探究圆与直径的关系改为验证关系）不要紧！我们还是一起来验证一下吧！……

对于圆的周长的教学一般是让学生通过动手操作、观察、比较，探究出圆的周长与直径的关系，但是很"不幸"，这位学生的一句话打乱了整个教学计划，教师是对学生提出的问题视而不见听而不闻，还是顺势直接给出结论？在这两难之处，教师及时地进行了恰当的调控，临时改变了教学计划，将探究圆与直径的关系改为验证关系，同样上好了这节课。整节课如行云流水、一气呵成，学生仿佛踏上了轻松快乐之旅，陶醉其中，乐而忘返。

2. 让学生带着疑问走出课堂

如今的课堂上，教师往往会鼓励学生提出各种问题，然后引导他们围绕所提的问题展开讨论、学习，引导学生发现问题，自主解决问题。这本无可厚非，但奇怪的是，临近下课，教者总要关心地问一句：大家都懂了吗？当看到学生频频点头，于是就满意地结束了教学。

学生的问题全解决了，是不是就意味着这就是一节完美无缺的课了呢？新课程倡导建设开放而有活力的课程，这要求我们打破封闭的课堂，把学习的触角伸向课外。课堂应该起始于学生的真实问题，结束于学生产生的新问题，在从一个问题走向另一个问题的过程中完成自己的使命，学生所提的问题不一定要当堂澄清，也没有必要全部澄清。这正如袁振国教授所提出的："让学生带着问题走进教室，带着更多的问题走出课堂，这是教学的精髓。"

在课堂上给学生留下一粒悬念的种子，他们的问题意识才有更广阔的发展空间，才更有助于培养他们的探究精神。

（1）阅读课外书籍，扩展学生的视野

学生带着疑问走出课堂，我们更希望学生带着疑问走进课堂。但是，这两个疑问肯定是不一样的。后一个疑问是学生在解决课堂留下的疑问之后又产生的新疑问。如何达成这一目的呢？我们应该鼓励学生借助课外阅读拓展他们的视野，从而在解疑中生疑，并在课堂学习中提出富有深度的问题，解决富有内涵的问题，真正读懂文本背后的深意。

【课例呈现 4-7】

《少年闰土》教学片段

师：闰土年少、健康，天真活泼，形象非常可爱，给我们大家留下了深刻的印象。十几年过去了,"我"又和闰土见面了,你们能够想象这时闰土是什么模样吗?

生1:我想那时候的闰土该是黝黑的脸,高大健壮,头戴一顶旧毡帽,显得很酷。

师:说说你这样想的理由。

生1:他长年累月在外边劳动,风吹日晒,皮肤肯定是黝黑黝黑的,加上经常干体力活,所以他的身体一定很强壮,充满阳光!

(众生大笑)

生2:我想,多年以后,闰土那紫色的圆脸已变成红润润的了,人也不那么害羞了,见到人总是打招呼,日子过得还不错。

师:什么原因呢?

生2:他家种的西瓜非常好吃,他子承父业,成了一个种瓜专业户,攒了不少钱。

生3:我想那时,闰土已是一个成熟稳重的男子汉了,他还是那样热情好客,肯定还会讲更多精彩的见闻给"我"听。

……

师:大家想得都挺好,但是——大家请看——

(教师出示中年闰土图,闰土一脸憔悴、懦弱、麻木,孩子们一片哗然)

生4:为什么会这样?这还是那个见多识广、充满活力的闰土吗?

师:(微笑)课后,请你们从鲁迅先生的作品《故乡》中寻找答案吧。

试想,学生的视野如果不借助课外阅读得以扩展的话,怎会提出富有深度的问题,怎会解决富有内涵的问题,怎会真正读懂文本背后的深意?从这一角度来说,以疑促疑离不开课外阅读的滋养。

一节课只是整个教学内容体系中的一小部分,把一节课的结尾作为学生学习新知的起点,有利于学生运用已有的知识去探求新的知识,形成积极的学习迁移。这个案例中,教师先让学生想象中年闰土的形象,然后予以否定,最后介绍学生阅读鲁迅先生的《故乡》,不但激发了学生课外阅读的兴趣,还使兴趣自然地由课内延伸到了课外。

(2)引导学生上网搜索资料,让疑问呈现开放态势

一个好的老师上课受到欢迎,更多的是体现于他的专业智慧上。现在,知识与信息的更新速度快,学生所了解和获得的信息都比较杂乱,如何引导他们对这些知识与信息进行有效的梳理显得尤为重要。当学生带着疑问走出课堂

时，他希望获得更多的解决途径，那么，除了引导他们读书之外，更需要引导他们从网上查得相关的信息，去主动探究问题，然后再给课堂带来更加丰富和鲜活的信息，使疑问不断地、智慧地生成。

【课例呈现 4-8】

《认识人民币》教学片段

师：刚才小朋友认识了那么多的人民币，真了不起！这么多的人民币这样放着，看上去怎么样？（很乱）你们能帮它们分类，整理整理吗？

（老师给每一桌小朋友准备了一套小额的人民币，给了充足的时间，学生同桌合作分类）

（反馈时有的学生按质地分成硬币、纸币两类，有的按币值的数字分成1、2、5三类，有的按单位分成元、角、分三类）

师：我们看看书里是怎样给钱分类的。

生：元、角、分。

师：以"元"作单位的，有哪些面值？

生1：有1元、2元、5元、10元、20元、50元、100元。

师："角"呢？"分"呢？

生2：1角、2角、5角。1分、2分、5分。

师：从这些数值中你们发现了什么？

（片刻）

生4：我发现数字都是1、2、5，而没有3、4等其他数字，这是为什么呀？

（全体学生附和：对呀，为什么呢？眼睛都看着老师）

师：是啊！为什么只有1、2、5这些数字呢？（稍停）仅用1、2、5元就能把3元、4元、6元、7元、8元、9元都表达出来吗？

（此刻，有的学生开始轻声地计算了，有的学生在草稿本上写着。过了一会儿，学生陆续地举起手）

生5：我发现所有数字都可以用1、2、5元表达出来。如3元就拿一张2元、一张1元。6元就可以拿一张5元、一张1元。

生6：我觉得只要有1元、1角、1分的钱就能把所有想要的钱都表达出来。例如，2元只要拿2个1元的硬币。

生7：那如果要拿出100元不是要数100个硬币吗？麻烦死了！

师：是啊！确定币值时，既要考虑控制币值的种类，又要考虑方便。

生8：我发现"分"的全是硬币，"角"的既有硬币也有纸币，而"元"的除了1元有纸币有硬币外，其余都是纸币，这是为什么？

生9：我知道如果大币做成硬币的话会很重，不方便。小币值可以做成小一点的硬币，不容易破。

生10：我叔叔上次去香港旅游，带回来的港币中就有2元和5元的硬币，为什么人民币没有呢？

……

师：小朋友提的问题都很有价值。我建议课外你们去网上找找资料研究研究，好吗？

从执教老师的课程我们不难看出，老师对孩子是循循善诱，一步一引。孩子们完全沉浸在老师所创设的情境中。他们积极地思考，快乐自信地回答。老师先安排了同桌合作对人民币进行分类，学生在实际操作中的思维能力得到了发展。接着用了一个开放性的问题，"从这些数值中你发现了什么？"以引导学生进行观察、比较、思考。学生提出为什么都是1、2、5，而没有3、4等其他数字呢？老师再一次反问："是啊！难道仅用1元、2元、5元就能把3元、4元、6元、7元、8元、9元都表达出来吗"，这一个反问具有一定的启发性和难度，却适合学生的认知特点，激起了学生思维的火花，培养了学生的分析能力、推理能力，开启了学生质疑的意识和兴趣，于是学生接二连三地提出了许多现实生活中存在却不为人注意的好问题：为什么有的是硬币而有的是纸币？为什么香港有2元和5元的硬币，而人民币没有？为什么"分"在平时生活中用到很少？面对课堂内的意外生成，老师没有简单地否定，而是先肯定学生提出的问题很好，然后建议他们课外去找资料研究，延伸了本节课的教学。

(3) 自己动手做实验，在验证猜想中解疑

带着问题思考，思考的深度除了依靠生活经验外，还要给学生搭建一个可以感知的平台。当学生走出课堂时，我们有必要再激发他们一下，让他们解决心中的疑问，此时，我们可以给他们指明另外的方向，让他们动手做实验，通过验证，加强对问题的理解，并产生新的疑问。

【课例呈现 4-9】

《圆锥体》的教学片段

(课件出示：圆柱和圆锥各一个)

师：请同学们猜一猜，圆柱比圆锥的体积小多少？

生 1：不知道小多少？

生 2：可能小一半。

生 3：可能只占四分之一。

生 4：可能只占三分之一。

生 5：我看圆锥的体积只占圆柱的五分之二。

师：同学们的答案很不一致，要是能想出一种办法来验证一下你们各自的猜想，那该多好啊！

(学生们陷入思考，并自发地小声讨论)

生 1：可以用橡皮泥捏着试试，看一个圆柱体橡皮泥可以捏出几个圆锥体。

生 2：可以把它们都浸到水里，再比较水的上升高度。

生 3：可以先做两个这样的纸筒，再用它们装东西进行比较。

生 4：纸筒容易破，不如做成玻璃的，用它们装水来比较。

生 5：纸筒可以装沙子来比较。

师：看来同学们对这个问题很感兴趣，那么回家动手操作吧。

这位老师通过对"圆柱比圆锥的体积小多少"的猜想，让学生想办法去验证自己的猜想，从而让学生们认识到：学数学不能只是理解知识的结论和对结论进行运用，更重要的是通过对数学知识的探索，掌握获得知识的结论和运用知识的方法，并且理解这个过程中的数学思想。智慧出于指尖，思维源于动作。直观操作可以使学生调动各种感官一起参与知识的形成，让学生的思维活动有一个积极的开端和持续的势头，使学生自然而然、了无痕迹地得出圆锥的体积公式，从而让学生经历一个有意义的学习过程。动手操作能激发学生对数学探究的欲望，促使学生学好数学，学以致用。把所学的知识运用到实际生活中，是数学学习的最终目的。

(4) 走出课本，走向生活

生活总是丰富多彩的，但有些内容学生可能视而不见。如果在课后，我们有意识地引导学生在生活中寻找问题的答案，学生们就会去观察生活，质疑并解感。比如，在学习《鸟的天堂》一文时，不少学生对文章最后一句"那'鸟的天堂'的确是鸟的天堂啊"理解不到位，于是，教师引导他们去公园亲自感受，结果他们回来汇报时说，"我看到公园里的美景，看到公园开心的人们，我才感到，这公园其实就是一个乐园啊，是人们生活的天堂"。

有一位老教师曾经讲述他教学《正方体的体积与表面积》的过程，教学效果非常好。他总结出的经验是：教学前先让学生在生活中找到正方体，感知它的六个面，而后要求学生画出六个面的正方体图形，他才开始教学。对于很多学科的教学来说，走出课本，走向生活，往往更会将问题摆在学生面前，从而调动学生多种感官，激发他们解决问题的信心。

【课例呈现 4-10】

《台球桌面上的角》（初中数学）片段

师：台球是许多学生喜欢的体育活动，打台球的一些技巧与角有着密切的关系。（电脑显示北京师范大学版教科书第 49 页的台球桌，并演示白球击打红球，反弹后的红球直接入袋的图片）有谁能告诉我 $\angle 1$ 和 $\angle 2$ 有什么关系？此图中出现了哪几种角？

生：$\angle 1$ 和 $\angle 2$ 相等，出现了平角、直角、锐角、钝角。

师：说得好！请同学们在练习本上画一个平角取名为 $\angle EDF$，画一直角取名为 $\angle EDC$，然后分别过这两个角的顶角任意画射线 DA 和射线 DN，并记 $\angle EDA = \angle 1$、$\angle FDA = \angle 2$、$\angle CDN = \angle 3$、$\angle EDN = \angle 4$。

同学们有什么发现？

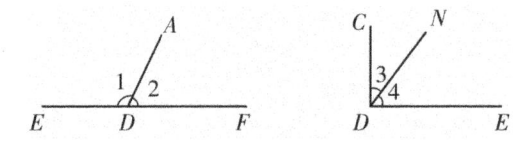

生：我发现：射线 DA 将平角 $\angle EDF$ 分成 $\angle 1$ 和 $\angle 2$，并且 $\angle 1 + \angle 2 = 180°$；射线 DN 将直角 $\angle EDC$ 分成 $\angle 3$ 和 $\angle 4$，并且 $\angle 3 + \angle 4 = 90°$。
（电脑演示上述过程，并重点突出射线 DA、DN 的任意性）

师：（边讲述，边演示）把射线 DA、DN 的位置固定，则 $\angle 1$、$\angle 2$、$\angle 3$、$\angle 4$ 的大小也随之确定。现在，改变图中 $\angle 2$ 和 $\angle 4$ 的位置，而不改变

它们的大小（电脑演示两个角的位置发生平移和旋转的变化），那么∠1与∠2的和还是180°吗？∠3与∠4的和还是90°吗？

全班学生（小组互相讨论）得出结论：这两个角的和不会改变。

师：（归纳）不论∠1与∠2，∠3与∠4的位置关系如何变化，只要大小不变，∠1与∠2的和永远是平角，∠3与4的和永远是直角。像这样具有特殊数量关系的两个角，我们分别称它们互为补角和互为余角。

（板书课题）

赵颖华：《台球桌面上的角》，引自北京义务教育课标研究中心：《新课程改革实验优秀教学设计方案（初中数学）》

教无定法，教学方法要灵活机动。问题的创设不仅仅有教师提出来的，也可以要求学生在预习的过程中把自己的困惑提出来。问题设置出来后，可以灵活地采用各种生动活泼的形式，如"小组讨论竞赛""当回小老师""演讲""辩论赛"等，真正做到"官教兵，兵教官，兵教兵"，克服旧教学模式上单调、呆板的弊端，让学生在各种形式的活动中真正"活"起来，"动"起来。通过这些活动的开展，相信学生在自主、合作的空间中能够如鱼得水。问题情境教学归根结底是为了调动学生主动、合作、探索学习的积极性，真正在教学中实现师生互动，达到"教学相长"的目的。

第五章　课堂活动组织中的主要问题例析

课堂活动是指在课堂教学过程中，为促进学生的发展而建构的具有教育性、创造性、体验性、自主性、探究性的学生主体性活动，其目的是以课堂教学为切入点，通过学生活动，充分引导学生主动学习、主动探究、主动实践，从而使学生的学习兴趣、研究能力、交往能力、合作精神等得到全方面发展。

一、小组合作中存在的问题

合作学习是指学生为了完成共同的任务，有明确的责任和分工的互助性学习。合作学习是以集体的学习进步，来带动个人的学习进步，让每一个学生个体在完成共同任务的过程中实现自己的理想。把个人之间的竞争变为小组之间的竞争，形成组内合作、组间竞争的格局。在这种目标结构中，小组成员有着共同的期望和目标，增强了"学习共同体"的集体荣誉感，从而激发了学生参与学习、乐于学习的兴趣和动机，为他们主体性的培养与发展提供了无穷的动力。但是，在实际教学中，小组合作确实存在着一些问题。

1. 小组合作不是学生的需要

小组合作不是教师认为什么时候合作就什么时候合作。合作应是学生的一种需要，一种发自内心的合作欲望，是确实有合作需要的选择。

【课例呈现 5-1】

师：我们刚学习了用画"正"字的方法来统计数据，下面就请同学们用这种方法来统计一分钟内某十字路口通过的小轿车、客车、卡车的数量，好不好？

生：好！

师：由于通过的汽车比较快，需要统计的汽车的种类又多，我们先分组，小组合作来统计。小组内分工，一个人统计一种汽车，请同学们在小组内进行分工。

学生组建小组和分工。

师：准备好了吗？

生：好了！

师：注意，开始了。

课件演示，一分钟某十字路口川流不息的汽车。

学生开始统计，整个教学进行得很顺利。

◇课例分析

课例呈现 5-1 中的教师根据自己对所教内容的理解和需要，让学生进行小组合作学习，带有指令性。新课程改革倡导小组合作学习，几乎所有的课堂教学中都可以看见小组合作的影子。不管这个问题有没有合作学习的价值，反正一有问题就小组合作讨论，也不管小组合作是否有意义、有价值，是不是学生的需要。改善建议：小组合作教师应多考虑学生的需要，而不是考虑自己的需要。要从学生的经验和认识出发，而非从教师的生活经验出发，更不是从教师的"想当然"和"应该"出发。小组合作学习应该成为学生的一种自觉行为，教师要考虑问题的含金量。教师可以在教学中设计情境冲突，使学生在困难的情况下，自发要求进行小组合作学习，这时候小组合作学习就成了学生的需要。

◇同课异构

师：下面，请同学们选择一种方法，来统计一分钟内某十字路口通过的小轿车、客车、卡车的数量，准备好了吗？

生：准备好了。

课件演示，一分钟某十字路口川流不息的汽车。

由于汽车速度较快，种类多，学生根本无法统计出来。于是学生纷纷要求老师再播放一遍，教师很大方地再播放一遍，可播放结束时学生还是无法准确地统计出来。

生：老师，由于汽车速度快、种类多，我们来不及统计。

师：那怎么办呢？

学生陷入沉思，片刻，有学生站起来说，"一个人来不及，我们可以几个人合起来统计啊"。

师：行啊，怎样合起来统计呢？

生：我们可以小组合作学习，分工一下，一人统计一种汽车不就行了嘛。

同学们恍然大悟，纷纷说，是啊。

于是学生自己进行分组和分工，然后很容易就统计出准确结果，合作成功的喜悦洋溢在小朋友的小脸上。

课例呈现5-1与同课异构同是统计一分钟内某十字路口通过的小轿车、客车、卡车的数量，都使用了小组合作学习，一个是"强迫"进行的，一个是基于学生迫切需要而展开的。

2. 对合作缺乏应有的指导

小组合作学习中，学生合作时，教师该做些什么呢？教师应参与到各合作小组中去，随时关注和掌握各合作小组学习的进程和存在的问题，及时调控，同时给予巧妙的点拨与导向。

【课例呈现5-2】

这是一位教师的教学片段。

你能在2、4、6、7、10这五个数中找出一个与众不同的数吗？为什么？

教师提出问题后，巡视了一下学生，说道："知道的举手。"有几个学生举起了手，还有几个学生犹犹豫豫，这时，教师说："小朋友，我们四个同学一组讨论一下。"

部分学生转身，交流。

三分钟，教师拍手，合作结束。教师找个别小组回答。

◇ 课例分析

教师在设计合作内容时，不光要考虑内容本身是否适合学生，还应考虑学生怎么合作。如果合作内容的指向不明，学生容易因摸不着头脑而无法马上开始合作甚至不能进行合作，影响合作学习的效率。改善建议：教师要给学生明确的指示告诉学生应该怎么做，以提高学生合作学习的效率，同时也要教给学生一些与他人合作的基本方法。既要有独立思考，又要有小组合作。这样，学生的主体性与教师的主导性就会得到有机的统一，学生得到更多的自主学习的空间。

◎ 同课异构

特级教师朱乐平在教学"与众不同"一课时是这样设计的。

教师出示问题：在2、4、6、7、10这五个数中，哪一个数与众不同？为什么？

师：在解决这个问题前，老师提出一个要求（幻灯片出示）：（1）请每一位同学都独立思考，尽可能多地找出"与众不同"的数。

学生默读要求。

师：请大家先独立找，把你认为与众不同的数写在纸上。

学生独立学习。

师：同学们稍稍停一下，已经有很多同学写出来了。我们等一下要小组交流，老师这里还有个要求（幻灯片出示）：（2）请每一位同学整理自己的思路，准备小组汇报。（想一想，你在小组交流中，准备说哪几句话）

师：要求清楚了吗？

生：清楚了。

师：同学们先准备一下。

学生自主准备。

师：准备好了吗？

生：准备好了。

师：下面就是小组交流，老师也有一个要求在这里（幻灯片出示）：（3）小组内的同学一个一个轮流说，听不懂要问。前面同学已经说过的内容，后面同学尽可能不要再重复说。

师：我们有可能两个人想的是一样的，比如，7，有很多同学都会想到。前面同学说过的，后面同学就不要重复。现在以四人小组为一个单位进行交流。

……

师：稍稍停一下，老师这里有一个新的要求（幻灯片出示）：（4）小组整理成果，准备向全班同学汇报。（确定一个同学记录小组成果，要记录：1. 你们小组认为哪个数是与众不同的；2. 与众不同的理由；3. 你们组准备向全班同学报告哪些内容，说哪几句话。同时确定一个同学代表你们向全班汇报）

同课异构中，朱乐平老师对学生合作的要求具体，操作性强。他在课堂教学中呈现的合作学习的要求使每一个学生都知道要做些什么、怎么做。这是一个培养学生合作习惯、合作能力的典型案例。课堂上多次呈现学习要求"请每一位同学都独立思考，尽可能多地找出'与众不同'的数"。"请每一位同学整理自己的思路，准备小组汇报。想一想，你在小组交流中，准备说哪几句话"……这样的学习要求清晰地呈现，使每一个学生都能知道下一步应该做什么。

3. 小组合作存在其他问题

（1）小组学习流于形式，学生参与不主动

由于学生的性格、家庭背景及情感体验不同，很多时候优秀的学生能积极参与，部分学生不能很好地与别人交流，他们胆怯、羞涩或以旁观者的身份自居，使学习合作流于形式，收不到应有的效果。

（2）选择时机不当，没有保证有效交流

小组合作交流是一种很好的教学形式，学生参与面广，参与有效率就高。但是，并非任何时候都可以进行合作交流，而是要选择恰当的时机，才能保证交流的有效进行。这时采用小组合作交流，学生间互相激励，互相促进，在这种合作氛围下迸发出创新的火花，学生们往往能想出意料不到的答案。

（3）活动中缺乏平等合作精神

在一些活动中，学生年龄小，不能从大局出发，或者独生子女自我约束意识弱等本身的性格特点，难免会在合作中发生矛盾，出现争执，表现出个人争功的现象。针对这种情况，在平时的学习中，要重视学生的情感沟通与交流，树立榜样，合理引导。

（4）小组合作中材料的过多与缺少，也是影响合作效果的决定性因素之一

过多的材料容易使学生分散注意力；缺少的材料又不能支持学生学习知识，过犹不及。因此，教学材料的运用要具有科学性。

（5）大班级中小组合作学习有一定的难度

过多的小组使教师不能很好地分组与管理。

（6）教师合作学习，教学技能还需进一步提高

在实践中摸索总结，提高小组技能，发挥小组合作的最大潜能。

4. 提升小组合作学习的实效性

如何让小组合作学习落到实处？什么情况下进行小组合作学习？这是我们每个老师都要知道的。合作学习是课堂教学的一种重要方式，但不是唯一的方式。教师要善于观察学生的合作需要，有选择地让学生进行小组合作学习。一般来说，较简单的学习内容，只需要个人独立学习或开展全班教学，而较复

杂、综合的学习内容，则可以采用小组合作学习的方式。

（1）把握小组合作学习的时机

教师要认真钻研教材、精心安排合作学习的最佳时机，把合作落到实处。在以下几种情况下就需要小组合作：

①在学生思维受阻时开展小组合作学习；

②在学生意见不统一时开展小组合作学习；

③在问题的答案不唯一时进行小组合作学习；

④当一定数量的学生遇到困难时。

但一节课中不宜安排过多的小组合作学习次数和时间，防止随意性与形式化，一般在组内展示和班内展示时安排小组合作学习。

（2）合作学习的内容

合作学习总是围绕某些学生要学习和掌握的内容进行的，因此，要使合作学习富有成效，教师一定要事先精心设计好合作学习的内容。

①内容应在学生的能力范围之内

一般来讲，教师设计的合作活动内容难度应遵循"大于个人能力，小于小组合力"的原则。难度大于个人能力使合作学习成为学生的需要，小于小组合力可以保证小组经过努力能获得成功。教师设计合作学习的内容要有一定的挑战性，但不能太难，不能超出学生的能力范围。如果太难，学生就会无从下手。当然也不能过于简单，过于简单使小组合作流于形式。根据维果茨基的最近发展区理论，小组合作学习的内容应处于学生的最近发展区内，不离开学生的知识结构，也不超越学生的认知能力。因此，我们可以根据学生的最近发展区来确定学生的能力范围，以此来帮助设计合作的内容，或判断所设计内容的难度是否适合。

②设计要有梯度和层次

教师在设计合作内容时，不仅要考虑到这些内容是否有利于促进学生积极动脑思考和主动探究知识，还需要从尽可能多的角度设问，设问应由易到难、由表及里，以便拓宽学生的广度和深度。同时也使不同层次的学生都能在合作学习中发挥自己的作用，充分发挥合作学习优势互补的功能。

（3）教师有效参与合作过程

当前课堂上的合作学习，多半还是老师指挥一切，大包大揽，学生的所谓"合作"只是一堂课中老师指挥的短暂表演而已，这曲解了合作学习的真谛。从合作学习的含义出发，我们可以看到，学生显然应该是合作学习的主体，教师应以决策者、组织者、支持者、沟通者的角色出现，师生关系会因这种教学形式而发生变化。很多情况下，教师不仅是学生的学习"向导"，更是他们的学习"伙伴"。

把课堂的舞台留给学生，并不意味着教师可以无所事事了。相反，教师要担负更大的管理和调控职责。因为在学生合作学习的过程中，随时都会有意外问题发生。如果这些问题得不到及时有效的解决，往往会阻碍合作学习的顺利开展。因此，教师要对各个小组的合作学习进行现场观察和介入，为他们提供及时有效的指导，做到心中有数，以此判断小组合作成功与否，并将结果反馈给各个小组的每一个成员，让每个人都感到自己与其他人合作学习的重要性，也知道小组内谁需要支持、鼓励和帮助，以便小组内成员相互学习和促进提升。

比如：

①小组活动开展得非常顺利时，教师应给予及时的表扬；

②对小组的任务还不清楚时，教师要有耐心，向学生反复说明任务的内容及操作程序；

③小组讨论的声音过大，教师可以抽取小组中的一人做噪音监督员，或让这组学生的位置移近一点。如果小组讨论声音小多了，教师应及时返回去表扬；

④小组活动出现问题时，教师应及时进行干预和指导。虽然小组出现问题的原因和方式不尽相同，但教师如果事先在准备阶段做出问题预测，并采取一些相应措施，也能避免临时的手忙脚乱；

⑤小组提前完成任务时，教师应检验他们是否正确地完成了任务。如果是真正地完成了任务，教师可以开展一些备用活动：帮助其他组完成任务或可以自由活动，前提是不能影响他人；

⑥小组讨论偏离主题或讨论一时受阻时，教师应及时发现，并及时制止，或为小组讨论提供及时的点拨，使小组讨论顺利开展。

(4) 注重合作学习中的习惯培养

①培养学生在合作学习中独立思考的习惯

一般情况下，合作学习旨在通过小组讨论、互相启发，达到优势互补，解决个体无法解决的疑难的目的，但合作学习必须建立在独立学习的基础上。学生要参与讨论、参与探究，必须有自己的见解和已有的认知能力作为基础，而个体的独立思考是无法由别人或小组来替代的。只有在学生思考到达一定的程度时，再展开讨论，才有可能出现一点即通、恍然大悟的效果，否则就容易出现搭"便车"的情况。因此教师在组织学生参与讨论或探索之前，一定要留给学生一定的独立学习思考的时机。

②培养学生积极发言的习惯

小组合作学习的目的是让人人参与学习，使学生学得生动活泼，人人能尝试成功的喜悦。特别是为学困生提供帮助，真正发挥团体的合作精神，这对于刚刚开始的小组合作学习活动来说尤为重要。由于长期受"灌注式教学"的影响，学生只能处于被动接受的状态，大部分学生在小组合作学习时觉得不知从何说起，难以用语言表达，这时教师要耐心扶助，除教给他们一步一步地思考方法外，还要激发他们动口的习惯，使学生在小组合作中敢想、敢做、敢说，特别要培养那些学困生积极发言的习惯。在小组合作学习时，我们常看到优等生活跃的身影，听到他们独特的见解和合理的分析，其俨然成了主角。而学困生总是在静静地旁听，成了配角，有的甚至完全成了一个局外人，处于被动地位，为此，教师要首先做好学困生的思想工作，鼓励他们积极动手、大胆发言，勇于说出自己的意见，即使说错了也要说出来；其次，要在组内安排他们优先发言，让学困生先说出最容易想的解题策略，使他们体验到成功的快乐。

③培养学生虚心听取意见的习惯

在听课和自己的教学实践中，经常会出现这种现象：当一个学生发言时，其他学生并没有认真听，而是一味地举手，不住地喊："老师！我！我！"更有甚者用胳膊把课桌碰得咚咚响，或者自己想自己的事、自己干自己的事。这样就不能达到合作学习的目的。因此，在交流时，教师要着力培养学生认真听取别人意见的习惯，比如，在低年级小组学习生字时，可以用"开火车"的形式，大家都来读；也可以是"分配任务"：你来拼读，我来说字体结构，他来说认字方法等，只有这样全体小组成员才会认真倾听，才会知道别人说到哪儿了，从而完成自己的任务。也可采取下列措施：一是让学生简要记录别人发言的主要观点，并与自己的意见相比较；二是开展道德教育，使学生明确不认真听取别人意见是一种不礼貌的行为，也是一种不文明的行为，逐步培养学生虚心听取别人意见的习惯。

二、自主学习中存在的问题

自主学习已成为学生学习的新时尚了，自主学习的理念越来越多地被人们接受。在学生自主学习中，我们不能忘记：有效引领是实现学生充分自主的必要条件。任何事物都不能没有适当的约束，自主也是如此。学生的自主如果没有老师的有效引领，课堂就很容易出现肤浅的发言和不着边际的观点。只有教师进行有效的引领，才能使学生的自主有深度、有收获，从而取得最佳效果。

课堂上的每一个环节都要本着让学生学会学习这一宗旨。在课堂教学中，教师要注重引领和自主的统一，要让学生在教师的引领下，尽可能让学生动起来，调动学生的学习情绪和学习参与的积极性，使学生的思维在课堂教学中得到激发，达到思考的最大化。

【课例呈现 5-3】

这是贾会彬老师提供的语文《错误》的案例。

师：请同学们在诗中任选一句或一个意象赏析。

生1：我赏析的是"你的心如小小的寂寞的城"，这句诗给人的感觉是女子很寂寞。

师：感情上你分析得很到位。我想问一下，这句诗有没有运用什么表达技巧？

生1：有，用了比喻。

师：对，是比喻，把心比作"小小的寂寞的城"，形象生动地表达了女子的孤独，那么，在这首诗中还有没有别的比喻呢？

生2：我赏析的是"你的心是小小的窗扉紧掩"，这句诗运用了暗喻，作者认为女子很孤独。

生3：我赏析的是"恰若青石的街道向晚"，这也是一个比喻，把心比作街道，很美。

师：我觉得同学们对这几个比喻句的赏析还可以更完美一些。大家可以按照这样的比喻句赏析格式来完善自己的答案：首先说出这是比喻，然后略做分析——把什么比作什么，最后说表达效果——形象生动地表达出了什么感情或物的什么特点。下面，请大家按照这个赏析格式继续赏析。

在这个自主赏析的教学片段中，当生1赏析到比喻句的时候，教师以"这首诗中还有没有别的比喻呢"来引领学生赏析诗中的其他比喻，使课堂的无序发言变成了有序发言。更为关键的是，最后教师在学生发言的基础上总结了比喻句的赏析格式。这个总结，让学生学会了赏析此类比喻句的一般方法。学生自主赏析和教师引领总结的结合，使课堂呈现出一种流水般的自然顺畅美。

真正好的课堂应该体现自主与引领的完美结合上。自主是引领的基础，教师应该给予学生充分的自主,如果没有自主,课堂中也就没有了引领,因为学生没有了主动权,他们或默默地听着老师滔滔不绝的讲解,或如木偶般对老师一个又一个精心设计的问题进行配合。此时所谓的引领已不再是引领,而是"满堂灌""满堂问",是对学生思维的压制。苏霍姆林斯基说:"人的内心深处都有一种根深蒂固的需要,那就是希望感到自己是一个发现者、研究者、探索者。"自主的课堂恰恰满足了学生要成为"发现者、研究者、探索者"的愿望,尊重了学生的个体差异和不同的学习需求,从而激发了学生的主动意识和创新精神。但在现实教学中,很多情况下自主学习却收不到应有的效果。很多情况下,学生的"自主学习"成了变相的"放任自流",有的学生用一种很笨的方法在"自主学习",花费了大量的时间但收获不大,自主学习是一种理性的探索学习,不是"自发学习",为此,教师要加强自主学习的引导。

1. 自主变自流

这是自主学习中最普遍、最突出的问题。

【课例呈现5-4】

郑振铎先生《猫》一文第二课时教学中,教师首先请同学们按喜欢的方式自读课文,读完课文后提出疑难问题,学生50多人,共提出近100个问题。接着教师分析问题,在教学设计中厘清、整合出三类学生普遍感到困惑的问题:第一类,"我""永不养猫"的意蕴;第二类,作者写这篇文章的意图,倾注的情感、态度以及对作者的评价等;第三类,针对三只猫产生的许多问题,如三只猫的异同、人与三只猫的情感、三只猫顺序安排与材料的选择、三只猫的命运给人们带来的思考等。

在课堂教学中,教师根据学生的提问明确了三个教学板块:一是诵读感知,以"读——,我看到一只——猫"来了解作者笔下的猫,落实相关的多种描写方法;二是品评体味,以分析三只猫的异同为切入点,来品评体味"我"对三只猫的情感变化;三是质疑问难,交流探究,扣紧学生阅读上的难点,小组合作思考"永不养猫"的意蕴。

◇课例分析

首先,表面上看,请同学们按喜欢的方式读课文,自主提问,教师指导分析,这看似是活跃的"自主学习",其实是徒劳无益的。拿读书来说,不仅要求学生按喜欢的方式，而且应按科学有效的方式来读。老师此时不应完全放手，应加以引导。其次，表面上发动学生提问，50多个学生，提出近100个问题，且不说近100个问题有重复、类似的，单就这些问题来说，一个学生问一遍得花多少时间。学生读书的时间（据了解第一课时教师读了一遍，学生全体读了一遍）、思考的时间呢？教师分析问题后，明确了三个板块后，除了1次5分钟的小组合作外，学生就成了听讲者，也可以说，学生提问后的支配权就在教师手里。

学生自主原则的实质在于让学生有充分的时间读书，有足够的空间思考，有较多的机会实践。唯此，学生自主选择学习内容、学习方式、学习伙伴，才是有价值的。改变学生自主学习浮于表面的状况，让学生的自主学习不断走向深入，是当前教学亟待解决的一个问题。怎样才能让自主学习真正有效呢？关键在于教师。在自主学习的课堂中，教师要认清自己的角色，要在教的过程中着眼于学生的学，在教法中渗透学法，用教法指导学法；要把教学过程变成一个在教师引导下，学生自行摸索、自己发现的过程；要从便于学生的学来设计教学环节。改善建议：教师要瞄准重点、抓住要点，提供阅读内容、阅读方式、理解角度等让学生选择，引导学生自主发现，自由择读。

◎ **同课异构**

郑振铎的《猫》教学片段

师：题目告诉了我们课文重点介绍的是猫，课文写了几只猫呢？

生：两只猫，一只大花猫，一只小猫。

生：不是，课文就写了一只猫，课文第4段第一句："它小时候可逗人爱哩！"这明确地告诉了我们，1、2、3段写的是大花猫，第4段是写它小的时候。

师：你读书真仔细，还厘清了课文的写作顺序。这是一只怎样的猫呢？请大家快速默读全文，找找重点句，画画重点词。

生：这是一只性格有些古怪的大花猫。

生：这是只老实的、贪玩的，但又尽职的猫。

生：它小时候非常淘气。

生：这只大花猫性格古怪。

师：这篇课文重点介绍的就是猫的性格特点，大花猫性格古怪，小时候又很淘气，作者是不是讨厌它？

生：不，作者非常喜欢猫。

生：对。课文最后一句："我喜欢还来不及，怎么会跟它生气呢？"表达了作者对猫的喜爱之情。

生："它小时候可逗人爱哩"一句告诉我们，小猫更可爱。

师：对。正因为小花猫更可爱，所以写作时作者先写大花猫，再写它小时候。大家抓住了课文的重点句、中心句和总起句，读懂了课文，厘清了文章记叙的顺序，体会到作者表达的情感。现在，大家细心地读读课文，画画具体表现猫"可爱"的句子，再挑一两处你觉得猫最可爱的地方，谈谈你的体会，读出你的喜爱之情。

生：我非常佩服猫的勇猛，它"就是遇上蛇也敢斗一斗"。

生：小猫很有趣，路还走不好，玩起来可就"没完没了"，"撞疼了也不哭"，活像个顽皮的小男孩。

生：我特别喜欢小花猫的天真、淘气，你看它"抱着花枝打秋千"，玩得多开心！

生：我觉得大花猫非常通人性，那美丽的脚印、丰富的叫声，真让人感到温柔可亲。

师：真是一只非常可爱的猫！大猫性格古怪，小花猫活泼淘气，文中猫的可爱就在于它的个性鲜明、真实可信。

这一教学片段体现了以下特点。

(1) 整体切入，纲举目张。在深读课文时，从解题引发，抓住主线，突出重点，坚持从整体切入课文，环环相扣，层层推进，引导学生纵览全文，把握整体。

教者大体分三步组织教学：从题入手，抓住主线，认识猫的数量；自主发现，抓住重点词句，了解猫的特点；自由择读，抓住具体表现，体会猫的可爱。每一步都具有"牵一发而动全身"之功效，实现了高效的阅读教学。

(2) 阅读自主，行动自由。教学中较好地运用了选择机制，实施了弹性化的教学设计，使学生的阅读具有较大的自由度。如阅读内容的自我选择：这是只怎样的猫呢？学生可以根据自己的阅读、自己的阅历、自己的认识、自己的体验，自由表达带有个性化的理解；如阅读情感的自我选择：挑出自己觉得猫最可爱的地方谈谈体会，读出情感。学生有权决定谈自己最喜爱、谈自己能谈的。这样做，开拓了学生参与学习的空间，为每一位学生提供了平等的参与学习的机会。你的一点，他的一点，相互交流，在教师的点拨勾连下，"点"又组成了"面"，升华了学生的认识。

2. 与"讲授"对立的自主

【课例呈现 5-5】

　　一位教师执教《微笑着承受一切》（苏教版三年级下册）一课。他组织学生学完生字词，便急急忙忙地布置学生读通篇文章，并要求学生说出自己读后的感受。于是学生开始大声朗读课文，老师则旁若无事。读后，教师让学生说说自己的感受，面对学生的发言，教师只是一味地微笑点头，几乎没有对学生的回答进行评价或引导，而学生们的感受仅仅是泛泛而谈，缺乏从文本中得来的真实感受。下课后交谈，这位老师自然地说："这不是让学生自主吗？不是尊重学生吗？"

◎课例分析

　　这是对自主学习的误解。自主学习，教师该讲的还要讲，而且必须讲，只是，讲什么？什么时候讲？讲多少？教师要认真思考和准备。

3. 教师左右的自主

【课例呈现 5-6】

　　一位老师让学生讨论：怎样记忆春、夏、秋、冬四季月份？学生四人一组讨论得很认真。不到一分钟，老师请学生说方法。一个学生说："我们按颜色来记忆。"听课的老师都期待着学生具体说出怎样按颜色记忆，可这位老师却迫不及待地说："老师这里有一首记忆四季的儿歌，请同学们跟老师一起念。"老师出示儿歌：三、四、五暖春花开，六、七、八热夏雷雨，九、十秋凉到十一、十二雪飘一、二冬。学生跟着老师念了一遍儿歌。有几个同学举手想发言，老师不让他们说了。

　　就这样，一个环节结束了。课后，向学生了解，有的学生喜欢用颜色记忆：小树发芽了，春天就来了，三、四、五月是春天；天气变暖了，夏天就来了，六、七、八月是夏天；树叶发黄了，秋天就来了，九、十、十一月是秋天；天上下雪了，冬天就来了，十二、一、二月是冬天。

◇课例分析
课例呈现 5-6 中,学生讨论不到一分钟,教师就迫不及待地把自己的答案告诉学生,并强迫学生接受,这跟"自主学习"理念显然是相悖的。实质上,自主变成了老师做主。本来,非常富有想象和诗意的记忆法却被老师打断了,使同学们得不到分享。有的学生发现了四季的规律:只要记住"三月开始是春天,三个月是一个季"就可以推出来,多么科学的记忆法没有机会表达和得到肯定,使同学们失去了成功的情感体验,再向同学们了解能不能记住儿歌,同学们都说记不住。

4. 自主学习中教师做什么
(1) 为学生自主学习创设民主、和谐、自由、安全的教学环境
首先,流畅、和谐、默契、尊重、信任的学习环境是新课程理念下课堂教学的"共性"。教师应该给学生创设一个宽松、自由发展的心理环境。在那里,学生不再是知识的接受者,教师也不再是一个高高在上的知识传授者,学生和教师是一种新型的伙伴关系,相互理解、鼓励、宽容。只有这样,学生才会无拘无束,思维更加活跃,探索热情更加高涨,课堂气氛就会更加生机勃勃。其次,教师要打破常规,注重自主学习实质。在学生进行自主学习时,要使学生拥有充足的钻研、探索、发现的时间和空间,让不同程度学生的智慧都得到尽情地发挥。再次,自主并不排斥合作,自主学习更需要合作的介入。教师要努力营造热情的帮助环境。一个人的能力总是有限的,碰到凭一人之力解决不了的问题,与其一个人在黑暗中摸索,不如发挥群体的力量。最后,教师要构造一个真诚的激励环境。适时适当的激励学生,可以收到事半功倍的效果。教学中教师应掌握并运用好这个课堂杠杆,营造一种可以充分发挥学习个性、自主探究的学习氛围。

(2) 观察、引导和支持学生的自主学习过程
学生在学习中有着真实的自我表现,老师要有强烈的观察意向和科学的观察态度,要以一种开放性的心态,解读学生的行为,理解学生的行为。教师要深入学生自主学习中去,了解学习任务的完成情况,分析他们的解法,及时发现他们的失误,以便提供必要的提示或矫正,并能及时回答学生提出的问题。对个别学生有独到见解,在出现创新性思维火花时,教师要及时给予鼓励和支持。在整个过程中,教师采取的应是一种友好的、建设性的态度和行为,既不能过多地干预学生思考的过程和结果,又不能对学生的困难和疑问袖手旁观。当问题难度大、学生陷入僵局时,教师要给予点拨诱导,促其茅塞顿开、灵感

突现；当学生学习浅尝辄止、未能深入或出现明显破绽时，教师要给予提示、纠正。

（3）提升、升华学生的学习经验

学习经验是学生自主学习的基石，是自主学习过程的直接结果，是学生不断成长和进步的重要因素。因此，教师要指导学生共同完成对新知识和新方法的总结、提炼与运用。教师需要倾听学生的汇报，回答学生提出的问题，概括和提炼学生已发现的结论，提供学生运用新知识的情境，及时给出促进学生发展的评价意见，等等。总之，学习经验的提升和积累是提高自主学习能力的重要途径，教师应在其中充当扶持、帮助的角色。

总之，自主学习是在新课程理念下学生的一种重要学习方式。教师必须积极营造适合学生自主学习的环境，时刻把握以学生发展为本这根主线，引导、深化、促进学生的自主学习，最终达到教是为了不教的目的。

【课例呈现 5-7】

《鲁班和橹板》的教学设计

《鲁班和橹板》是苏教版第二册的课文，讲述了鲁班受鸭子游泳的启示发明了橹板的故事。如何在低年级的阅读教学中初步培养学生自主学习的能力呢？史春妍老师进行了以下的设计。

一、自主发问，自定目标

针对低年级儿童爱提问题的思维发展的特点，教学伊始，教师由板书"鲁"和"橹"这两个生字入手，导入新课。先让学生认识并比较这两个字的异同，分别组词"鲁班"和"橹板"引出课题；然后引导学生抓住课题对课文内容进行自由猜测，自主发问。对同学们的种种提问，教师先不回答，激发学生的读书兴趣，让他们带着自己的小问号去自由初读课文。

在学生充分自读的情况下，可让学生对自己的初读情况进行简单的自我小结，分两步进行：先自由交流自己的初读成果，可以从字词的掌握，问题的解决，读课文的熟练程度等方面进行交流；再提出自己无法解决或感到有疑问的问题，教师对此做适当的梳理，将与课文紧密联系、具有普遍性的问题，如"鲁班是怎样发明橹板的"等作为下一步学习的目标。

二、自找学法，自主交流

围绕学生初读后提出的重点问题："鲁班是怎样发明橹板的？"引导学生进

一步读课文，在此过程中重视引导学生自找学法、自主感悟。

1. 让学生带着问题再读一次全文，想怎么读就怎么读，可以轻声读、大声读、默读，也可以和同桌一起读，你认为是重点段落的，还可以自己多读几次。

2. 选出重点段落3、4自然段，并用自己喜欢的方式进一步学懂、读好。可以是自己独立思考，练读；也可以由同桌或小组共同讨论学习。方法不限：可以边读边看图，借助插图读懂课文；可以读读课文，再动手演示制作过程（如，绘图、剪纸、捏橡皮泥等）；可以同桌互当讲解员，以讲解介绍的方式来读课文……充分解放学生的双手与大脑，发挥他们的自主性。

3. 交流自己的学习方法及读书情况。可以分小组进行，在此过程中教师要适当点拨，尤其是对学生学法的隐含发言及时点出并给予肯定，帮助学生有意识地进行积累。

三、自我展示，自主拓展

学生自我展示与自我赏识也是培养自主学习能力的一个重要方面。在教学的各个环节中，教师都及时为学生提供了展示的机会，尤其是读完全文以后，更应让学生充分展示学习收获，感受成功的喜悦。如聘请小老师带大家复习生字，开展读书竞赛，夸夸我的学习成果等。在引导学生自我展示的同时，对课文的字、词、句、段也进行一个全面复习与回顾。之后，还可以引导学生进一步拓展，由课堂向课外延伸，可设计以下练习激发学生进一步阅读探究：

（1）鲁班是一名能工巧匠，多收集一些有关他的资料，为大家讲一讲有关他的故事；

（2）鲁班受鸭掌的启示发明了橹板，你还知道哪些东西是受动物的启示而制造出来的呢？

可以去查资料，问问爸爸妈妈。

适当渗透少许仿生学的知识，打通课内外、学科间的界限，使学生的实践能力和创新精神得到发展。

5. 自主学习需要注意的问题

（1）保证自主学习的时间

学生是学习的主人，学习是学生自己的事情。教学中，教师要给学生充裕的时间，让学生充分地学习，充分地思考、感悟、体验、探究。教师要注重自主学习的效果，千万不能让学生的自主学习走过场。那种担心学生的自主学习占用了过多的时间、会影响教学进度、会影响教学任务的想法，是错误的。因为一切教学活动都是为了促进学生的发展，在教学过程中，应该是教师为学生的学习活动提供有效的服务，而不是让学生为教师完成既定的教学任务服务。

（2）教学要从学生的疑问开始

学生在学习中存在疑难问题，表明学生现有的知识与教学目标存在差距，这就为教学调控提供了条件。教师应当将学生的"疑"纳入自己的教学目标之中，学生在疑问环境中会主动思考并不断质疑。

（3）课堂教学要以学生的"学"贯穿始终

组织学生进行有效的自主学习，要面向全体学生，这是新课程的基本要求之一。课堂教学是否做到了这样的面向，衡量的标准是看学生个体活动的程度，即每一个学生是否都积极主动地投身到学习活动之中。

（4）加强自主学习的指导

真正把自主学习落到实处，需要教师的有效指导。教学中，要充分发挥师生双方的主动性和创造性，不能因为提倡学生的自主学习而削弱教师的主导作用。教师应当成为学生自主学习活动的组织者、引导者和促进者，为学生创设自主学习的情境，激发学生自主学习的兴趣，重视学生的思维和他动性，培养学生自主学习的习惯，指导学生自主学习的方法，提高学生自主学习的速度。教师的指导要做到一般性指导和针对性指导相结合，既要注重平时一般性的指导，又要在学习具体内容时注重有针对性的指导；还要做到全班指导和个别指导相结合，在学生自主学习之前和自主学习之后面向全班进行指导，在学生自主学习的过程中对有困难的学生进行个别指导。

三、课堂表演中存在的问题

新课程课堂教学表演很多，很多表演是为表演而表演，追求的是课堂热闹的效果，但执教者多美其名曰："有利于学生理解重点难点。"课堂要不要表演、模仿，课堂上需要哪些学生表演、模仿，课堂上表演、模仿的质与量如何控制等问题，需要教师深思。这里简要列举课堂表演存在的问题。

1. 参与面窄，以点带面

当前的课堂表演、模仿多是即兴的（是老师课前设计，学生即兴表演），表面上看这是符合教学流程的，而从表演的意义来看，这种即兴表演并不利于学生素养的形成，具有表演能力的孩子必定是少数，表演应该属于部分学生的专利。课堂上随意指出几个同学来表演，或者让举手的同学来表演，老师没有全面地调查哪些学生具有表演的天分，这是不恰当的。意大利教育专家马拉古兹曾经写过一首世界著名的诗《孩子的一百种语文》，并告诫广大教师不要偷走孩子的九十九种语文。从现在的课堂教学来看，学生往往接受的是一种学习语文（或者其他学科）的训练，虽然有表演、模仿，其实还是单一的学习方式。事实上每个孩子都有自己独特的学习方式，课堂上给予学生表演的机会只是给少部分学生的机会，不是全体学生参与的。我们应该透过这一现象思考全体学生的个性化参与。

2. 表演目的不明，偏离方向

语文课上的表演是服务于语文教学的，根本目的是学习语言，它需要教师在课堂上引导学生进行语言实践，让学生们感受语言、领悟语言、积累语言、运用语言，最终提高语文素养。在课堂教学中，恰当地进行课堂表演，让学生扮演课文中的角色，以此拉近学生与课本的距离，使教材内容迅速成为表象，同时有利于学生深入理解文本世界，并获得真切的感受。课堂表演是学生的一种学习行为，不是真正的舞台演出，所以主要着眼于促进学生对课文语言的理解和思想情感的感受。比如，有一位低年级老师在执教《铁杵磨成针》这篇课文时，讲到李白看到一位老奶奶在河边用棒磨针，于是设计了这么一个课堂表演：下面我们模仿老奶奶来磨针，注意要磨得像，来，用铅笔做棒让我们一起在课桌上磨。于是学生们纷纷挥舞起小手在课桌上磨起来，学生在下面磨还不够，老师还要求同学到讲台上面磨。

这样的课堂表演真是让人哭笑不得，像这种学生一读就懂、一看就明白的道理也用得着表演吗？老师让学生表演的目的何在？这不仅使教师自己落下肤浅做作、华而不实之嫌，更重要的是害了学生，课堂中宝贵的时间在学生毫无意义的表演中流逝，而得到的又是什么呢？

又如，一位老师执教《景阳冈》时，为引导表演成功，要求学生先学习课文，然后让学生说说课文中的武松是一个怎样的人？接着师生交流。交流后，教师说："同学们都明确了武松是一个怎样的人，接下来我们就可以表演了，下面同学们找到自己合作的人，进行排练。"接着是学生表演。整堂课，师生们把重点放在如何把武松的性格特点演得逼真上。下课铃响了，学生意犹未尽，这篇课文也在一片热闹中学完了。

这个例子让我们不得不思考一个问题——这样的语文课，到底还有多少语文味？学生学完了一篇课文，对语文的知、能、素养的收获到底有多少？整节课老师指导得到位，学生表演得也非常精彩，武松那豪爽、勇敢机智的个性品质也深深地印在了学生心中。但是，我们的语文课可不能只把武松演逼真、不能只把体会人物的精神品质作为我们学习的最终目的呀！

3. 表演不当，适得其反

有效的课堂表演能帮助学生理解课文内容，加深对课文的理解，从而更形象地感觉和领悟人物的形象，但如果表演得不恰当，或进行不适合表演的表演，就会适得其反。

比如，一位老师在教学《我的油布伞》时，教学到第 4 自然段时，老师找两名同学站起来表演，一名扮演母亲，另一名扮演女儿，让女儿颤抖地喊"娘，俺不要伞了"，结果由于学生没有深刻领悟课文所包含的情感，没有进入课文的情境中去，所以表演效果很不好，母亲和女儿的至深情感没能让学生们深深感动，倒是女儿歇斯底里的尖叫引得学生哄堂大笑。

好端端一篇荡气回肠、感人至深的文章，经这样一表演，原汁原味的感情丧失殆尽，课文中负载着的深厚情感也随表演中的哄堂大笑而远去。学生没有深刻体会母女间的那段情，没有完全进入课文情境，怎能表演呢？教师唯有在表演前让学生反复诵读、品味、体会，从而唤起学生的情感体验，产生心灵的回应和共鸣，才能取得良好的效果。

【课例呈现 5-8】

一位教师教学《小稻秧脱险记》时，第二课时采用了课堂表演的形式。

教师说："上节课，我们学习了《小稻秧脱险记》，弄懂了生字与词语，大家认真地读了课文。这节课我就检查一下大家理解得怎么样了。我们采取表演的方式吧。小朋友们，喜欢不喜欢？"

"喜——欢——"学生们说。

"昨天布置了分组，共分 4 组，每组人数在 10～12 人，哪一组先来？"

学生们纷纷举手。

"好，就你们一组吧，上来戴头饰，要记住做角色介绍，要有表情，看哪组表演得好？"

学生进行分组表演比赛，进行民主评议。

四组分别进行表演，每组推荐一人进行评议、打分。

第一组表演。

第一组表演后，评议。"我认为有一棵小稻秧表演得不对，他不是一拥而上，而是跳，一跳而上。"
"他们有几个人在笑。"
"我认为这些杂草在有气无力地说：'完了，我们都……喘不过气来啦。'读得太快，应该在'我们都……'后面停一下，这样才像有气无力。"
师："第一组表演的同学可能有点紧张。相信第二组同学一定会有更好的表现！"

◇课例分析
语文课不是表演课，但借助形体表演可以使语文课取得事半功倍的效果。因为表演可以形象化，把"只可意会，不可言传"的事物或含义形象地表达出来。从表演的目的来看，它不必紧紧围绕特定的目标展开，或理解深奥词句，或解读文章内容，或体会某种情感。从表演的特点来说，重要的一点就是参与。在课堂上，教师和学生都是演员，都要参与到表演的情境中来，这样才能取得师生互动、教学相长的效果。并且教师的参与，更能体现一种教学上的民主，有利于宽松氛围的营造，能消除学生的心理顾虑，使其真正进入角色。而且在整个教学过程中，教师还应扮演导演或裁判的角色，不仅要合理引导"剧情"的发展，更要着眼于教学目标，对学生表演的效果及时进行正面评价。

上述教学片段实为表演课，是为了表演而表演，缺乏借助表演而实现的具体目标。而且教师游离于学生表演之外，充当看客，没有深入学生中参与到表演中去，这自然会引起学生"紧张"。同时对学生的表演缺乏积极的评价和鼓励，而对学生的表演效果做出的评价，学生同样没有身体力行，老师没有进行有效的引导和示范，这样想通过表演取得对文本理解的目标自然也就无法实现了。教师的一句"相信第二组同学一定会有更好的表现"，显然只是一种没有根据的推测，学生的表演不会有实质性的改变。改善建议：深入理解文本，进行教学目标表演，将表演作为教学的一种手段。首先要以语法体会词语、语句含义；其次让学生相互配合展开表演，教师随时纠正错误，加深同学们对课文的理解认识。在教学中，将词语理解、文本解读寓于表演中，会收到很好的效果。

◇同课异构
于永正老师《小稻秧脱险记》教学实录
师：我们读了一节课的书，黑板上的词有些同学肯定都读懂了。如果还有不懂的，请听于老师读，听后再读两遍，我想大部分词语都可以读懂。

（老师有感情地配乐朗读，学生不时发出赞叹声。师读完后，同学们禁不住鼓起掌来）

师：怎么样？

生：好！

师：请像老师一样读。

（学生像老师一样有感情地读，老师不时地进行表扬）

师：读到这里，我想，"气势汹汹""蛮不讲理""一拥而上"肯定都懂了。谁知道"气势汹汹"是什么意思？

（老师喊了几名举手的同学到前面来）

师：这几名同学都懂了，没有懂的同学请看我们表演：我当小稻秧，你们几个当杂草，杂草把小稻秧团团围住，你们应该怎么站？

（学生从四面把老师围住；笑声）

师："你们要干什么？"

生："快把营养交出来！"（声音低）

师：你没有读懂。要凶，声音要大，把腰卡起来。

生：（卡腰，大声，凶恶地）"快把营养交出来！"

师："我们刚搬到大田不久，正需要营养，怎么能交给你们呢？"

（学生不知所措）

师：（问全体同学）他们应干什么？

生：他们应上前抢营养。

师：对，要抢，营养在地里，快！

（"杂草们"一拥而上，抢起了营养。稻秧没精打采地垂下了头，下面的学生哈哈大笑）

师：杂草厉害不厉害？凶不凶？（生：厉害，凶）这就是"气势汹汹"，杂草野蛮不野蛮？

生：野蛮！

师：讲理不讲理？

生：不讲理！

师：这就叫"蛮不讲理"，杂草让小稻秧发言吗？

生：不让！

师：这就叫"不由分说"，各位"杂草"请回去。（笑声）
（老师拿下小黑板，学生读上面的词语：气势汹汹、蛮不讲理、不由分说）
师：（指"警觉"）看来这个词语要老师帮忙了，谁不需要？
生："警觉"就是灵敏的意思。
生："警觉"就是感觉到了什么，然后他抬头看看。
师：有一点儿意思，但没说清楚，下面老师表演一下，看了老师的表演，你就知道是什么意思了，但也不一定说得出。
（老师请两名同学一起表演，一学生读书，一学生当喷雾器大夫，老师当杂草）
生："突然，一阵毛毛雨从天上飘下来，一棵杂草警觉地抬起头，看了看天说——"
师：（表演"杂草"警觉地抬起头，看了看天）"不对呀，大晴天怎么会下雨呢？"
生："这时，一个洪亮的声音响起来——"
生：（表演喷雾器大夫）"这不是毛毛雨，而是化学除草剂——"
师："你是谁？"
生："我是喷雾器大夫。平时，你们欺负小稻秧，现在轮到你们倒霉了。"
师：什么是"警觉"，你们看到了吗？我们再表演一下"警觉"，请大家看清楚。
（师生又表演了一次）
师：懂了吗？这就是"警觉"的意思。不要说，体会一下就行了。（拿起小黑板）请大家读——
生：警觉，警觉。
师：再看"收拾"，这个词谁能解释？
生："收拾"就是你欺负我，我就打你。
师：请你读读书上的最后两节。
（生读书）
师：懂了吗？
生：就是把你打死！
师：是我吗？（笑声）
生：就是把杂草毒死。
师：对，"收拾"在这里就是这个意思，你是怎么懂的？

生：我读了后面的课文才懂的，后面写"杂草纷纷倒了下去"。

师："倒下"，就是完蛋了，被消灭了，这下你是真的懂了。

师：大家再听我说一句话："早晨，妈妈对我说：'把你的房间收拾一下，下午有客人来'。"这里的"收拾"是什么意思？

生：就是把房间弄干净。

生：就是整理的意思。

师：两个同学都明白了，第二个同学表达得更好，词语一定要联系课文来理解，谁能把杂草的话读一读，让人感到它已经有气无力了？

生："完了，我们都喘不过气来了。"（声音大）

师：你没有完，（学生笑）再喷洒两遍你都不会完。

生："完了，……我们……都喘不过气来了。"（学生喘着气读）

师：我听到你喘气了，但是声音仍然很大。说话的声音这么大能完吗？（学生笑）

生：（小声地）"完了，我们都喘不过气来了。"

师：好，掌声鼓励。（学生鼓掌）这就是"有气无力"，读——

（学生读"有气无力"）

师："纷纷"读懂了？请懂的同学站起来。我读课文，你们做动作。

（学生纷纷站起来）

师："杂草有气无力地说：'完了，我们都喘不过气来了。'不一会儿，杂草就纷纷倒下。"

（在老师的读书声中，站起来的同学纷纷倒下，课堂气氛十分热烈）

师：请大家坐好，看哪个同学腰挺得直，"纷纷"懂了吗？（学生齐答：懂了）刚才有个同学说"清明时节雨纷纷"，那里的"纷纷"是什么意思？

生：那个"纷纷"是指毛毛雨慢慢地下。

师：不是慢慢地下。

生：是指不断地下。

师：对，是指不断地下，课文中的"纷纷"是"一个接一个"，记住，理解词语一定要联系上下文。

师：通过刚才的表演，这些词语都懂了，现在再读，就会读得更好，下面我们找一个读书最好的同学来读。

（同学推荐出来一名女生，到前面配乐朗读，女同学读得很有感情，同学

们都听得入了迷。读完，同学们热烈鼓掌）

师：还记得第三题的要求吗？"小稻秧遇到了什么危险？后来是怎样脱险的？"请大家简单地说一说。

生：小稻秧刚搬到稻田来不久，它就被杂草抢营养。（师插话："这句话应该这样说：杂草就来抢营养。"）后来喷雾器大夫喷了一些化学除草剂，把杂草消灭了，小稻秧这才脱险。

生：小稻秧刚搬到稻田来不久，就被一群杂草团团围住，那些杂草抢去了它的营养。后来，喷雾器大夫来了，把杂草消灭了，小稻秧终于脱险了。

师：说得好，一个比一个好，书读通了，问题也就解决了。

师：下面，请大家把课堂习字本拿出来，我们来完成最后一项任务——正确、规范地写生字。注意，一要正确，二要规范。每一个字描红、仿影、临写各一遍。自己检查一下写字姿势，"三个一"做到了没有？

（放古筝曲）好，先描红一遍。

（学生描红，教师巡视指导，并提示保持适当的速度）

师：哪些字的笔顺需要老师帮助？

生："杂""欺"这两个生字的笔顺我拿不准。

（教师范写"杂""欺"）

师：还有哪些字？

生：器。

师：（范写后）一起把"器"字书写一遍。

师：写字课再把仿影、临写两项任务完成。

第六章　即时评价存在的主要问题例析

教学即时评价是指在教学过程中，评价者对评价对象的具体表现所做的即时表扬或批评。即时评价往往与教育活动过程融为一体，没有严格意义上的评价方案和评价结论，强调对具体行为的评判和指导。即时评价是教学评价的重要组成部分，它以教师的口头评价为主，并且辅以适当的体态言语。抓好即时评价，有助于启迪学生的心灵，调动学生的积极性，培养学生的创新精神，发挥评价对教学的管理和促进功能。实践中，我们的课堂，一些失败的即时评价经常会出现。

一、错误评价和无效评价

【课例呈现 6-1】

"简单分数的大小比较"教学片段

师：小芳家买了一块新式蛋糕，小芳吃了其中的一部分，（图片显示）小芳吃了多少？你是怎么知道的？
生1：（断断续续地说）1/4，把蛋糕分成了4份，小芳吃了其中的1份。
师：谁能说得更流利些！
生2：小芳把蛋糕分成了4份，吃了其中的1份，吃了整块蛋糕的1/4。
师：你怎么知道刚好是1/4呢？
生3：哦，首先要平均分。
师：你能说吗？
生3：小芳把蛋糕平均分成了4份，吃了其中的1份，吃了整块蛋糕的1/4。
师：小明也有这样的一个蛋糕，但是他想比小芳吃得多，你会建议他吃几分之几呢？

生1：2/4。

师：很好！还有不同的吗？

生2：3/4。

师：好的，还有吗？

生3：（得意地）干吗那么啰唆，把一整块都吃掉不就可以了！

师：你的意思是吃掉"单位1"，这是一个整数，刚才我们要求给出的是分数。

（生3脸上露出挫败的神情，全班的气氛似乎有一刹那的凝固，有几个学生刚刚举起的手又放了下来）

师：还有吗？

生4：99/100。

师：你是怎么想的？

生4：分子与分母都比1/4的大，所以我判断这个分数也比1/4大。

师：（疑惑片刻）分子与分母都比1/4的大，这个分数就比1/4大吗？你的判断有根据吗？这样的思考方法是错误的！

……

◇课例分析

在这么简短的一个教学片段中，教师在学生发表意见后出现了9次即时评价。其中5次是引导学生深入思考的，比如：还有吗？你是怎么想的？等等；有两次是课堂组织点评，比如："谁能说得更流利些！""你能说吗？"有两次是比较简单的、无效的甚至是错误的点评，比如："你的意思是吃掉'单位1'，这是一个整数，刚才我们要求给出的是分数。""分子与分母都比1/4的大，这个分数就比1/4大吗？你的判断有根据吗？这样的思考方法是错误的！"

对第一次组织性点评："谁能说得更流利些！"学生的回答主要是没有指明"平均分"，教师的评价指向性不正确，对后继的回答是一种误导。对于第二次点评："你能说吗？"对交流对象的指向太明确。当一个学生朦胧地猜到教师的意图时，教师马上请他表达教师心中的答案，这样的点评语言，面向的对象单一，没有指向全体学生，不能激发学生思考的积极性。教师做出两次简单的否定评价，主要是教师没有及时抓住思维火花，而给予了简单的否定。殊不知一次简单的否定同时也扼杀了无数创造性的思路。这样，学生发表意见的积极性就会受到损伤，教师也就不能使"一整块吃掉"转变为可利用的资源"4/4"。又如学生提出99/100，这是一个大胆的发言，有一定创新含量的发言，教师简单的一句否定评价，打断了学生思维的推进，没有利用学生发言的有价值部分进行引申，使它们成为学生后面探究的材料，让学生在后面的证明活动中自己体验和感受。

要杜绝错误评价的出现，教师就要不断学习学科知识，丰富自己，使自己有深厚的学科功底；同时积极提高自身的素养，认真倾听学生的发言，深挖学生语言背后的思维，做出正确的判断和评价，使即时点评语言既有针对性又有发展性。

对于无效评价，产生的原因主要和教师的语言习惯有关。教师要有意识地纠正下列评价习惯：重复学生的发言或一味地做简单性评价。

二、廉价赞赏与简单确定性评价

心理学家威廉·杰姆士说："人性最深层的需求就是渴望别人的欣赏和赞美。"在课堂提问时，学生给出的答案是他们的思维成果，教师应积极给予评价。很多情况下，教师的评价存在廉价赞赏和简单确定性评价的问题。

【课例呈现6-2】

一年级《统计》教学片段

（播放课件）

师：刚才的小动物各有几只呢？

生1：小动物太多了，我没记下来。

生2：老师您刚才放得太快，我来不及记。

师：请你想个好办法，能把小动物又快又准确地记下来。

生3：老师您放得慢一些，就能记下来了。

师：不可以。

（沉默片刻）

生4：可以用打"√"的方法记，出来一个小动物，就在纸上画一个"√"，这样会很快。

师（表情麻木）：你真聪明，大家表扬他。

（教室顷刻一片热闹）

生齐声：棒、棒、你真棒！

生5：还可以用画三角形的方法。

师：你真聪明。

生齐声附和：棒、棒、你真棒！

这样的课堂或许我们似曾相识，教师一贯的即时评价"风格"、麻木的表情、孩子们附和式的鼓掌，缺乏真诚的形式主义评价，无形中扼杀了孩子的激情和天性。

◇课例分析

传统课堂上，老师们常说"对不对""是不是""好不好"，现在的课堂这些用语已经悄无声息，但很多课堂上却弥漫着一味地"好""不错"等机械的评价，教师迷失在一个生硬、强化的"赏识"怪圈里。教师在课堂上的即时评价是调动学生主体性、创造性的有效机制，学生希冀得到的不是简单的对错评价，而是对自己的回答做出具体的分析，做出必要的解释，提升发言的品质，从更开阔的视野中看问题。

一般地说，评价以激励为主，尤其是对一些较差的"弱势群体"的同学，应以鼓励性、赏识性点评为主。如："你大有进步，再加油。""你的表达能力不错，要是能大声一点就更好了！"如果学生答题时出现偏颇，此时教师也不能简单以答案的对错来下结论，而应全面看待学生的回答。可以对他们的思路、语言、体态等做出具体分析，努力去发现其中的积极因素，给学生某一方面、某种程度的肯定。当然，激励要建立在对学生学习的过程及其背景有深刻认识的基础上。

【课例呈现6-3】

一年级《十几减几的退位减法》

师：你们会算哪些十几减几的算式呢？

生1：13－8＝4

生2：错，13－8＝5

师：(微笑着)：大家先别急，先听听这个小朋友是怎么想的？
生1：(迟疑地)：我们学习十几减9的退位减法时，发现得数比被减数的个位多1，所以做13—8时，4也比13的个位多1。
师（把生1的想法板书在黑板上）：你们同意吗？请大家讨论讨论。
师（面向生1）：现在你对刚才的想法有什么想说的吗？
生1（脸红）：算十几减8的退位减法时，得数比被减数的个位多2。
师（高兴）：你能通过思考改正自己的错误，是个会学习的好孩子。
生1（眼神里透露出一丝亮光）。
生3：老师，我还知道了，算十几减7的退位减法时，得数比被减数的个位多3，减6时，比被减数的个位多4……

上例中，当13－8＝4的答案遭到众人一致反对时，教师选择的不是一票否决，而是接纳和引领，给学生提供了一个表白、辩解的机会，给学生创设了一个寻因、纠错的台阶。延缓的即时评价使这个遭遇挫折的学生重拾可贵的信心，并通过集体讨论迸发出创新的火花，真正满足了学生把自己当作"发现者"和"探索者"的心理需要。

三、优差学生对比

【课例呈现6-4】

师：现在请一个学生把第一小节读给大家听，请同学们听仔细了，我们来一起当小评委。
（师指名读）
甲生朗读（一个阅读能力较差的学生朗读）
师：他读得不是很好。我们来听听小评委的评价。看看你们帮他找到了哪些错误的地方。
（老师的脸上露出焦躁不安）
生：他读错了一个字。
生：他漏字了。
生：他第二句重复了。
乙生：他太紧张了，有点结结巴巴。
师：那就请你来读第一小节，千万不要和刚才那个同学犯同样的错误。

（乙生很明显是一个优秀的学生，朗读得也很好。教师满脸欣慰）

师：你读得真棒！

◇课例分析

面对老师如此的评价，甲生只好默默坐下。这节课，他坐立不安，注意力很不集中，听课的效果可想而知，当然乙生一堂课的学习效果非常好，教师的评价只是激励了个别学生，但对差生的不良影响却很大。教师请学习较好的和较差的学生对比回答问题，是课堂中存在的普遍现象，请优等生回答问题时，教师往往满脸欣慰；请差生回答问题时，教师往往焦躁不安。一旦答错了就满脸失望，甚至忍不住打断学生的发言以"遮丑"；好不容易答正确了，教师又说："啊，连你都讲得这么好，真不简单！""今天你终于讲对了一次！"诸如此类，教师以优等生的思维水平为标准去衡量班里的每一个学生。

四、终结性评价

【课例呈现 6-5】

一年级《9 加几》

师：现在请小朋友来说说你是怎么算 9+5 的？

生1：我是从9开始再数5个，10、11、12、13、14。

师：还有别的想法吗？

生2：我是从5里拿出1，1+9=10，10+4=14。

师：你真会动脑筋，把9凑成了10，这样算起来简单。

生3：我知道9+6=15，所以9+5=14，比15少1。

生4：我是把5凑成10，9−5=4，4+10=14。

师：刚才小朋友想出了这么多办法，真了不起。但在我们以后的学习中还是用把大数凑成十的方法来做，那样更方便。

◇课例分析

在多种算法中，"把大数凑成10"被老师指定为以后这类题的必用方法，这对生 2 来说是幸运的，但其他孩子呢？只能放弃自己的方法来服从教师的方法，或许更多的孩子根本不明白或体会不到这种方法的优越性在哪？如果教师能把评价的权利交给学生，在教师的引导下，让孩子自己选择、感受，也能得到同一个结果，但在这个过程中学生得到的会更多。

【课例呈现 6-6】

这是刘纯诘老师提供的课例。一位教师在执教《小站》一文时，请学生回答"从哪里可以看出小站确实很小？"很多学生举手想回答，其中一个同学首先获得了发言权，他说："一是这个小站只有慢车才停靠三两分钟，快车从来不停；二是这个小站只有一间小屋，一排木栅栏，三五个乘客。"这位老师一听，答案完全正确，心情非常激动，情不自禁地说："啊，非常正确。这个同学真是太聪明了，居然和老师想得一模一样。其他同学呢？"本以为这么一鼓励，会有更多的同学举手发言，哪知刚才举起的那无数双小手都"唰"地不见了！顿时，这位教师不知所措，不知道自己错在哪儿……

◎课例分析

其实，这位老师错就错在对一个可能有着多种答案的问题给予了终结性的评价，阻碍了学生继续思考、学习的发展态势。此刻的即时评价不但没有激起学生畅所欲言的积极性，反而似一瓢冷水，浇灭了学生创新的火花。

五、教学即时评价的基本要求

即时评价是教师对课堂上学生的学习活动做出的立即反应，是帮助学生调整、控制学习行为的一种评价方式。它是师生对话、生生对话的主要内容，对教学目标的达成、教学信息的反馈、教学过程的调控等都起着重要的作用。叶新娟老师在《浅谈课堂教学的即时评价》一文中，提出教师即时评价应注意以下几方面。

(1) 要力求多方位，不要单一呆板

① 自评与他评相结合

在以往的教学中，评价主体单一，被评价者往往处于被动地位，这样不利于调动学生主动学习的积极性。在新课程教学中，针对学生发言的评价可以采取自评与他评相结合的方法，增进了同学之间的沟通、了解，也可以更好地促进被评价者的自我反思、自我发展。

②多种角度相结合

评价不应该局限于知识技能，更应关注学生情感态度、价值观的发展，以促进学生健全人格的形成。对于学生发言的新奇性，在心理素质、非智力因素、行为习惯等方面都要进行评价，如"你的回答声音真响亮，老师看到了一个自信的孩子"，"你能结合生活中的知识来回答，真不错！""你的话说得很完整！"等等。教师这样的评价，看似简单，却渗透着对学生的关怀尊重，更可以让学生明白前进的方向。

③多种方法相结合

新课程理念下的课堂是活泼的，学生的思维活跃开放。面对一个个聪明的学生，一次次自然状态下难以预料的发言，教师在评价时，方法可以灵活多样。在评价过程中，教师应该把语言评价、非语言评价穿插结合，这样效果会更好。有些老师在上课时，面对学生精彩的回答，会不由自主地赏他一个"大拇指"，或者用真诚的掌声、摸摸学生的头，与学生握手等动作来表示对学生的肯定赞赏。当然，教师丰富的表情更是最直观的表达，如点头微笑、惊讶、皱眉等。

（2）要准确明了，不要含糊不清

新课程理念重在转变学生角色，确认课堂是学生展示的天地。课堂教学中，有的教师为了让学生放松学习、自然表达，即使学生说错了，也没有实事求是地加以指出；学生说得不好，也只是含糊其辞地避而不谈。其实，不管学生的回答多么有创意，都应该以不偏离教学目标为宜。在课堂教学中，面对学生的回答，教师作为评价者，该出手时就得出手。当学生智慧的火花闪现时，教师要给予充分肯定；当学生茫然不知所措时，教师要指点迷津；当学生思想偏离正确轨道时，教师要给予疏导；当学生的回答有错误或不全面时，教师应毫不犹豫地把学生的发言引向准确或全面。

（3）要客观的鼓励赞赏，不要"贬值"的表扬

对学生的日常表现，应以鼓励、表扬等激励性的评价为主，采用激励性的评语，尽量从正面引导。也许是对这一理念的片面认识，我们的课堂成了"美言堂"。在学生回答问题时，教师没有倾听；而当学生答完问题时，教师总会加以夸奖："你真棒！""你真聪明！"而下面的学生更是整齐划一地随声附和道："棒，棒，你真棒！"这种简单、模糊、笼统、不负责任的"贬值"的表扬带给学生的是什么呢？长此以往这样的评价只会带来两种后果：

或是让学生感觉不真诚,对评价无动于衷;或是让学生飘飘然,学生容易骄傲自满。

对于学生而言,过多的夸奖并不会起到激励的作用,尤其是教师不假思索、脱口而出的随意夸奖,不仅不能对学生产生积极的引导作用,反而会导致学生形成浅尝辄止和随意应付的态度。课堂教学中,教学评价要尊重学生、强化激励评价是必要的,但评价一定要客观、真诚,是好就说好,是错就实事求是地指出来,并给予正确的引导,这是对学生很好的尊重与爱护。评价应既客观又有针对性,既肯定了学生的优点又为学生指出努力的方向。

(4) 要能给学生以启发,不要流于形式

教师对学生的及时反馈,既起调节作用,又起推动作用。所以教师的评价语言应该能诱发学生进一步地思考问题,发展学生的思维。课堂上有时学生因"疑"而思维受阻,此时教师应该抓住关键处给予点拨,使"疑"在启发中解开,在引导中释然;有时学生的理解不到位或发生偏差,教师不应把自己正确的观点强加给学生,而应该努力采用艺术性的语言给予引导,使学生消除压力,坦然地接受正确思想的感染与熏陶。

因此,在教学中,应该摒弃以往那种如"对呀""不错""好"等流于形式的评价,改变为评价而评价的观念。教师应努力追求用既具科学性又富艺术性的语言把评价引向深入,让学生因评价而受到启迪,因受启迪而积极思考,因积极思考而提升智慧、发展能力。

总之,课堂教学评价产生于当时的现实情境,是即兴的。而有魅力的评价则根植于教师深厚的教学功底、良好的口头表达能力和正确的教育理念。教师唯有自己懂得多、看得远、想得深,才能使课堂评价操作自如,使语言更具魅力,真正促进学生的发展。

【课例呈现 6-7】

靳家彦老师——《两小儿辩日》教学实录片段

片段一:(教师指导学生有感情朗读时对学生的评价)

师:你们都能读得这么好吗?一齐读。

(生齐读)

师:你们读得对,但没读好。你们没有读出那个情,没读出古文的韵味。

怎么读呀，"也"是什么意思？是个语气词，相当于现在的"呀、啊、哪"。有人说读古文最难的是感叹词，这是不对的，难的是实词，比如说"盂"这个字，是什么意思，什么叫车盖，什么叫沧沧凉凉？这比"呀、啊"容易理解吗？全班再读这个句子，读出韵味，读出味道来。

（生齐读）

师：就这样读，读得非常好，你们组能胜过他们吗？

片段二：（引导学生理解"此不为远者小而近者大乎"这句话）

师：能给我和同学们讲解"此不为远者小而近者大乎"这句话的意思吗？

生：这段话的意思是说：难道不是在远的地方就小吗？在近的地方就大吗？

师：你把全段的意思说一说。

生：这句话的意思是：一个小孩子说在太阳刚刚出来的时候，像车盖一样大。

师：什么叫车盖？

生：车盖就是一种马车的盖。

师：盖是什么形状的？以前只有王爷的马车有遮挡，武将的车没有遮挡，所以这个盖就像伞那么大，接着讲下去。

生：当太阳升到天中央的时候，太阳却像盘子那么小，这不是在远的地方东西就小，在近的地方东西就大吗？

师：这个地方，谁有疑问？我知道你要说什么，站起来。

生：她说远的地方和近的地方都是同指一个太阳，你不能说远的东西就小，近的东西就大。

师：你们说远的和近的东西就变成几个太阳了？

生：两个。

师：你们比编书的编者水平还高，现在打开教学参考看看，人教版的教参上写着"这不是远的太阳比近的太阳大吗"，这句话是错误的，而应说远时小，近时大。如果说远的小，近的大，就变成两个太阳了；远时小近时大，这时就只有一个太阳。哪个准确？

生：远时小，近时大。

师：我把人教版的教参印出来发给你们。我特别注意了这个同学，她站起来时我就想到她准会提这个问题，这说明什么？说明同学们初学古文就认真咀嚼、消化，一点一点地去品味、去读，这种阅读品质太可贵了。

片段三：（对学困生的评价）

师：你们组敢讲吗？请你告诉我，敢吗？

生：（小声）敢。

师：说敢，要有点勇气。四个人中可以推选一名代表。你一定能讲好的，你最敢讲，所以我想请你做代表。

生：我试一试吧。一儿曰：日初出沧沧凉凉，及其日中如探汤。

……

师：相信他能进步吗？给点掌声，再读一遍。老师期望你朗读，同学们盼望你朗读，你一定能成功。你看着黑板，咱俩一起读。

师：课堂上这个同学在大家的帮助下进步了，这是我们最欣喜的事情，比自己进步还要高兴，你姓什么，叫什么？陈晓旋，我可以跟你握握手吗？

生：可以。

师：我可以拥抱你吗？

生：可以。（拥抱）

师：还不鼓掌，等什么时候。你们一起读，大声读，从一开始你不敢读到现在你敢读，会读了吗？爱读了吗？

生：敢、会、爱。（小声地）

师：爱，又害羞了。今天不爱读，明天不爱读，慢慢你就会爱读了，懂吗？全班读这两段。

片段四：（引导学生理解"笑"的深层含义时对学生的评价）

师："孰为汝多知乎！"两小孩是怎么说这句话的。

生：笑。

师：研究这笑是一种什么笑？

生一：讽刺。

生二：讥笑。

生三：嘲笑。

生四：嘲讽。

师：讽刺、讥笑、嘲笑、嘲讽、冷笑，还有吗？听老师读，然后体会，这是善意的笑还是恶意的？

生：善意，因为你的语气越来越低，如果是恶意的语气应该是越来越高。
师：到底这笑是什么笑？
生：是恶意的，是嘲讽的笑，怎么可能是善意的呢？
师：好，咱俩的观点不同。我请教你一个问题，孔子知道大小的问题吗？不知道就说不知道，这叫什么？
生：知之为知之，不知为不知，是知也。
师：是，用今天的话说就是实事求是。该嘲讽吗？该冷笑吗？
生：不该。

◇课例分析

新课程课堂教学评价尊重学生、强化激励是必要的，但评价一定要准确、有针对性，是好就说好，是错就说错，有缺陷就要改进，并告诉学生如何改进。教师评价的清楚明白，学生就学得迅速准确，切不可"以其昏昏，使人昭昭"。靳老师在指导学生有感情地朗读课文时说道："你们读得对，但没读好。你们没有读出那个情，没读出古文的韵味。"接着对学生如何读好课文进行了进一步的指导。当学生真正读好后，教师又说道："就这样读，读得非常好，你们组能胜过他们吗？"这样的评价让学生明晰了努力的方向。靳老师在引导学生理解"此不为远者小而近者大乎"这句话的含义时，巧设疑问，引导学生自己寻找答案，通过"你们比编书的编者水平还高"的赏识性评价，在否定参考书的同时，给学生以成就感，口头语言和态势语言相结合。靳老师拥抱进步大的同学，恰当及时的态势语言给了学生莫大的鼓舞和自信。对待学困生，靳老师不仅给他提供展示的机会，同时要求上低起点、小步子，鼓励他敢说、敢讲。"要有点勇气。四个人中可以推选一名代表。你一定能讲好的，你最敢讲，所以我想请你做代表。"这样的评价给了学生莫大的鼓舞和勇气。关注每一个学生，让课堂没有被遗忘的角落，是新课程不懈追求的。

同时，商榷探讨、诙谐幽默的评价语言也是靳老师的教学特色。课堂上，"谁愿意读，就自己站起来好吗？""这几个同学真勇敢，自己说说你想来扮演哪个角色？为什么要选这个角色？""你们组敢讲吗？请你告诉我，敢吗？""试一试吧！"这种商量探讨的语气，让学生感受到民主与平等，这样有利于师生双方精神敞开后的互动与交流。据调查，学生最喜欢幽默的教师，因为幽默的语言可以打破单调、枯燥的局面，使课堂充满生机与活力。靳老师在指导学生读好课文时抓住学生想说又不敢说的时机，风趣地说道："嗳，又害羞了。今天不爱读，明天不爱读，慢慢你就会爱读了。"幽默的语言不仅能够提高教学语言的品位，还优化了课堂教学效果。

六、提高教师点评语言的水准和品位

一是要提高教师的文化底蕴和品位；二是要增加对学生的人文关怀、由衷赞美；三是要掌握一定数量的评价语言，以便在课堂上灵活、恰当地运用。比如：

（1）你演讲得太精彩了，简直是"小朱军"嘛！

——这是借用名人效应评价。

（2）这个小女孩读书的声音真好听，好似"农夫山泉有点甜"！

——这是引用广告词评价。

（3）假如你真到趵突泉做导游，那济南定会增添一半的美。

——这是《趵突泉》一课，活用教材语言评价。

（4）小组合作学习成功之后，教师说："真是三个'臭皮匠'，赛过诸葛亮呀！"

——这是引用谚语评价。

（5）学生惟妙惟肖的课本剧表演博得大家热烈的掌声后，教师说："看来，几名小演员真是'飞机上挂暖壶——高水平'呀！"

——这是引用歇后语评价。

（6）当学生对某一问题的看法表达不一、各具新意时，教师可以说："真是'横看成岭侧成峰，远近高低各不同'呀！"

——这是引用古诗评价。

（7）在《书海泛舟》口语交际活动中，同学们旁征博引，热情高涨，教师趁势说："书籍是全世界的营养品，生活里没有书籍，就好像没有阳光；智慧里没有书籍，就好像鸟儿没有翅膀。"（莎士比亚语）同学们，你们拥有了书籍，就拥有了语言，拥有了语言就拥有了世界！热爱读书吧！

——这是引用名言警句激励。

（8）经过悉心指导，看到学生的写字水平全面提高时，教师说："瞧，付出就有回报，咱班同学的写字水平已'全线飘红'了！"

——这是引用股市术语评价。

(9) 恭喜你，答对了！
你回答得相当精彩！
你太有才了！
——这是把"春晚"流行词活用为课堂关联词，它们容易引起学生的共鸣，成为课堂的开心果，让学生在轻松一笑中享受学习的快乐。

这些妙语连珠的评价看似信手拈来，其实是教师文化底蕴厚积薄发的结果，它就像一支支催化剂，激发起学生对语文学习的动力。

那么，如何提高教师点评语言的水准和品位呢？徐德芳老师的建议有几点。

（1）评价语言要发自内心

如果学生提出了别人提不出的有价值的问题，我走上前去，握住他的小手，注视着他的双眼，赞美道："你有一双慧眼哟，能发现别人发现不了的问题，多了不起呀！"

（2）评价语言要多样，富有变化

当学生在品评教师范读时，讲得有理有据，不仅说出了教师读得好，还说出了教师读得好在哪里。教师动情地对他说："你说得太好啦，真是我的知音啊！"学生听了这样的评价语言，内心肯定比吃了蜜还要甜。

（3）评价语言要有针对性，要反映学生发言好在哪儿、错在哪儿

如一位教师教《落花生》时设计了让学生辩论的环节。一学生在辩论时引用名言、举出名人事例来证明自己的观点时，教师当即评价："好，很会辩论，引用名人名言、举出名人事例来证明自己的观点，非常好。"

（4）要善于从学生错误的发言中捕捉正确的因素

记得斯霞老师上课时问过这么一个问题："党的十大在哪儿召开的？"一声回答："在收音机里召开的。"这显然是错误的答案，但是老师没有否定，而是启发道："你是从收音机里听到的吧？"小朋友点点头。老师接着启发："收音机里说十大是在哪里召开的呢？"学生回答："在北京召开的。"看，让学生从错误走向正确靠的就是老师的循循善诱。

（5）评价语言要充满激励性

教师充满真情的激励语言是让学生不断获得走向成功的动力。"真能干""多聪明""就是与众不同""多么富有创造性的思考啊"，这些话语就像蜜汁一样流进学生的心田，化作前进的不竭源泉。

（6）要调动体态语言参与评价

除了上面说的有声语言外，教师还要善于调动体态语言丰富评价的内涵。握握手、拍拍肩、摸摸头这些亲热温暖的举动能给学生身心带来愉悦，教师那灿烂的笑容是开在学生心中永不凋谢的鲜花。（徐德芳：《让语文课充满魅力——评课稿4则》）

【课例呈现6-8】

王海燕老师《小壁虎借尾巴》教学片段

师：小朋友们，下面让我们来分角色读课文好不好？

生：好！

师：谁愿意读，就自己站起来好吗？

（很快，站起来六名同学，分角色朗读只需五人）

师：这几名同学真勇敢，自己说说你想来扮演哪个角色？为什么要选这个角色？

生1：我想读小壁虎，因为它非常有礼貌。

生2：我想读老黄牛，我在家里练习过，妈妈说我读得很像。

生3：我想读小燕子，因为我喜欢小燕子。

生4：我想读小鱼，因为小鱼最漂亮。

生5：我就来读叙述的部分吧！

生6：（小声地）我也想读小燕子，可是……

师：同学们，现在出现了一个难题，看看谁有办法来解决？

生：（七嘴八舌）让他们俩一起读。

两只小燕子，坐下一个就行了。

……

师：谁还有更好的办法吗？

生3：王老师，让她（生6）来读吧，我先坐下，一会再读。（说着主动坐了下去）

师：（抚着生3的头）你懂得谦让，真是个好孩子。

师：下面我们就来听听这五名同学配合得怎么样？

（生分角色读课文）

师：谁来评评他们表现得怎么样？

生评：（略）

师：想一想，他们读得这么好，我们应该表扬谁呢？

（生七嘴八舌，有的说其中的一个同学应受表扬，有的说五个人都应受表扬。我在想这个问题的真正用意何在？）

师：同学们说得都对，再想想我们还应表扬谁？

（生沉默）

师：（走到生3跟前，轻轻地对同学说）我们还应表扬她，因为她能主动地把机会让给别人，在这次的读书活动中，她也出了一份很大的力，你们同意我的意见吗？

（生顿悟，教室里掌声响起，生3的脸上泛着淡淡的喜悦）

苏霍姆林斯基说："教育者关心人的每一个方面、特征完善的同时，任何时候也不要忽视这样的情况，即人的各方面和特征的和谐，都由某种主要的、首要的东西决定。"在上述教学中，生6不仅获得了一次读书的机会，更获得了一次友爱的震撼。生3虽放弃了宝贵的机会，却得到大家的赞扬。

上述课例中，教师不是把评价的焦点放在谁读得好上，而是放在健全的人格上，通过教师的即时评价使学生懂得谦让、懂得做人。

【链接】

评价在口语交际教学中的应用

对学生的口语交际水平进行正确的评价，鼓励学生敢于大胆表达自己的看法，增强学生主动参与的自信心，是提高口语交际水平的关键。先谈一谈我在教学实践常用的显性评价和隐性评价。

第一，显性评价。

显性评价，即在口语交际评价过程中采用符合学生年龄特点、易于接受、能达到事半功倍的评价效果的有形评价形式。

①争星创优展示台

如在《新闻在线》口语交际实践活动结束之后，我为参加活动的每个学生都出示了评价展台：

评价对象	评价内容
自我评价	满意的方面： 不足的方面： 把得到的星星涂红色：☆☆☆☆☆
同学评价	出色的方面： 不足的方面： 把得到的星星涂绿色：☆☆☆☆☆
师长评价	优秀的方面： 改进的方面： 把得到的星星涂黄色：☆☆☆☆☆
总体评价	一共得到了　　　颗星星

这一展台让学生在争星创优的积极形式下，从自评、他评、师长评等不同角度多元化的客观评价中突出学生在本次活动中的表现，培养了学生的良性竞争意识。

②爱心追踪调查卡

爱心追踪调查卡即让口语交际训练走出单一的语文课堂，与其他学科相结合，与家庭教育相结合，让口语交际行走于学生的生活空间。定期对学生进行跟踪调查，留意学生的交际成长，做学生的"语言医生"，为口语交际训练注入浓浓的爱意。

英语之旅调查卡

1. 你能保证每天20分钟的自我英语训练吗？
2. 你在英语课堂上发言积极吗？
3. 你能克服英语交流时的羞涩、畏难心理吗？
4. 英语交流时你能保持一颗平静的自信心吗？
5. 你能流利地讲述英语小故事并辅以表情、动作吗？

家庭表现调查卡

1. 您的孩子在家中能主动和您进行沟通吗？
2. 上一周，孩子与您沟通的次数是_____次。

3. 您的孩子是否能用普通话自然有礼貌地与人交流？
4. 您的孩子能否做到围绕说话的主题组织语言，让您听懂想表达的意思？
5. 您的孩子能否积极主动地与人合作，并掌握与人合作的技巧？
6. 当孩子遇到困难的时候，他愿意与您交流，寻求您的帮助吗？
7. 在您的记忆中，孩子最近一段时间给你讲述自己的心事是在什么时间？是什么事？

③交际能手晋级榜

每周、每月、每学年以小组、班级、年级为单位，综合学生口语交际各方面表现，层层进行民主评价，授予"交际周明星、月明星或学期明星"称号；举办各种相关活动，竞选"演讲能手""故事大王""课本剧最佳演员""金话筒"……根据学生在口语交际活动中张扬出的个性特点，评选"胸有成竹奖""彬彬有礼奖""主动参与奖""伶牙俐齿奖""知识渊博奖""奇思妙想奖"……对在口语交际活动中表现突出的学生发放小喜报，张贴照片，使其在口语交际的光荣榜上闪亮晋级。

这些花样迭出的显性评价可以激励学生在口语交际活动中主动亮出自我、乐于展示与人交际的个人风采，体验到成功的喜悦！

第二，隐性评价。

隐性评价是教师在教学过程中善于捕捉、稍纵即逝的训练契机，创设一个宽松民主的交际磁场，吸引学生轻松地进行心灵对话和精神互动。

①关注"弱势个体"

一次在班里进行《可爱的小动物》口语交际活动时，面对这些可爱的小动物，同学们纷纷拿着自己喜欢的小动物图片兴致盎然地畅游在动物世界里，相互交流，相互倾听。突然，教师的目光落在了一个小女孩身上，她目光游离，怯怯生生，孤独地坐在角落里。这是班里的"沉默大王"孙妍，她从来不主动和人说话。教师轻轻走过去，把她揽在怀里，抽出她手中紧握着的一张图片，柔声说："瞧，这只考拉，多像一个孩子呀，它是怎么生活的呢？大家还不了解，你来告诉我们好吗？"孙妍脸红了，终于她慢慢站起来，同学们顿时掌声如雷。她走回座位时，已经悄悄挺起了胸膛！

可见，教师对学生的评价要有感染力，知心的一句话语，关切的一个动作，都要触及每一名学生的心灵深处！

②张扬个性特征

每个学生都是灵动的，他们会在口语交际过程中彰显不同的个性特征。作为教师要善于发现，及时调整激励性语言，以放大学生的优点，张扬学生的交际个性！如：

你说话的声音真好听，像黄莺在唱歌呢！

知道吗？你有一双慧眼，观察得太仔细了！

你特别有演讲天分！

你最大的优点就是善于发现别人的优点！

多会思考的孩子，你提的这个问题太有研究价值了！

……

③利用文化资源

教师的激励性语言要体现出文化的积淀和人格魅力，匠心独运的评价中要迸发出智慧的光芒。如：

你的主持风格幽默风趣，简直是"小朱军"嘛！——这是借用名人效应激励；

假如你到趵突泉做导游，那济南定会增添一半的美！——这是活用教材语言激励；

在小组合作交际成功之后，我说："真是三个臭皮匠，赛过诸葛亮！"——这是巧用谚语激励；

大家对这个问题的理解各具特色，真是"横看成岭侧成峰，远近高低各不同"呀！——这是妙用古诗激励。

在《书海泛舟》的口语交际活动中，同学们旁征博引，引经据典，热情高涨，我趁势激励："书籍是全世界的营养品，生活里没有书籍，就好像没有阳光；智慧里没有书籍，就好像鸟儿没有翅膀！（莎士比亚语）同学们，你们拥有了书籍，就拥有了语言，拥有了语言就拥有了世界！"——这是引用名言警句激励。

积极有效的口语交际评价就像一个助力器，推动学生信心十足地奔向下一个目标；同时又像一支催化剂，激起学生对口语交际的动力，围绕话题畅所欲言。

——让我们引领学生在零距离的口语交际中体验语言的魅力，潇洒地展示自我，最终成为适应社会发展的天之骄子吧！